Benno Kroll, geboren 1929, studierte Politische Wissenschaften und machte Karriere in der Industrie, bevor er einer der ersten »Aussteiger« wurde. Reporter wurde er erst im Alter von 39 Jahren; er schrieb unter anderem für den »stern«, »Cosmopolitan« und »Playboy« und arbeitete viele Jahre für »Geo«. Er dreht zwei Dokumentarfilme und schrieb das Buch »Nachtasyl«. Benno Kroll ist Egon-Erwin-Kisch-Preisträger.

Dieses Buch wurde auf chlor- und säurefreiem Papier gedruckt.

Vollständige Taschenbuchausgabe März 1994
Droemersche Verlagsanstalt Th. Knaur Nachf., München
© 1992 Hoffmann und Campe Verlag, Hamburg
Umschlaggestaltung Graupner & Partner, München
Umschlagfoto The Image Bank/Renzo Mancini
Druck und Bindung Elsnerdruck, Berlin
Printed in Germany
ISBN 3-426-84001-4

5 4 3 2 1

Benno Kroll
Das Kalkül in der Liebe

Wider den romantischen Wahn
in der Partnerschaft

Knaur®

Für Mungo

Inhalt

1. Kapitel
Der romantische Wahn 7
Exkurs über die Krise des Eros

2. Kapitel
Der Schatten, der die Sonne sucht 44
Reportage

3. Kapitel
Das Kalkül in der Liebe 65
Exkurs über die Schönheit diskriminierter Impulse und die Kunst, sie zu wagen

4. Kapitel
Geliebter Millionär 109
Reportage

5. Kapitel
Die Angst vor der Liebe 139
Exkurs über zwei Aspekte des Mißtrauens zwischen den Geschlechtern

6. Kapitel
Die Liebe – ein Spiel 190
Interview mit einer bisexuellen Frau

7. Kapitel
Die Schönen und die Häßlichen 228
Exkurs über den Einfluß der Mode auf die Liebe

8. Kapitel
Die Liebe der Mätressen 257
Reportage

Epilog
Damenwahl 279

1. Kapitel

Der romantische Wahn
Exkurs über die Krise des Eros

Zwei Jahrhunderte hindurch, vom Ende des Rokoko bis zum Beginn des Computerzeitalters, glaubten die Bewohner des abendländischen Kulturkreises an die Liebe. Es war eine Zeit, in der die Menschen über Sex nicht sprachen, aber mehr Kinder zeugten als jemals zuvor. Die Sexualität war in Schweigen gehüllt, die Liebe aber war ein romantisches Dogma, kaum je bezweifelt, oft besungen, zuckersüß lockend und dennoch entrückt. In den Jahrtausenden zwischen der Antike und der Französischen Revolution war die abendländische Christenheit von dieser Zuversicht unbeseelt. Auch damals kannte man die Liebe. Aber man glaubte nicht an sie. Man suchte sie nicht. Sie war wie eine Krankheit. Nun aber wurde ihr ein Altar errichtet, und über ihm schwebte wie ein Engel die Verheißung der Venus.

Von nun an glaubte man, daß man den Menschen, mit dem man lebte, auch lieben konnte, lieben mußte. Denn jetzt glaubten die Menschen an das Recht auf eine freie Partnerwahl. Sie glaubten daran, sie würden ihre Ehegatten souverän und selbstbestimmt erwählen, nämlich nicht behindert von den Vorstellungen der Eltern, nicht verordnet von Bestimmungen der Kirche, des Staates, eines Guts- oder Lehensherren, nicht verblendet von Moden und Reklamen, unbeeinflußt von Standesehrgeiz und gewinnsüchtigen Erwägungen, allein motiviert von ihrem elementaren Bedürfnis nach Verschmelzung mit dem geliebten anderen. Dieser Glaube hatte die prägende Kraft einer sakrosankten Lehre. Er war universell und wurde unkritisch oder einfältig auch von der Mehrheit jener Menschen geteilt, die nicht nach ihm handelten.

Der Glaube an die Liebe war eine Religion ohne Katechismus. Aber auch ungeschrieben, undeklariert besiegelte er ein Prinzip sittlichen Handelns, einen kategorischen Imperativ, der die Menschen in Gute und Böse schied: Die Guten liebten nach seinen Grundsätzen, die Bösen liebten ihm zuwider. Die wohlhabende Witwe und der arme Leutnant, die schöne Komteß und der reiche Jude, das Starlet und der Regisseur, das junge Mannequin und der alte Bankier, die Sekretärin und ihr Chef, die Pastorentochter und der Bonvivant, die Bucklige und der Belami, die Geschäftsfrau und der Playboy, die Häßliche und der Beau wurden, wenn sie partnerschaftlich zueinander fanden, der Sünde wider das Prinzip verdächtigt. Man schmähte sie hinter vorgehaltener Hand, und man schmäht sie heute noch. Man erkennt eine Unausgewogenheit zwischen ihnen, einen, wie es ihren Kritikern erschien und immer noch erscheint, widernatürlichen Magnetismus oder ein materiell gefärbtes Streben. Man hatte der Liebe ein ästhetisches Axiom zuerkannt. Das wurde (und wird) von einer unausgewogenen Partnerwahl verletzt, beleidigt. Der »unpassende« Partner war (und ist) unromantisch, wahrscheinlich irgendwo berechnend, also ohne Liebe.

Meyers Konversations-Lexikon des Jahres 1890 hat die Persönlichkeitsmerkmale eines Menschen, die eines anderen Menschen Liebe verursachen und die als Verursacher dem herrschenden Prinzip gemäß sind, unter dem Stichwort »Liebe« benannt: »Die Eigenschaften, welche den Wunsch der Vereinigung, resp. des Besitzes erwecken, können von mancherlei Art sein, in äußeren und inneren, körperlichen und geistigen Vollkommenheiten, Schönheit, Kraft und in solchen Vorzügen bestehen, die der liebende Teil vielleicht um so mehr bewundert, je weniger er sie selbst besitzt.« Von der

Arbeitskraft und dem Sex-Appeal der Frau ist nicht die Rede, von der Wohlstandsaura und dem sozialen Status des Mannes auch nicht. Die Rede ist von den Eigenschaften, nicht von der gesellschaftlichen Stellung eines Menschen.

Der Menschen Glaube an die von pragmatischen Impulsen unbefleckte, mithin romantische Liebe war inbrünstig, weil es neben dem ungewissen, unsichtbaren Gott nur die Liebe war, die Erlösung verhieß. Die Liebe zwischen Mann und Frau, so glaubte man, vermochte die Menschen aus nahezu jedem irdischen Elend zu erlösen – »Liebe, Brot der Armen«. Dieser Glaube war aber auch feierlich, weil seine Anhänger sich die Liebe nur als »groß« und »ewiglich«, also erhaben und endgültig, zu denken vermochten – »bis daß der Tod uns scheidet«.

Dieses Ideal – das »bürgerlich-romantische Liebesideal« – war zwei Jahrhunderte lang nahezu unbestritten. Und heute? Die Vergangenheitsform, in der ich diesen Satz geschrieben habe, irritiert. Denn das bürgerlich-romantische Liebesideal lebt weiter – obwohl ihm kaum noch jemand vertraut. Das Ideal manipuliert immer noch die Einschätzung unserer Gefühle und der unserer Partner – obwohl es so wenigen gegeben ist, zu fühlen, wie das Ideal es will. Vor allem aber prägt es unsere Erwartungen an die Liebe – oft mit dem Ergebnis, daß wir sie nicht finden. Das Ideal ist unsere unvergängliche Hoffnung – obwohl so viele ohne Hoffnung sind.

In der ehemaligen Bundesrepublik wurden während ihrer letzten 20 Jahre zwei Millionen Ehen geschieden. In diesem Land lebten 1988 neun Millionen Menschen in Einpersonenhaushalten, mehr als je zuvor. Neun Millionen Sehnsüchte nach einer Liebe, für die ein kollektiver Traum wirklichkeitsfremdes Modell ist. In Wahrheit sind es mehr, denn es müssen die unzählbaren Millionen hinzugerechnet werden, die diese Liebe in der Enge einer Ehe oder einer anderen Lebensgemeinschaft entbehren. Doch was entbehren sie? Die Beglückung durch einen Wahn? Die Beseligung durch eine Schimäre?

In den Jahrtausenden, die dem Sieg des Bürgertums und

des Individualismus in der Französischen Revolution vorangingen, haben die Menschen auch geliebt, aber nicht nach dem Muster eines utopischen Prinzips. Die Liebe war verwirrend, berauschend und sinnlich. Doch ewig war sie nie. Treu war sie selten. Den Griechen galt sie als eine Verirrung des Bewußtseins, den Römern als Krankheit der Seele. Die mittelalterliche Minne war eine körperlose Schwärmerei. Spätere Generationen sahen in den Exerzitien der Liebe eine Belustigung. Und wenn sie zur Ehe führte, erstickte sie am Ernst der Fortpflanzung.

In seinem Buch »Liebe für ein ganzes Leben«, erschienen 1980, beschwört der amerikanische Psychologe Nathaniel Branden das romantische Liebesideal. Der Lebenshelfer inszeniert den amerikanischen Traum, wenn er verkündet, daß seine Landsleute »hoffen, ja sogar erwarten« dürfen, »durch die Verbindung mit der Person ihrer Wahl glücklich zu werden; ein solches Glücksstreben ist nicht nur normal, sondern gehört zu den Grundrechten eines jeden Menschen. Und der Mensch, mit dem sie ihr Leben gemeinsam verbringen wollen, und der, von dem sie sich sexuelle Erfüllung erhoffen und erwarten, ist ein und derselbe«. Auch der fortschrittsgläubige Branden verweist auf die historische Apathie der Herzen: »Fast während der gesamten bisherigen Menschheitsgeschichte hätte man alle diese Ansichten als ungewöhnlich, ja sogar als unglaublich betrachtet.«

Der Denker, der als erster den Anstoß dazu gab, das Unglaubliche glaubhaft zu machen, hat selbst versucht, sein Ideal zu leben: Jean-Jacques Rousseau (1712–1778). Er lebte 33 Jahre mit einer bemerkenswert bildungsarmen Frau zusammen. Thérèse Levasseur, neun Jahre jünger als er, konnte weder rechnen noch schreiben noch lesen. Sie war so begriffsstutzig, daß sie sich nicht einmal die Monatsnamen merken und den jeweiligen Wert einer Geldmünze einprägen konnte. Das bizarre Liebesbündnis endete erst mit dem Tod des Denkers.

Rousseau indessen, Philosoph, Dichter, Publizist, Pädagoge, Komponist und Musiktheoretiker, war ein Genie. Er erschütterte und veränderte mit seinen Ideen das Lebensgefühl und die Lebensnormen der Menschen, die nach ihm kamen, so radikal, daß wir heute noch davon betroffen sind. Von seinem Wirken empfängt das Beziehungsgeflecht zwischen Macht, Liebe und Sex immer noch Impulse. Der politisch Mächtige, der heute das Sexualstrafrecht liberalisiert, handelt im Sinne Rousseaus. Die Frau, die des Geldes wegen heiratet, sündigt gegen die Ideologie der Liebe, also gegen Rousseau.

Als er die hübsche Magd Thérèse in der Pariser Gaststätte kennenlernte, in der sie arbeitete, war er 33 Jahre alt und verdiente seinen Lebensunterhalt als Notenabschreiber. Doch er hatte eine Oper komponiert, eine Abhandlung über die Musik geschrieben und war in Paris bereits ein bekannter Mann. Er wird dem schlichten Mädchen imponiert haben: ein schlanker, dunkelhaariger, etwas linkischer, gleichwohl redegewandter Poet mit sprechenden braunen Augen, der gute Beziehungen zu den besseren Kreisen Frankreichs unterhielt. Rousseau betrachtete die von absolutistischen Potentaten geknechtete Menschheit als eine Gemeinschaft von Freien und Gleichen. Wir dürfen davon ausgehen, daß er auch in der Magd Thérèse den ebenbürtigen Menschen sah und nicht dessen sozialen Stand. Sie aber wird die soziale Distanz empfunden haben, die zwischen ihnen war, für sie war Rousseau nicht ebenbürtig, sondern fern wie ein Fixstern über den Schindeldächern der Elendsquartiere von Paris. Nach 23 Jahren Konkubinat mit Thérèse Levasseur, davon viele Jahre in einer wenig friedlichen Hausgemeinschaft mit ihrer zänkischen und habsüchtigen Mutter, heiratete Rousseau seine Geliebte. Er hat – vor und außerhalb der Ehe – Damen von Stand und Bildung geliebt, freilich ohne Erfüllung, schwärmerisch und unerwidert. Bei Thérèse Levasseur aber fand der schwächliche, kränkelnde Mann die Gewißheit einer ergebenen Liebe und durch sie seine produktive Kraft.

Seine Pariser Gönnerin Madame d'Épinay, die Schriftstellerin Madame de Staël und die Frauenrechtlerin George Sand äußerten sich voll Abscheu und Verachtung über Thérèse. Von der englischen Gesellschaft, die den vom Ancien régime Ludwigs XV. Verfolgten vorübergehend Asyl gewährte, wurde sie geschnitten. Für Rousseau aber war sie »ein gefühlvolles Mädchen, einfach und ohne Koketterie, mit einem zärtlichen und aufrichtigen Herzen«. Thérèse Levasseur war seine Gefährtin in den wenigen guten und den zahlreichen bösen Tagen seiner zweiten Lebenshälfte. Mit ihr lebte er eine Liebe gegen die Lebensmuster seiner Epoche.

Jean-Jacques Rousseau war ein Zeitgenosse des Venezianers Giacomo Girolamo Casanova. Es war das Zeitalter des Rokoko; die Prostituierten Venedigs wurden vom Staat unterstützt und genossen hohes gesellschaftliches Ansehen; das Leben wurde vom Adel und vom Klerus, aber auch von Patriziern, Handwerkern, Händlern, Mönchen und Nonnen als staubgeborene Chronik des Sexes und der sinnlichen Genüsse gelebt. Die Liebe war in jener Zeit ein sentimentales Spiel ohne Dauer und Tiefe, in privilegierten Kreisen ohnehin, deren Vorbild aber auch in den unteren Schichten nachwirkte. Auf Gemälden und Kupferstichen des achtzehnten Jahrhunderts ist die Welt von Bacchanten bevölkert, von lüsternen Greisen, zudringlichen Kavalieren, betörten Damen, von vorwitzigen, verwirrten Knaben und frühreifen, sinnlichen Mädchen, die unkeusche Späße miteinander treiben. Der erste Beischlaf war eine Kindheitserfahrung: Die Ballerina Corticelli war zehn, als sie die Geliebte Casanovas wurde, er selbst wurde mit elf verführt und war mit fünfzehn selbst ein erfahrener Verführer. Sex war im »galanten Zeitalter« weit mehr als heute permissiv. Das Laisser-faire der Erotik war die Mode der Zeit, stilisiertes Leben und darin so unbedacht, so leichthin, so banal, daß die Liebe des Fleisches kaum größere Bedeutung als die Nahrungsaufnahme hatte.

Casanova und Rousseau waren die gegensätzlichen Archetypen ihrer Zeit. Casanova stand für die herkömmliche Verachtung der romantisch empfundenen Liebe, Rousseau für ihre beginnende Idealisierung. In Venedig hatten sie in den Armen derselben Frau gelegen, Casanova als erster, drei Jahre später dann Rousseau. Diese Frau war die schöne Julietta, eine in der ganzen Stadt bekannte Hure. Casanova hatte das Schäferstündchen mit ihr genossen, Rousseau war davon schokkiert: Für ihn war Julietta keine liederliche Person, sondern eine Göttin. Doch als er bei ihr war, gelang es ihm nicht, wie er später schrieb, »die Frucht zu pflücken«. Statt dessen weinte er. In ihrer käuflichen körperlichen Nähe quälte ihn die unabweisbare Tatsache, daß dieses himmlische Geschöpf in seiner irdischen Existenz eben doch eine Dirne war.

Julietta ermunterte Rousseau zu einer erneuten Bemühung. Doch in dem Augenblick, in dem ihm der zweite Versuch Erfolg versprach, entdeckte er an Julietta einen Mangel, der zu einer (wenn auch bezahlten) Göttin der Liebe nicht passen wollte: »Ich sah, daß ihre Brustwarze mißgestaltet war; ich blinzelte, sah genauer hin und vergewisserte mich, daß diese Brustwarze nicht der anderen glich.« Augenblicklich stieß er Julietta vom Sockel seiner Anbetung. Er begann, sich »über den Grund für diese Mißbildung Gedanken zu machen ... Der Gedanke überfiel mich, daß es von einer bemerkenswerten Unvollkommenheit der Natur herrühre ... ich sah so klar wie der Tag, daß ich eine Art Monstrum in den Armen hielt, verstoßen von der Natur, vom Mann und von der Liebe«. Er versuchte, Julietta in seine Empfindungen einzuweihen. Vergebens. Sie erwiderte gelassen: »Laß die Frauen und studiere Mathematik!«

Aber das Zeitalter Casanovas war auch die Epoche Voltaires – das philosophische Jahrhundert, die Ära der Vernunft, der nüchternen Weltbetrachtung, die dem Gedanken die Herrschaft über das Gefühl einräumte. Die mechanistische Welterklärung des englischen Physikers und Mathematikers Isaac Newton (1643–1727) und die rigide Skepsis des französischen

Denkers Voltaire (1694–1778) ließen der Liebe, da sie wider die Vernunft empfunden wurde, wie man meinte, also nutzlos und lächerlich war, im Wertgefüge jener Zeit keine Chance auf Nimbus und Reputation. Geduldet war – wenn auch geringgeschätzt und sarkastisch kommentiert – die animalische Lust des Fleisches. Manch einer sah im Sex sogar nur den atavistischen Paarungstrieb, sah im Selbst das Tier. Die Liebe, spöttelte etwa der zeitkritische französische Schriftsteller Nicolas de Chamfort (1741–1794), sei wenig mehr als »der Kontakt einer Epidermis mit einer anderen«.

Soziale Fragen wurden kaum erörtert; sie galten unter der Despotie absoluter Fürsten als Anstiftung zum Aufruhr. So waren die Völlerei der Satten und das Elend der Hungrigen, sieht man von den Wohlfahrtstheorien Voltaires ab, selten die Anstöße luziden Denkens. Dagegen fanden die Leichtfüßigkeit des Lebenswandels und die Verderbnis der Sitten in den Gegnern der Aufklärung gefahrlos ihre Empörer: Der Kalvinismus, in den Rousseau, Bürger der Stadtrepublik Genf, hineingeboren worden war, erhob seinen strengen Zeigefinger gegen die Lust. Und die Katholische Kirche hatte nach dem Tridentinischen Konzil, das zwei Jahrhunderte zurücklag, wieder einmal bekräftigt, daß in der menschlichen Sexualität der Nährboden alles Bösen in der Welt zu sehen sei. Die Diözesen schickten sich an, ihre Beichtspiegel zu säubern: ihre ehemals detailgenauen Verzeichnisse menschlicher, vor allem sexueller Fehlbarkeit, nach denen die Sünder befragt wurden. Die Beichtspiegel waren nun keine umfassenden Kataloge mehr, mit deren Hilfe der Gläubige über alles erdenklich unkeusche Handeln befragt wurde. Die Beichte sollte die Lust nicht mehr reizen, sondern ihr entgegenwirken; dem Bußsakrament wurde Diskretion auferlegt. Mehr als ein priesterliches Naserümpfen sollte im Beichtstuhl nicht mehr zu befürchten sein.

In den meisten Kirchen Petri wurde die Beichte sexueller Verfehlungen detailgetreu und weitschweifig verlangt: Die Stellung der Liebenden zueinander, ihre vergnüglichen Positionen, das Kaliber ihrer Ekstase, die Heftigkeit ihres Entzückens, die Art ihrer Berührungen, die Dauer des Aktes. Das ganze ausufernde Geständnis der fleischlichen Sünden war, besonders in Italien und Frankreich, pedantisch und schwül. Die Priester ertrotzten sich ihre Teilhabe an der Lust im Dämmerlicht der Beichtstühle.

Aber auch die Reform des Bußsakraments hatte kaum etwas daran geändert, daß die Beichtväter ihre Kinder weiterhin spitzfindig und lüstern verhörten. Selbst jene unter den Priestern, die auf der materiellen Integrität der Beichte nicht mehr bestanden, also auf der detaillierten Beschreibung von Unzucht und Schamlosigkeit, verstopften sich nicht das Gehör. Sie belauschten fortan die Gedanken, die jenseits vollzogener Liebesakte das Fleisch berührten, die ungelebten Phantasien, das wollüstige Hoffen, das schwüle Begehren, den befleckten Traum. Das lockere Zeitalter des Unziemlichen ging zu Ende. Die Priester nannten den Sex nicht mehr beim Namen. Die Epoche der sexuellen Repression kündigte sich an.

In dieser despotisch gezügelten und dennoch zügellos bewohnten Welt, in der das äußerst Strikte und das äußerst Laxe die Lebensmuster woben, trat Rousseau als der große Veränderer auf. Er war einer der geistigen Urheber der Französischen Revolution, die er nicht mehr erlebte. Er war der Vordenker der humanen Erziehung. Er war der Evangelist der romantischen Liebe. Er wirkte so nachhaltig auf die Welt wie sonst nur ein Religionsstifter. In einem Jahrhundert, das dem Gefühl keine Größe, der Liebe kein Gewicht und dem Sex keinen Glanz zubilligte, schrieb er, neben anderen, drei Bücher, deren Inhalte unser Leben seit damals durchdringen. Alle drei, obwohl zwei von ihnen gar nicht der Liebe gelten, bestimmten fortan und bestimmen noch immer die Vorstellungen der abendländischen Menschheit von der Liebe.

Es sind dies der Roman »Emil, oder über die Erziehung«, die Abhandlung »Der gesellschaftliche Vertrag, oder die Grundregeln des allgemeinen Staatsrechts« (im Original beide 1762 erschienen) und der Briefroman »Die neue Heloise, oder Briefe zweier Liebenden« (im Original 1761 erschienen).

Mit dem Erziehungsroman »Emil« gab Rousseau den Kindern die Kindheit zurück. Er wollte, daß Kinder sich frei entfalten, nicht gegängelt, nicht gezüchtigt, im seligen Einssein mit der Natur. Er lehrte die Erzieher »eine schwere Kunst, nämlich die, ohne Vorschriften zu leiten«. Er empfahl ihnen, »die Wörter Gehorsam, Pflicht und Schuldigkeit aus dem Wörterbuch des Kindes zu verbannen«. Und er predigte ihnen, die Fragen der körperlichen Liebe »mit größter Einfachheit, ohne Heimlichtuerei, ohne Verlegenheit« zu beantworten. Goethe nannte »Emil« das »Naturevangelium der Erziehung«. Der schweizerische Sozialreformer Pestalozzi konnte als Pädagoge richtungweisend sein, weil er Rousseaus Ideen aufgriff.

Der »Contrat social«, Rousseaus »Gesellschaftsvertrag«, beginnt mit den berühmten Worten: »Der Mensch ist frei geboren, und überall liegt er in Ketten.« Sie sind das Leitmotiv des Buches: Der Mensch gibt auch als Bürger eines Staates seinen Anspruch auf Freiheit nicht auf. Das Volk ist der Souverän, nicht der König. Der Wille des Volkes ist das Gesetz, nicht die Willkür des Herrschers. Der Wille des Volkes aber sind Freiheit und Gleichheit. Der »Gesellschaftsvertrag« wurde zur Bibel der Französischen Revolution, zur Kampfschrift der Jakobiner. Aus ihm erhob sich die Idee der Volkssouveränität, die sich in nahezu allen republikanischen Verfassungen wiederfindet, mißachteten wie respektierten, konservativen wie liberalen.

Welchen Einfluß nahmen diese Bücher Rousseaus, die ihr doch gar nicht galten, auf die Liebe?

Sie machten das bürgerlich-romantische Liebesideal erst möglich. Denn mit seiner strikten, honorigen Moral konnte es sich nur aus den Trümmern einer Welt voller Verführung und Korruptheit erheben; mit seinem rechtschaffenen Biedersinn konnte es nur die Vision des befreiten Bürgertums sein. Aber die Bücher Rousseaus entfesselten auch die Liebe, die jenseits des unlebbaren, des nirgends gelebten Ideals eine Liebe ist, nämlich die Liebe, die nicht ewig währt, die nicht sklavisch treu ist, deren Größe niemand mißt, die modische Einflüsse hinnimmt und pragmatische Impulse zuläßt. Unsere Liebe. Auch der fehlbare Mensch erfährt die Liebe nun romantisch. Er weiß: sie ist das Glück.

Lieben kann nur der Mensch, der zu seiner inneren Kraft gefunden hat, der die eigene Freiheit bewahrt und die fremde respektiert. Dieser Mensch werden, in diesem Sinne reifen aber kann nur das Kind, das aus der Freiheit kommt und in die Freiheit geht. Der 1980 verstorbene Psychoanalytiker Erich Fromm sprach von der »aktiven Liebe« als einem Gefühl, das der Liebende aus dem Reichtum seines Herzens schöpft, im Gegensatz zur »passiven Liebe«, die dem Betroffenen in der Armut seines Gemüts widerfährt und die ihn zum »Getriebenen« macht. Der erste ist der Gebende, der zweite der Nehmende. »Neid, Eifersucht, Ehrgeiz und jede Art von Gier sind *passiones,* die Liebe dagegen ist eine *actio,* die Betätigung eines menschlichen Vermögens, das nur in Freiheit und nie unter Zwang möglich ist«, schrieb Fromm, gestützt auf Spinoza. Aktiv lieben kann demnach nur der selbstbestimmte Mensch, der die seelische Fähigkeit, die innere Unabhängigkeit, aber auch die politische Chance hat, über sich selbst zu entscheiden.

Zur Freiheit der Persönlichkeitsentfaltung verhalf Rousseau dem Kind mit dem »Emil«. Zur Selbstbestimmtheit der Existenz verhalf er dem Bürger mit dem »Gesellschaftsvertrag«.

Unter dem Ancien régime stand die Erziehung gegen die Liebe, weil sie das Kind des Adels den Flagellanten der Aufzucht, also Hauslehrern und Gouvernanten, preisgab und das Kind der Unterschicht den Ausbeutern seiner Arbeitskraft. Unter dem Ancien régime stand die Gesellschaft gegen die

Liebe, weil sie eine Gesellschaft der Ungleichen war, weil sie Ausbeutung zuließ und Ausbeuter begünstigte, weil sie die Lust empfahl und die Liebe verachtete, weil sie fremdbestimmte Ehen zur Liebe verpflichtete, während sie dem spontanen erotischen Gefühl hinter den gläsernen Schranken der Ungleichheit ein Schicksal des Verzichts aufzwang.

Der moderne Mensch glaubt, Liebe sei ganz und gar privat und der Anspruch auf die Intimität der Privatheit ein ihm verbürgtes »Grundrecht«. So versteht es auch der Amerikaner Nathaniel Branden. Doch in Wahrheit ist Liebe öffentlich, jedenfalls insoweit, als die Öffentlichkeit (Medien, Moden, Werbung) bestimmt, wie geliebt werden soll. Die Öffentlichkeit entscheidet weithin, ob Liebe im individuellen Fall sein darf oder nicht. Über den Einfluß der Gesellschaft auf die Liebe schrieb Erich Fromm in »Die Kunst des Liebens«: »Wenn Liebe eine Fähigkeit des reifen, produktiven Charakters ist, so folgt daraus, daß die Liebesfähigkeit eines in einer bestimmten Kultur lebenden Menschen von dem Einfluß abhängt, den diese Kultur auf den Charakter des Durchschnittsbürgers ausübt.«

Rousseau wollte der Welt eine Kultur der Freiheit geben. Damit gab er ihr eine Kultur der Liebe, auch mit den beiden Büchern, die sie nicht meinten. Das Buch jedoch, mit dem er poetisch unmittelbar die Liebe meinte und das ihr zum Evangelium wurde, hatte er schon kurz zuvor geschrieben: den Briefroman »Die neue Heloise«.

Mit ihm entzückte, entzündete er das europäische Bürgertum, besonders das junge und vor allem das deutsche. Mit ihm stimmte er die Jugend Europas so schwärmerisch, wie sie seit den Zeiten der mittelalterlichen Minne nicht mehr gedacht, nicht mehr gefühlt hatte. Rousseaus Beschreibung zarter Empfindungen, glühender Leidenschaft und tiefer erotischer Verbundenheit war für den literarischen Geschmack seiner Zeit von bestrickendem Zauber. Aber sie blieb auch von starker Wirkung auf die Dichter des Sturm und Drang und der Romantik bis hin zum Naturalismus. »Die neue Heloise« beeinflußte die Literatur, die dann kam, von Goethe bis Tolstoi.

»O, ihr himmlischen Mächte!« schreibt Rousseaus Romangestalt Saint-Preux an Julie. »Ich besaß eine Seele für den Schmerz, verleiht mir eine für die Seligkeit! Liebe, Du wahres Leben der Seele, komm und erhalte die meinige aufrecht, denn sie will vergehen.« Oder, nach der Liebesnacht mit ihr: »Laß uns sterben, Geliebte meines Herzens! Was sollen wir noch mit einer faden Jugend beginnen, nachdem wir alle Wonnen erschöpft haben? Erkläre mir, wenn Du kannst, was ich in dieser unbegreiflichen Nacht empfunden habe!«

Und Julie schreibt an Saint-Preux:

»Ist nicht die wahre Liebe das keuscheste aller Bande? Ist nicht die Liebe in sich selbst der reinste sowohl als der herrlichste Trieb unserer Natur? Verschmäht sie nicht die niedrigen und kriechenden Seelen, um nur die großen und starken zu begeistern?« Und: »Alles nährt die Glut, die mich verzehrt.«

Diese Sprache wurde zum Idiom des bürgerlich-romantischen Liebesideals. Sie war bis weit ins zwanzigste Jahrhundert hinein der Sprachstil aller Liebenden der gebildeten Mittelschicht. Sie wurde unter nächtlichen Stadtparkeichen und raschelnden Dorflinden geflüstert, gestammelt, geseufzt. Diese Worte lösten, als Rousseau sie veröffentlichte, ungeweinte Tränen. Sie mahnten die Menschheit, die Liebe um der Liebe willen zu leben und nicht für die Familie, den Clan, die Dynastie oder die modische Lust. Der puritanische Poet Rousseau, der ein einfältiges Mädchen liebte, gab den Liebenden seines Kulturkreises die erhabene Einfalt und das Pathos der Liebe. Der gedankenreiche Philosoph, der die ungebildete Magd geliebt, gefreit und gegen den Hohn einer anmaßenden Elite geheiratet hatte, lebte seinen irdischen Entwurf der Liebe in Ansätzen so, wie Jesus den göttlichen gelebt hatte. Die Ungleichheit durch die Liebe überwinden und verschmelzend zur Gleichheit finden – das war von nun an das romantische Ideal.

Doch diesem Leitbild verweigerte sich die Wirklichkeit, schon in Rousseaus Roman: Julies Vater bestimmt sie einem anderen als Saint-Preux. Das romantische Ideal wurde fortan als Bühnensujet gefeiert, doch als Lebenswirklichkeit vereitelt, allenfalls geduldet. Überschwengliche Gefühle zu empfinden, sie auszusprechen, sie niederzuschreiben wurde Mode. Die neue Mode verdrängte die Mode der Vernunft und der stilisierten Form. Die Menschen liebten tatsächlich anders, enthusiastischer, schwärmerischer, hingegebener oder – wenn die Umstände gegen die Liebenden waren – melancholischer, tragischer, verzweifelter. Kein Zweifel: Rousseau hat der Nachwelt die Liebe gegeben. Zum erstenmal in der Geschichte der Menschheit erhob die lächelnde, lockende, schmeichlerische Königin der Erotik ihr Zepter über uns. Doch mit ihr kam auch – in den zahllosen bleichen Gewändern ihrer Vielgestalt – die Liebesnot, die uns heute noch peinigt. Durch sie erwuchs dem Ungeliebten das Bewußtsein der Entbehrung. Das menschliche Miteinander wurde wärmer, die menschliche Einsamkeit kälter. Rousseau hat uns reicher gemacht. Erlösen konnte er uns nicht.

Würden die unbändigen Liebesworte aus der »neuen Heloise« heute geschrieben, gesprochen – sie klängen unglaubhaft, keineswegs wegen der Fremdheit der Worte, sondern wegen der Fremdheit der durch sie ausgedrückten Empfindungen. Die Liebe, die von Rousseau kam, hat uns auch die Skepsis gelehrt. So fühlen wir nicht mehr. So schreiben wir nicht mehr. So reden wir nicht mehr, nicht seit wir erwachsen sind. Dennoch sehnen wir uns nach dem Gefühl, das diese altmodischen Worte beschreiben. Wir hungern nach der Liebe, die Rousseau und seine poetischen Adepten beschworen, besungen, beatmet haben, wir »glauben« sogar an sie – und suchen sie dennoch vergeblich. Wir durchstreifen unser Leben wie Parzival auf der Suche nach dem Heiligen Gral die Welt. Wir suchen die Pforten des Paradieses – wie er. Parzival hat sie am Ende durchschritten, weil er reinen Herzens war. Aber wir? Wer könnte von sich sagen, daß er in der gnadenlosen Welt des Wettbewerbs noch unbefleckten Herzens ist, hinreichend rein für den Heiligen Gral, in dem Joseph von Arimathaiu Christi Blut auffing?

Suchen wir ein reales, ein erreichbares Paradies? Oder, anders gefragt, gibt es auch ein Paradies für uns, für die Bewohner der kapitalistischen Welt, denen die reine Torheit des christlichen Ritters zwischen Konsum, Karriere und den Ködern der Versuchung verlorenging?

Der Denker Rousseau etablierte eine Utopie, deren Leitbilder sich so machtvoll ausdehnten, daß wir die Qualität unserer Liebe und der Liebe unserer Partner immer noch an ihnen messen. Selten aber wird sie als Utopie erkannt, sondern meist als Lebenswirklichkeit genommen, als erreichbare Krone. Sie verkörpert das bürgerlich-romantische Liebesideal, hinter dessen Bedeutungsnebeln wir ein Glück vermuten, dessen Versprechungen uns eine zweihundertjährige Liebeslyrik eingeflüstert hat. Ein Glück, das – wie der Amerikaner Branden meint – »zu den Grundrechten eines jeden Menschen« gehört und das wir, demgemäß erbittert, vom Schicksal einfordern.

Dieses Liebesideal ist Rousseaus Hinterlassenschaft an unsere Erotik. Ein Grundrecht? Eher eine Pflicht. Rousseau hätte wissen müssen, daß er uns mit seinem Erbe überfordert. Denn fehlbar, im Sinne seines Ideals, war er selbst: Sein Vorbild für die Romanfigur der Julie war nicht Thérèse Levasseur, die Frau an seiner Seite, sondern Élisabeth Sophie d'Houdetot, eine verheiratete Comtesse, die mit einem Gardeobersten schlief. Für diese Frau war der vierzigjährige Dichter glühend, wenn auch vergeblich entbrannt. Die Liebe des Romanhelden Saint-Preux, von der Rousseau erzählt, in Wahrheit steht sie für die Treulosigkeit des Autors. Der Widerspruch zwischen dem

Ideal, dem jemand anhängt und der Wirklichkeit, die sein Schicksal ist, war in Rousseau und ist in jedem Menschen angelegt: Rousseau war, wie wir wissen, der Vordenker einer humanen Erziehung. Aber die fünf Kinder, die Thérèse ihm geboren hatte, brachte er gegen ihren Protest ins Findelhaus, um »ihre Ehre zu retten«, wie er ihr versicherte. Er erinnerte sich später nicht einmal daran, in welchen Jahren sie geboren worden waren.

Ähnlich widersprüchlich verhält sich meist der moderne Mensch, der das bürgerlich-romantische Liebesideal zu leben meint. Das Ideal verheißt und bewilligt ihm die Liebe nur »groß«, »ewig« und »treu«. Der Dichter Heinrich Heine (1797 bis 1856), ein Verkünder des Ideals auch er, hat es mit folgendem Vers bezeugt:

> Ich hab' dich geliebet und liebe dich noch!
> Und fiele die Welt zusammen,
> Aus ihren Trümmern stiegen doch
> Hervor meiner Liebe Flammen.

Diese Lyrik hält auch heute noch kaum jemand für unzeitgemäß. Genau so wollen wir geliebt werden. Und so wollen wir – in flagranter Überschätzung der eigenen Seelenkraft – auch lieben. Immer noch. Für diese unbezwingliche, naive Sehnsucht fand Ann Lennox, die platinblonde Vokalistin der britischen Pop-Gruppe Eurythmics, im Jahr 1989, also 133 Jahre nach Heines und 211 Jahre nach Rousseaus Tod, eine ähnlich euphorische Wortmelodie:

> Don't ya know I really love
> you baby
> and that is sure ...
> All the groovy things
> about you baby
> make me feel secure ...

>   People like us
>   are strong enough
>   to hold ourselves together
>   keep the sky from fallin' down
>   Yea –
>   We're gonna live forever ...
>   We two are one
>   we two are one

»Menschen wie wir sind stark genug, zusammenzubleiben und den Himmel am Einstürzen zu hindern – wir zwei sind eins.« Doch den zwei Millionen Geschiedenen in der alten Bundesrepublik, den meisten der neun Millionen zur Einsamkeit entschlossenen oder von ihr überwältigten Singles und den nie gezählten getäuschten, glücklosen, frierenden Millionen unter jenen, die mit einem Partner zusammenleben, sind die Himmel längst eingestürzt. Den Menschen des neunzehnten Jahrhunderts, die in aller Regel nur eine Liebeschance im Leben hatten, blieb das bürgerlich-romantische Liebesideal, auch wenn sie enttäuscht wurden, eine metaphysische Gewißheit. Doch der moderne Mensch, der hundert Chancen hat, wird von Ungewißheit geplagt. Er wird in aller ernüchternden Regel nur in seinen Tagträumen so geliebt, wie es Ann Lennox mit ihrem sehr gegenwärtigen, sehr robusten Stimmkörper bekundet und wie er selbst es sich ersehnt.

Die Liebe, die der statistisch mehrheitliche Mensch erfährt, aber auch die, die er spendet, wird nie so »groß« gefühlt, so »ewig« gelebt, so »treu« bewahrt, wie das Ideal verheißt. Das entmutigt; das treibt viele, vor allem Frauen, in die Resignation. Das verbannt sie hinter den Schutzwall des Mißtrauens, den sie vor der Festung ihres Herzens errichten. Die idealisierte Liebe ist ihnen als Erlebnis nicht vergönnt. Nun sind sie auch zu keiner anderen fähig, jedenfalls zu keiner, die dieses Namens würdig wäre.

Wir zweifeln an der Liebe unserer Partner und an den

Gefühlen im eigenen Herzen. Denn wir wollen die »große Liebe«. Doch was ist »groß«? Wir haben keinen Maßstab für die Liebe, derer wir fähig sind und die wir bekommen. Wir haben nur das ehrwürdig umwölkte Ideal. Es gibt keinen »Emotiometer«, keinen Sensor, mit dem wir die Größe unserer und der Liebe unserer Partner messen könnten. Wir haben nur unseren blinden Argwohn, der solange in uns leben wird, wie wir nicht in der Lage sind, die vage Maxime vom Altar unserer Sehnsüchte zu stoßen.

Es gibt Menschen, die messen die Größe ihrer Liebe am Maß ihrer Angst vor deren Verlust. Es gibt Menschen, die messen sie an der Temperatur des Fiebers, das sie »auf den ersten Blick« oder beim ersten Kuß befällt. Es gibt Menschen, die messen sie am Ungestüm der Eifersucht, die sie aufzuwühlen vermag. Sie alle sind nächtens um den Schlaf gebracht. Doch im Verständnis des Seelenarztes ist der Liebeswahnsinn, der sich in diesen Zuständen äußert, eine Seelenkrise, die manchmal zum Tode führt, aber meistens vorübergeht.

Wer jedoch die Heiterkeit, die Zuversicht, die Selbstgewißheit zuläßt, Zustände, die ihm aus der eigenen Seele zuwachsen, der mißt die Liebe nicht ab, der lebt sie, solange sie währt. Für ihn ist eine Liebe eine Liebe, nichts weiter.

Wir anderen wissen zwar um die Endlichkeit unserer Gefühle, aber insgeheim ersehnen wir sie doch für die Ewigkeit. Auch die Spontanen, die Fortschrittlichen, die »Aufgeklärten« unter uns. Nichts illustriert dies besser als die Kontaktanzeige aus einem Szeneblatt: »Suche (...) Mann, wenn schon nicht für immer, dann wenigstens für ewig.« Wir wissen um unsere Unbeständigkeit, unsere Verführbarkeit und wollen die Liebe doch »treu«. Zumindest im Oberstübchen unseres Bewußtseins glauben wir, daß wir bleibend und verläßlich lieben können, und spüren doch insgeheim, daß wir das Unglaubliche glauben.

Dabei gibt es Menschen, wenige freilich, die eine beständige, loyale Liebe an der Seite eines einzigen Gefährten erleben. Ich meine nicht die Lustlosen in den Fesseln eines bürgerlichen Arrangements, deren einst verschwenderisches Gefühlsleben längst gestorben ist. Ich meine Menschen, deren Herzen vital bleiben. Menschen freilich, die einander jung begegnen und das intime Einvernehmen zwischen ihnen ein Leben lang bewahren, sind Ausnahmen. Beständig und dabei glücklich Liebende sind meist Menschen mit trainiertem Herzen, Menschen mit Erfahrung also. Es sind die Mutigen, die viel geliebt und viel gelitten, vor allem aber viel genossen haben. Ihre Bereitschaft zur Liebe hat Lust und Leid überlebt. Und sie sind stärker geworden dabei. Es sind die Vollblütigen mit den sensorischen Instinkten, deren Sinn für Realität und Humor gleichermaßen geschärft wurde. Es sind die Unbeugsamen, die die Liebe lieben. Das Wagnis der Liebe schreckt sie nicht. Sie kennen es, und deshalb sind sie unverzagt. Sie kommen dem Ideal am nächsten, weil es ihnen so fern ist.

Wir anderen aber gehen mit verlorenen Schritten, weil das romantische Liebesideal, das uns trotz aller Zweifel fest im Griff hat, auf die brennendste Frage unserer Existenz keine Antwort gibt. Unsere kanonische Ehrfurcht vor diesem Ideal hat unseren Blick für die Wichtigkeit der Liebe geblendet. Unser Glaube an das Ideal, oft erschüttert und dennoch unerschütterlich, wird immer wieder von unserer elementaren Sehnsucht nach Liebe gespeist. Manch einen führt diese Sehnsucht in das trostlose Vakuum des Verzichts, weil die Sehnsucht ihr Ziel verfehlt. Häufiger noch macht uns der Glaube an das Ideal zu Anklägern. Das Ideal verheißt uns das Paradies, doch sind wir daraus von Beginn an verstoßen.

Das Ideal der Liebe können die Menschen nicht leben. Und die Wirklichkeit der Liebe vermögen sie nicht zu schätzen. Denn dafür haben sie keine Vision, keinen Begriff, den sie denken, kein Gesetz, dem sie gehorchen und keinen Entwurf, den sie vollenden könnten. Vision, Begriff, Gesetz, ja Entwurf vermittelt ihnen nur das nicht lebbare Ideal. Deshalb erscheint ihnen die Liebe, jede Liebe, deren sie und ihre

Partner fähig sind, als Kompromiß. Irgendwann, mitunter schon am ersten Tag, identifizieren sie den Menschen an ihrer Seite als Träger dieses Kompromisses, als sei er mit einem Virus infiziert, das den Traum zerstört und die Wirklichkeit vergiftet. Jetzt empfinden sie als fade, was vielleicht anheimelnd, und als schal, was vielleicht warm sein könnte, würden sie den Geliebten und die eigenen Gefühle nicht am Unmeßbaren messen.

Deshalb machen sie ihrer kleinmütigen, halbherzig ausgeloteten Liebe ein Ende. Deshalb vermuten sie hinter jeder Liebe die größere, aufregendere, wärmere, beständigere.

Bis sie ihr Wähnen als Wahn erkennen.

Vision, Begriff, Gesetz und Entwurf der Liebe – den romantischen Wahn – findet der moderne Mensch im Born seiner Bildung und den Quellen seiner Weltsicht, nämlich in der Poesie und der Prosa zweier Jahrhunderte: in Goethes »Hermann und Dorothea«, in Wagners »Tristan und Isolde«, in Grillparzers »Des Meeres und der Liebe Wellen«, in den Seifenopern des Fernsehens, den Groschenromanen der Asphaltliteratur, den Balladen der Filmindustrie, den Gesängen der Popmusik, den Serenaden der Werbung und den Legenden der Boulevardpresse. Das romantische Liebesideal begegnet dem Schüler in der Deutschstunde und dem Erwachsenen in den Medien, die es unablässig fortschreiben, mal traurig, mal pikant, doch allemal verführerisch.

Um Vision, Begriff, Gesetz und Entwurf der Liebe wirklich zu erkennen, um gesunde Zweifel an dem krankmachenden Ideal zu entwickeln, hätte der Leser freilich auch ein 146 Seiten starkes Büchlein zur Hand nehmen können: »Die Kunst des Liebens« von Erich Fromm (1900–1980). Das Bändchen erschien 1956 in den USA und wurde allein in der Bundesrepublik mehr als zweimillionenmal gekauft. Es ist wahrscheinlich zehnmal so oft gelesen worden. Auf das Liebessehnen und die Bilder, die sich die Menschen von der Liebe machen, hatte es ungefähr die Wirkung, die Rousseaus »neue Heloise« einst erreichte. Fromms Buch ist ein vorbehaltloses Bekenntnis zur Liebe: »Die Liebe ist«, schreibt Erich Fromm in diesem Buch, »eine aktive Kraft im Menschen. Sie ist eine Kraft, welche die Wände niederreißt, die den Menschen von seinen Mitmenschen trennen, eine Kraft, die ihn mit anderen vereinigt.« Und: »In der Liebe kommt es zu dem Paradoxon, daß zwei Wesen eins werden und trotzdem zwei bleiben.« We two are one.

Worte dieser Art geben dem Buch das Verlockende, das Süße, das dem Leser schmeckt, das ihn betört. Sie wurden gelesen, gewogen, geschlürft. Solche Worte machten es zum Katechismus der Liebenden. Doch Erich Fromm hat in seinem viel zitierten und vielfach mißverstandenen Buch mehr noch die Aktualität, also das Bittere beschrieben: »Unvereinbar miteinander sind das der kapitalistischen Gesellschaftsordnung zugrunde liegende Prinzip und das Prinzip der Liebe.« Das ist ein abweisendes, wirklichkeitsbezogenes, schwer genießbares Wort. Es ist zu spröde, aber auch viel zu authentisch, um so weit akzeptiert zu werden, daß es die süffige Liebesallegorie entthronen und die humanistische Vision seines Autors etablieren könnte.

Viele Leser halten »Die Kunst des Liebens« für eine Art Ratgeberbuch. Dabei propagiert es ein utopisches Modell, die Vision eines Idealzustandes, den zu verwirklichen nur mutigen oder einfältigen Menschen gegeben ist. Fromms Buch als praktische Lebenshilfe zu mißdeuten, ist ein ebenso arges Mißverständnis wie das romantische Liebesideal als reale Lebenschance zu begreifen. Die meisten Menschen vertrauen dem Ideal, ohne es zu leben, und die meisten Leser glauben an die Botschaft des Buches, ohne zu erkennen, wie unendlich weit ihre Art zu lieben von Fromms Maximen entfernt ist.

Erich Fromms Buch deutet verführerisch auf das oft besungene Ideal. Doch als Ratgeberbuch ist es der Lebenswirklichkeit und dem psychischen Potential der meisten Menschen weit entrückt.

»Geliebtwerden und lieben brauchen Mut, bestimmte Werte als das anzusehen, was ›uns unbedingt angeht‹, den Sprung zu wagen und für diese Werte alles aufs Spiel zu setzen.«

Für den immateriellen Lohn der Liebe setzen in der kapitalistischen Gesellschaft vornehmlich jene alles aufs Spiel, die wenig aufs Spiel zu setzen haben. Das sind die ganz Jungen, vielleicht die letzten Hippies oder die ewig Alternativen, die sich für ein Leben in freiwilliger Armut entschieden.

»Lieben heißt, daß wir uns dem anderen ohne Garantie ausliefern, daß wir uns der geliebten Person ganz hingeben in der Hoffnung, daß unsere Liebe auch in ihr Liebe erwecken wird.«

Erich Fromm empfiehlt die Liebe als selbstlosen Herzensakt. Doch lieben, ohne geliebt zu werden – wer könnte das? Wer könnte es länger als einen Sommer, ohne daran zu zerbrechen?

Das Buch Erich Fromms ist der Lebenspraxis des modernen Menschen ähnlich weit entrückt wie Jesu Bergpredigt der sozialen Wirklichkeit in der abendländischen Christenheit. Und wie die Bergpredigt hat es Gültigkeit, nämlich in dem Sinne, in dem kirchliche Reformatoren die Rede Jesu auslegten: Sie hielten die in ihr verkündete Ethik nicht für praktizierbar und dennoch für verbindlich, weil an ihr das Scheitern des Menschen deutlich wird. An der Liebesethik Erich Fromms werden uns, wenn wir es zulassen, unsere Neurosen, Aggressionen, verstohlenen Haßgefühle und verstiegenen Phantasien bewußt – die Symptome unseres Scheiterns in der Liebe.

»Die Kunst des Liebens« enthält keine Rezeptur, sondern eine Tugendlehre der Liebe. Wir sind aufgefordert, an ihren Maximen die Kraft unserer Herzen und die Vitalität unserer Liebe zu messen. Wir sind nicht aufgefordert, an ihnen zu verzweifeln.

Es ist zu befürchten, daß die Lebenshorizonte Erich Fromms von den meisten Lesern als eine moderne Ergänzung des bürgerlich romantischen Liebesideals verstanden wurden. Dabei hatte der Autor gerade versucht, die passive Liebeserwartung, wie der romantische Traum sie vorgaukelt, zu überwinden und den Leser zur *actio* zu ermutigen.

Zum Ideal der »romantischen Liebe« wahrte er – expressis verbis freilich nur in wenigen Sätzen – kritische Distanz. Denn für ihn war Liebe eine »Fähigkeit« beziehungsweise eine »Aktivität der Seele, deren nur der innerlich freie, unabhängige Mensch fähig ist«. Wer jedoch auf die romantische Liebe hofft, der will von ihr überrumpelt werden, der erwartet sie als Empfangender. Sie gilt ihm gleichsam als Geschenk des Schicksals. So aber verstand Erich Fromm die Liebe eben nicht. Denn: »Sie ist etwas, das man in sich selbst entwickelt, nicht etwas, dem man verfällt.« Und die »große Liebe«, die in »rührenden Filmen und Romanen dargestellt wird«, »die abgöttische Liebe«, ist für ihn nur eine »Pseudoliebe«. Denn der so Liebende »verliert sich in der Geliebten, anstatt sich in ihr zu finden«.

Das Liebesverständnis Erich Fromms ist so anspruchsvoll, weil es die romantischen Ansprüche an die Liebe als destruktiv erkennt:

»Liebe ist nur möglich, wenn sich zwei Menschen aus der Mitte ihrer Existenz heraus miteinander verbinden, wenn also jeder sich selbst aus der Mitte seiner Existenz heraus erlebt. Nur dieses ›Leben aus der Mitte‹ ist menschliche Wirklichkeit, nur hier ist Lebendigkeit, nur hier ist die Basis für Liebe. Die so erfahrene Liebe ist eine ständige Herausforderung; sie ist kein Ruheplatz, sondern bedeutet, sich zu bewegen, zu wachsen, zusammenzuarbeiten. Ob Harmonie waltet oder ob es Konflikte gibt, ob Freude oder Traurigkeit herrscht, ist nur von sekundärer Bedeutung gegenüber der grundlegenden Tatsache, daß zwei Menschen sich vom Wesen ihres Seins her erleben, daß sie miteinander eins sind, indem sie mit sich selbst eins sind, anstatt vor sich selber auf der Flucht zu sein. Für die Liebe gibt es nur einen Beweis: die Tiefe der Beziehung und die Lebendigkeit und Stärke in jedem der Liebenden. Das allein ist die Frucht, an der die Liebe zu erkennen ist.«

Das ist keine Utopie, sondern Chance. Es ist – im abgegriffenen Sinn des Wortes – auch keine Lebenshilfe, sondern wegweisend. Zwar werden sich viele Menschen, wenn sie ihre Erfahrung an dieser Forderung messen, als Gescheiterte erkennen. Doch müssen sie nicht hoffnungslos sein. Die Vision Erich Fromms unterscheidet sich vom bürgerlich-romantischen Liebesideal, weil sie nicht nach den Sternen greift, sondern im Innern eines jeden Menschen gesucht werden muß. Wer ihr folgen will, muß allerdings großes Zutrauen in die eigene Stärke haben.

Das bürgerlich-romantische Liebesideal verheißt uns die Liebe als glückliche Fügung. Erich Fromm erklärt sie uns als abenteuerlichen, aber von vielen Hindernissen verstellten Weg in unser eigenes Ich. Es ist so oft unser Schicksal, daß sich das eine für uns nicht fügt und wir dem anderen nicht gewachsen sind. Wie erging es dem Psychoanalytiker, Therapeuten und Sozialphilosophen Erich Fromm selbst mit der »Kunst des Liebens?«

Erich Fromm, im Jahr der Jahrhundertwende in Frankfurt am Main geboren, war ein religiöser Mensch. Er war in der Tradition jüdischer Rabbiner und Talmudisten aufgewachsen, in einer leisen Nische der Welt, in der das Studium orthodoxer Schriften alles und materieller Reichtum wenig galten. »Die moderne Welt war (und ist) auf Gelderwerb aus«, schreibt Erich Fromms Biograph Rainer Kunz. »Seine Kräfte für den Gelderwerb einzusetzen, wäre in Fromms Augen verlorenes Leben und bedeutete Verlust des Seelenheils.«

Zu lieben, wie der moderne Mensch es tut, indem er Liebe gegen Lebenssicherheit tauscht oder Sex gegen Fürsorge oder Schönheit gegen Besitz, waren dem Urenkel eines berühmten Rabbiners demnach völlig fremd. Erich Fromm war dreimal verheiratet. Wie es um das Glück einer seiner Ehen stand, deutet sein Biograph nur an. Doch er hebt »die Kongruenz von Leben und Werk« hervor, die »bei Erich Fromm so beeindruckte«.

Erich Fromm war kurzsichtig und schmächtig, mit einer hohen, gewölbten Stirn und einer kräftigen, gebogenen Nase, ein in sich gekehrter Intellektueller, der sich nicht an gesellschaftlichen Normen orientierte. Seine erste Frau, die Psychoanalytikerin Frieda Reichmann, heiratete er 1926 in Deutschland. Sie war zehn Jahre älter als er. Bei ihr hatte Erich Fromm eine Lehranalyse gemacht. Das Ehepaar trennte sich nach fünf Jahren, blieb einander aber verbunden.

Die zweite, etwa gleichaltrige Frau Erich Fromms, die, wie er selbst, vor den Nazis nach Amerika emigriert war und die er dort 1944 heiratete, brachte einen siebzehnjährigen Sohn mit in die Ehe. Er war der einzige Mensch, dem der kinderlos gebliebene Erich Fromm je ein Vater war. Die Mutter des Jungen war todkrank. Auf der Flucht vor den Nazis hatte sie sich eine Rückenmarkverletzung zugezogen, an deren Folgen sie nach achtjähriger Ehe starb.

Nur ein Jahr darauf, mit 53, heiratete Erich Fromm eine zwei Jahre jüngere Amerikanerin. Sie war auch bei ihm, als er 1980 in Locarno starb. Sein Biograph Rainer Funk, den er zu seinem literarischen Nachlaßverwalter bestimmt hatte und der einige Jahre auch sein Assistent war, schreibt: »Tatsächlich hat Fromm seinen eigenen humanistischen Ansatz in all seinen Lebensbezügen auch zu realisieren versucht. Wer immer in den letzten Lebensjahren ihn selbst kennenlernte, war von der Art seines Umgangs mit sich selbst, mit seiner Frau Annis und mit dem Besucher beeindruckt.«

Wem es kraft Begabung, Fügung und Sozialisation gelingt, seine Liebe der Frommschen Vision anzunähern, dessen Seele ist ein Solitär. Ein Mensch, dem eine solche Seele gegeben wurde, ist unerschrocken und stark. Seine Tat ist seine Art zu lieben: tief, treu, beständig, selbstlos. Insofern ist er auch eine Verkörperung des bürgerlich-romantischen Liebesideals. Er ist ein Mensch, der Anspruch auf unsere Bewunderung hat. Bewundern wir ihn?

Wir verstehen ihn nicht einmal. Wo immer es diesen Menschen geben mag, wann immer der Zufall uns mit ihm zusammenführt, ist er uns rätselhaft. Sein genügsamer Glücksanspruch, die Lauterkeit seiner Hingabe, seine Fähigkeit zum Verzicht, seine übermenschliche Seelenstärke irritieren uns. Er paßt nicht in unsere ausrechenbare Welt. Er ist ein Außenseiter. Bestenfalls kennen wir ihn aus der Dichtung. Dort gehört er hin. Dort kann er uns nicht befremden.

In seinem ersten Roman »Arme Leute«, einem Roman in Briefen, stellt uns beispielsweise Dostojewski einen solcherart selbstlos Liebenden vor: den mittellosen Beamten Makar Dévuskin. Dostojewski war ein Verehrer Gogols. Vielleicht trägt Dévuskin deshalb Züge des ärmlichen Kanzleischreibers Akakij Akakijevic in Gogols Novelle »Der Mantel«. Beide sind gänzlich unbedeutend. Beide sind demütig und ein wenig lächerlich. Dévuskin ist gleichwohl ein Held der Liebe. Sie gilt der armen, tugendhaften Va'ra, die von den Männern begehrt und verfolgt wird und schließlich einen alten Lüstling heiratet, um in der »Sicherheit« der Ehe der Verfolgung durch andere Lüstlinge zu entgehen. Dévuskin, der auf der anderen Straßenseite wohnt, liebt sie aus der Distanz. Er hungert, um ihr zu helfen. Er weiß, daß seine Liebe hoffnungslos ist.

Ihn erfüllt das wunderbare Gefühl im eigenen Herzen. Diese unerwiderte Liebe ist der Reichtum seines armen Lebens.

Fjodor Michailowitsch Dostojewski (1821–1881) schrieb »Arme Leute« in den vierziger Jahren seines Jahrhunderts, ein Menschenalter nach dem Tode Jean-Jacques Rousseaus und ein Menschenalter vor der Geburt Erich Fromms. Der Einfluß Rousseaus ist deutlich. Aber Dostojewski beschreibt die Liebe eines Sonderlings, den uns freilich später auch Erich Fromm als Vorbild hätte darstellen können.

Ein Sonderling, ein adliger freilich, war auch der Gascogner

Dichter, Philosoph und Haudegen Cyrano de Bergerac (1619 bis 1655). Das Leben dieses Mannes war für den französischen Bühnendichter Edmond Rostand (1868–1918) Vorlage für seine Verskomödie »Cyrano de Bergerac«, die zum meistgespielten französischen Theaterstück wurde.

Der durch eine übergroße Nase verunstaltete, dabei überaus geistreiche und großmütige Titelheld des Stücks ist insgeheim und chancenlos in seine Kusine Roxane verliebt. Ausgerechnet diesen Mann bittet Roxane, ihren jungen Freund Christian, einen Regimentskameraden Cyranos, unter seine Obhut zu nehmen. Christian ist ein schöner, aber einfältiger Jüngling, dem die Liebesbriefe an Roxane nicht gelingen wollen. Also bittet er seinen Beschützer Cyrano um Hilfe. Und Cyrano hilft: Im Namen Christians schreibt er Roxane leidenschaftliche Billetsdoux, Worte voller Poesie, die ihm seine Begabung und seine verliebte Seele eingeben. Er tut noch mehr: Nachts unter dem Balkon versteckt, auf dem Roxane der Stimme Christians lauscht, soufliert Cyrano seinem Schützling auch den mündlichen Liebesschwur. Und schweigend sieht er zu, wie wenig später eine von seinen Worten überwältigte Roxane dem tumben Christian in die Arme sinkt.

Als die beiden ungleichen Liebhaber mit ihrem Regiment in den Krieg ziehen, setzt Cyrano den gefälschten Briefwechsel fort. Und als Christian schwer verwundet wird, drückt Cyrano dem Sterbenden einen letzten Liebesbrief in die Hand. Roxane, von diesem finalen Aufschrei einer unvergänglichen Liebe erschüttert, geht ins Kloster.

Dort besucht Cyrano sie fortan jeden Samstag. Roxane trägt Christians letzten Brief stets bei sich. Cyrano aber bringt es nicht fertig, sie über die Täuschung aufzuklären. Er versucht lediglich, sie mit Skandalgeschichten aufzuheitern. Und er spricht geduldig mit ihr über den Toten.

Das stille Leid, das schmerzensvolle Glück dieser Samstagsbesuche erträgt Cyrano de Bergerac 15 Jahre lang. Eines Tages, nach einem heimtückischen Mordanschlag, kann sich der tödlich Verletzte gerade noch bis in das Kloster schleppen. Bevor er stirbt, gesteht er Roxane seine Liebe. Als er die letzten Zeilen aus Christians letztem Brief zitiert, erkennt Roxane, daß sie den falschen Mann geliebt hat. Cyrano de Bergerac stirbt mit den Worten:

»Das ist nun mein ganzes Leben: Während ich unten stand im schwarzen Schatten, stiegen andere auf, um die Küsse des Ruhmes einzusammeln! Das ist die Gerechtigkeit, und ich billige sie, jetzt am Rande des Grabes! Molière hatte Genie, Christian aber war schön!«

Dieser Stoff wurde in unserer Zeit mehrmals erfolgreich verfilmt, zuletzt 1990. Auf den Bühnen des Sprechtheaters ist er ein Evergreen. Cyrano de Bergerac war ein tragischer Held, Dévuskin ein Tor. Beider Verhalten kommt dem Liebesideal Erich Fromms nahe, jedenfalls was die Souveränität der Charaktere anbelangt. Allerdings empfahl der Psychoanalytiker die starke, uneigennützige Liebe als *actio*, die der moderne Mensch bewältigen soll: als erlernbare Kunst. Dostojewski und Rostand aber beschrieben Schicksale, die von Ausnahmepersönlichkeiten tapfer getragen wurden. Wir bewundern diese Leistung in der Literatur. Doch in unserer Bewunderung, in unserer Rührung schwingt eine mitleidige, womöglich verächtliche, zynische Überheblichkeit mit.

Wer heute so uneigennützig liebt, erfährt kaum Bewunderung. Ist dieser Mensch ein Mann, dann mißtrauen wir ihm, weil wir uns selbst mißtrauen. Wir halten ihn für einen Heuchler und meinen, wir müßten ihn demaskieren, weil er uns demaskiert. Er demaskiert uns ohne Absicht, durch seine bloße Existenz. Er führt uns unsere gebrochene Bereitschaft zur Hingabe vor Augen, unseren Kleinmut in der Liebe, unsere Neigung zur Treulosigkeit. Er beleidigt uns mit der Aura der Rechtschaffenheit, die um ihn ist. Er trübt unser Selbstbild. Wir können nicht sein wie er. Ist dieser Mensch eine Frau, dann suchen wir sie mit unserem Mitgefühl zu demütigen oder – in feministischer Sichtweise – als Opfer zu verklären. Doch ganz tief in unserem Innern macht uns diese selbstlos starke Liebe oft wehmütig. Für Erich Fromm war diese Art der Liebesfähigkeit ein »Charakterzug«. Der Mehrheit aller Menschen ist diese Fähigkeit jedoch im Laufe ihrer Sozialisation verlorengegangen. Wir leben in einer Welt, die – so Erich Fromm – »Automaten« produziert.

In allen sozialkritischen Büchern, die er schrieb, nicht nur in »Die Kunst des Liebens«, hat Erich Fromm die emotionalen Probleme der kapitalistischen Gesellschaft mit dem Ziel analysiert, ihre Krankheiten zu heilen und eine an den Bedürfnissen des Menschen orientierte »gesunde Gesellschaft« herbeizuführen. In seinem Buch über die Liebe identifiziert er die Krankheit unserer Kultur in der Praxis des erotischen Tauschhandels: »Automaten können nicht lieben«, schreibt er, »sie tauschen ihre persönlichen Vorzüge aus und hoffen auf ein faires Geschäft.«

Automaten? Das sind nach Erich Fromm »Menschen, die sich frei und unabhängig vorkommen und meinen, für sie gebe es keine Autorität, keine Prinzipien und kein Gewissen – und die trotzdem bereit sind, sich kommandieren zu lassen, zu tun, was man von ihnen erwartet, und sich reibungslos in die Gesellschaftsmaschinerie einzufügen; Menschen, die sich führen lassen, ohne daß man Gewalt anwenden müßte, die sich ohne Führer führen lassen und die kein eigentliches Ziel haben außer dem, den Erwartungen zu entsprechen, in Bewegung zu bleiben, zu funktionieren und voranzukommen.«

Erich Fromms Beschreibung des menschlichen Automaten ist die Beschreibung des Menschen in der kapitalistischen, demokratischen Gesellschaft. Mit anderen Worten: Der Automat bin ich. An dieser Beschreibung wird deutlich, wie stark die Vision des Erich Fromm im Gegensatz zur Lebenswirklichkeit des modernen Menschen steht. Nach dem Sieg des Kapitalismus über das kommunistische Experiment ist vielen auch die Hoffnung auf eine geläuterte Gesellschaft genommen. In der Welt, in der wir leben, können wir nun einmal nicht – mit Cyrano de Bergerac – »im schwarzen Schatten« stehen und zusehen, wie andere aufstehen, »um die Küsse des Ruhmes einzusammeln«. Lieber hoffen wir – gegen Erich Fromm – in der Liebe »auf ein faires Geschäft«. Den meisten von uns bleibt ja auch keine andere Wahl. Hans Jürgen Eysenck, 1916 in Berlin geborener britischer Psychologe, der durch seine experimentellen Untersuchungen auf dem Gebiet der Persönlichkeitsforschung bekannt wurde, faßt unser Problem mit der Liebesvision Erich Fromms in einen Satz:

»Wie die meisten Utopisten, so braucht auch Fromm Menschen, die ganz anders sind als jene, die die Gesellschaft ausmachen.«

Also ist zur Lebensferne des Rousseauschen Ideals die Unlebbarkeit der Frommschen Vision gekommen. Ideal und Vision haben sich zum sozialen Mythos verwoben: zu einem utopischen Mythos der Liebe. Freilich war es nicht die spröde Ethik Erich Fromms, die sich mit dem Ideal verwob, sondern der gefügige Schlußakkord seiner Botschaft: Die Liebe lebt, sie lebt in dir! Der Mythos bestimmt unsere Hoffnungen, vielleicht auch einige unserer Anstrengungen – und am Ende allen Strebens unsere Verzweiflung, unsere Selbstvorwürfe oder unsere Bitterkeit gegen das andere Geschlecht.

»Soziale Mythen«, schreibt die amerikanische Psychologin Rita Freedman, »sind kollektive Überzeugungen, die wie etwas Selbstverständliches erscheinen. Als Mischung aus Halbwahrheiten, Verzerrungen und individuellen Gefühlen stehen sie außerhalb des normalen Prozesses der Realitätsprüfung. Durch Phantasien werden diese irrationalen Gebilde zu enormer Größe aufgebläht, wie die Riesenbrüste in einem Woody-Allen-Film, die sich auf die Spur des männlichen Helden setzen. Durch Kindheitssehnsüchte und -ängste vergrößert, kommen soziale Mythen den menschlichen Grundbedürfnissen nach Sicherheit und Geborgenheit entgegen. Sie dienen dazu, erschreckenden Erfahrungen das Bedrohliche zu nehmen; obwohl sie Verwirrungen schaffen, geben sie vor, Erklärungen zu sein.«

Rousseau war der Anwalt des geknechteten Volkes gegen den Adel. Er war der Anwalt der Kinder und ihres emotionalen Reichtums gegen das armselige Unverständnis ihrer Erzieher. Er war der Anwalt der Liebenden gegen eine kalte, pragmatische Welt. Und Fromm? Er versuchte, die Liebe gegen die Trägheit des menschlichen Herzens und die Bestechlichkeit des menschlichen Gewissens zu verteidigen.

Wir haben diesen Männern nichts vorzuwerfen. Wie andere auch, haben sie dazu beigetragen, jenes Recht auf Liebe in unserem Bewußtsein zu verankern, das den Menschen früherer Jahrhunderte nicht zugebilligt wurde. Wir verdanken ihnen die großartige Gewißheit, daß die Liebe eine – vielleicht unsere einzige – Chance ist, in unserem Dasein einen Sinn zu erkennen. Erich Fromm verdanken wir ein humanistisches Konzept der Liebe, das durch unser sozial erlerntes Unvermögen, Freude und Genuß an ihm zu finden, als Maxime keineswegs entwertet wird. Im Gegenteil: Es zeigt nur einen Kontrast, der uns erkennen läßt, wie wir das Erlernte korrigieren, ja vielleicht sogar wieder verlernen können. Dieses Konzept kann uns helfen, uns von unserem romantischen Wahn zu befreien.

Wir sind nun einmal irdischer, diesseitiger, raffinierter, gefräßiger, also menschlicher als der herrschende Liebesmythos uns bewilligt. Die Frommsche Vision verweigert sich unserem Glücksstreben als Methode und Programm und das Rousseausche Ideal unserem Liebesverlangen als Erfahrung. Es kann uns nicht befriedigen, wenn wir den Mythos einer unwirklichen Liebe zum Maßstab unserer Selbsteinschätzung erheben, wenn wir den matten Glanz unserer Liebeserfahrungen mit der Leuchtkraft irrationaler Leitbilder vergleichen. Der Vergleich kann uns nur zerstören.

Wir haben nur einen Ausweg aus dem Dilemma. Wir müssen die Leitbilder verhängen. Andernfalls verlieren wir irgendwann mit dem Glauben an das Ideal und dem Vertrauen in die Vision den Glauben an die Liebe und das Vertrauen in uns selbst. Wir haben nur eine Chance: an die uns mögliche, uns gemäße, ganz und gar zeitgerechte Liebe zu glauben, an die Liebe im Heute ohne Morgen, an die Liebe auf bedrohter Flamme, an die Liebe aus ideologisch disqualifizierten, gleichwohl millionenfach (in treuherziger Verschwiegenheit) gebilligten Gründen wie Schwärmerei, sexuelle Faszination, Schutzbedürfnis, Einsamkeit und der Angst vor ihr, Ehrgeiz, Gewinnsucht oder irgendeine andere Art von ehrlichem, eingestandenem Egoismus. Solche Liebesmotive gelten als unromantisch, ja unmoralisch; sie sind im ganzen weiten abendländischen Kulturkreis geächtet und führen doch so manchen in das goldene Licht einer Romanze.

Wir werden die Liebe nicht finden und die gefundene nicht als Liebe erkennen, wenn wir den Mythos der Liebe nicht entzaubern und aus unseren Träumen verbannen. Denn an der Unvereinbarkeit der Liebeswirklichkeit mit dem Liebesmythos liegt es vor allem, daß (Buchtitel der achtziger Jahre) »Frauen zuviel lieben«, »Männer lieben lassen«, »Liebe krank macht«, »die Seele nein sagt«, »Frauen aus der Rolle fallen«, »Frauen hassen« und »Frauen töten«. »Zuviel« geliebt wird nur, wenn zuviel erwartet wird. Dem modernen Menschen, der unter den Bedingungen der Industriegesellschaft arbeitet und liebt, dessen Gefühlswelt vom Kitzel des Konsums und dem Reiz der Reklame betört wird, ist es nicht gegeben, die Liebe der Vision gemäß selbstlos zu praktizieren und dem Ideal gemäß als »groß« zu erfahren, jedenfalls nicht »ewig« und selten »treu«.

Solange wir, jedenfalls an wirklichkeitsfremden Vorbildern gemessen, in der Liebe scheitern, können wir im Leben nicht gewinnen. Der Mythos von einer bleibenden, erlösenden Liebe unter einem Himmel voller Geigen wurde uns zur

Fessel. Wir sind an die vergeblichen Hoffnungen gekettet, die er uns vortäuscht. Die Hoffnungen tragen uns. Die Vergeblichkeit zerstört uns. Von Hoffnung getragen sein, um von der Vergeblichkeit dieser Hoffnung zerstört zu werden, das ist der emotionale Lebensrhythmus unendlich vieler Menschen, auch junger. Da läßt manch einer die Hoffnung eines Tages lieber fahren, um der Zerstörung zu entgehen.

Unsere Distanz zu diesen Vorbildern, die unsere Sehnsüchte erhitzen und unsere Gefühlswelten abkühlen, wird meßbar, wenn wir eine dialektische Frage beantworten: Was ist der polare Gegensatz zum bürgerlich-romantischen Liebesideal? Es ist die *unbürgerlich-pragmatische Liebesrealität.* Der Begriff erscheint zugespitzt; er ist kalt, wenig anziehend und gar nicht romantisch. Aber er erleichtert die Ortsbestimmung: Wer das eigene Liebesleben – nüchtern bemüht – zwischen den beiden Extremen zu orten versucht, der erkennt, welchem Pol er näher ist:

Unbürgerlich ist unser Sex, die Bereitwilligkeit, ihn auszuleben, ihn zuzulassen, seine ständige Verfügbarkeit trotz Aids, die Häufigkeit unserer Partnerwechsel.

Pragmatisch ist unsere Forderung nach Gegenliebe. Pragmatisch sind die von der Werbung und den Medien zugeschnittenen Schablonen unserer Partnerauslese: Die meisten von uns wollen mehr als nur Gegenliebe; sie erhoffen sich die Erfüllung ihrer an die Liebe geknüpften profitorientierten, wenn nicht beutegierigen, materiellen Erwartungen, ihrer ichsüchtigen, dinglichen Wünsche, ihrer ganz und gar zeitgemäßen Träume.

Die von den Frauen im verborgensten Urgrund der Seele gehegten Erwartungen, Wünsche, Träume gelten der Teilhabe an der Macht der Männer, an ihrem öffentlichen Ansehen, an ihrem gesellschaftlichen Status, an ihrem Wohlstand oder auch nur an ihrem vergleichsweise besseren Einkommen. Daran konnte (wollte) der Feminismus nichts ändern. Frauen wollen sich »nach oben« binden. Das ist ihr jahrtausendelang tradiertes Trachten, einst befördert und verwirklicht von ihren Vätern, heute von den Frauen selbst. Schon eine Bindung auf gleicher sozialer Ebene erscheint vielen Frauen als Kompromiß. Es sei denn, sie stehen – wie etwa die Hollywood-Stars Liz Taylor oder Joan Collins – auf der Karriereleiter ganz oben. Solche Frauen bevorzugen den 20 Jahre jüngeren Mann, denn er ist »oben«, weil er das im Leben der Altstars unwiederbringliche Abgelebte, Verlorene repräsentiert: die Jugend. Das unwiderruflich Gestrige des entlaubten Lebensfrühlings ist im gleichen Maße »oben«, wie die Jugend in der heute geltenden sozialen Hierarchie der Lebenszeiten über dem Alter steht.

Ebenso materialistisch, ebenso verdinglicht wie die Erwartungen der Frauen sind bei der Partnerauslese jene der Männer: Deren Zuversicht gilt vor allem der Schönheit der Frau, ihrem schmückenden Appeal, ihrer Jugend, mitunter aber auch nur der erotischen Attraktivität einzelner Körperteile. Sie gilt der Eleganz, der dekorierenden Auffälligkeit und der sexuellen Willfährigkeit der Frau, vielfach aber auch ihrer Funktionalität als Hausfrau und Mutter, mit der sie in den Wohnsilos anonymer Trabantenstädte bäuerliche Traditionen fortlebt. Bisweilen gilt sie auch – »aus paritätischen Gründen« – der Analogie des Besitzes der Frau oder der Ebenbürtigkeit ihres Standes. Und gar nicht so selten gilt sie ihrer Mitgift.

So sind wir: sexuell mehr oder weniger freizügig und in der Liebe auf unseren Vorteil bedacht. Und so geartet suchen wir allen Ernstes die Erleuchtung durch einen romantischen Mythos. Wen wundert es, daß wir frierend in der Finsternis der Realität erwachen.

Die vom Mythos der Liebe Enttäuschten suchen sich in dieser Realität einzurichten. Sie suchen ihr Auskommen im kalten Gegenpol zum Mythos. Ihre Resignation, ihr jäh aufschießender, entsagungsvoller Liebesnihilismus wurden in der Literatur über die Liebe auf fatale Art bereits zum Lebenskonzept: »Wenn Frauen zu sehr lieben« nannte die amerikanische Ehetherapeutin Robin Norwood ihr vielgelesenes Buch über »die heimliche Sucht, gebraucht zu werden«. Die hingegebene, opferbereite, die im Sinne Erich Fromms also ideale Liebe erklärt Robin Norwood mal als »Sucht« und mal als »Droge«.

»Wenn fast alle unsere Sätze mit ›Er ...‹ anfangen, dann lieben wir zu sehr«, sagt sie den Frauen in ihrem Vorwort. »Wenn wir ein Selbsthilfebuch lesen und all die Stellen unterstreichen, von denen wir glauben, daß sie *ihm* helfen können, dann lieben wir zu sehr. Wenn wir viele seiner Charakterzüge, Einstellungen und Verhaltensweisen eigentlich ablehnen, sie aber in dem Glauben hinnehmen, daß er sich uns zuliebe ändern wird, wenn wir nur attraktiv und verständnisvoll genug sind, dann lieben wir zu sehr.« Und – der erste und erschreckendste Satz ihres Buches: »Wenn Liebe für uns gleichbedeutend ist mit Schmerz und Leiden, dann lieben wir zu sehr.«

Die von Robin Norwood beschriebene »Sucht«, also ein pathologisches Liebesverlangen, das auch dann nicht erlischt, wenn in dieser Liebe der Mann nur nimmt und die Frau nur gibt, ist gewiß ein gefährliches Epizentrum für die Erschütterung (Destabilisierung) der weiblichen Seele. Doch geht eine ähnlich große Gefahr aus von dem Mißverständnis, ja der Herausforderung zum argumentativen Mißbrauch, die ihr Buch birgt.

Nach Robin Norwood, so könnten die Verzagten, aber auch die gegen die Liebe Aggressiven behaupten, lernen sie am besten, gar nicht erst zu lieben. Die Botschaft ist leicht zu verfälschen: mit dem Ergebnis, daß jeder in den Eiskellern des Gefühls am larmoyantesten allein fröstelt.

Robin Norwoods Buch erschien 1985 in den USA. Im selben Jahr, im selben Land kam »Der falsche Prinz« von Connell Cowan und Melvyn Kinder auf den Markt, ein erfolgreiches Ratgeberbuch zweier frei praktizierender amerikanischer Psychologen, das von mehr als 500 000 Amerikanern gekauft wurde. Dieses Buch gipfelt in dem Aufruf: »Befreien Sie sich von Ihrer Liebessucht!«

»Süchtige Menschen«, schreiben die Autoren, »sind bereit, alles zu erdulden, um ihre Sucht zu befriedigen – sei es die Sucht nach Alkohol, nach Drogen, nach Nikotin oder nach der Liebe eines Mannes. Dieser Hunger nach Liebe wird zur Besessenheit, wenn er ein Ausmaß erreicht, in der eine Frau ohne diese Liebe nicht mehr leben zu können glaubt.«

Wer – Frau oder Mann – könnte ohne Liebe leben? Was die beiden Psychologen zu lehren versuchen, ist eine Liebe ohne Leid, eine Bindung ohne Verbundenheit, eine Beziehung ohne Bezug, die Erotik der Zombies. Zwischen Alkohol, Drogen, Nikotin und der Liebe eine analoge Entsprechung zu konstruieren, bedeutet nichts weniger als den Appell zur Bekämpfung der Liebe. Wer den zutiefst menschlichen »Hunger nach Liebe« ungesättigt veröden will, der entzaubert die Welt.

Solche »Lebenshilfe« kommt aus der Ratlosigkeit: ein seelenkundlich vielleicht legitimer, sicherlich ehrlicher Versuch, die Krise des Eros zu beenden.

Weg vom Mythos darf nicht heißen: weg vom Wagnis. Hin zur Wirklichkeit darf nicht heißen: hin zur Entsagung. Das Wagnis und die Schönheit der Liebe leben zwischen den Polen Mythos und Verzicht auf den Mythos – in der unsentimental erkannten und mutig gebilligten Realität des Seins. Die Liebe ist nach Erich Fromm des Menschen einzige Chance, sein schicksalhaftes »Getrenntsein« zu überwinden, sein Getrenntsein vom anderen Geschlecht und der Natur. Daß wir uns in Liebesdingen neu orientieren, daß wir uns der Wahrheit stellen müssen, nimmt den Worten Goethes nichts von ihrer Gültigkeit:

> »Krone des Lebens,
> Glück ohne Ruh,
> Liebe, bist du!«

Wäre es nicht besser, wir akzeptierten uns, wie wir sind? Wäre es nicht besser, wir versuchten die Liebe zu geben und zu erfahren, deren wir im engen Korsett unseres materialistischen Schicksals fähig und gewärtig sind? Ist die »unbemessene«, »zeitlich befristete« und gelegentlich »untreue« Liebe nicht auch ein »Glück ohne Ruh«? Ist sie nicht besser, wärmender, beglückender als eine Liebe ohne Hingabe, ohne Risiko, ohne Liebesschmerz, als eine Liebe ohne Liebe? Ist die, sagen wir, »kleine Liebe« nicht unsere einzige Chance?

Sie ist zumindest in unser aller Leben die nächstliegende.

Auch die – wenn wir sie so nennen wollen – »kleine Liebe«, die von unserer Sinnlichkeit geweckte oder vom Kalkül gerufene Zuneigung, die an unseren inneren und äußeren Möglichkeiten und nicht an irrealen Leitbildern orientiert ist, muß gewagt und gewonnen werden. Auch sie ist eine Kunst, die gelernt werden muß. Gerade das Glück, das uns möglich ist, erringen wir nur, wenn wir ehrlich, hingabefähig, risikofreudig und tapfer sind. In den romantischen Wahn brauchten wir dagegen nur einzutauchen. Eine aus den Quellen des menschlichen Lebenswillens, also der Ich-Stärke, der fairen Selbstsucht, der vitalen Eigenliebe, ja des Narzißmus geschöpfte Liebe muß nicht ohne Güte sein. Sie allein, die Eigenliebe ohne Güte, ist verwerflich. Die Verbundenheit mit einem Menschen, der uns gestern noch fremd war, woher sie auch kam, ist ein Reichtum in uns selbst.

Das Glück, das wir durch die Liebe erfahren, mag launisch, schwankend und befristet sein. Es ist dennoch Glück.

2. Kapitel
Der Schatten, der die Sonne sucht
Reportage

An manchen Tagen ist der Himmel über Oberstaufen eisblau, und der Geruch von geschnittenem Gras steigt aus den Bergwiesen auf. Ich bewohne eine bäuerlich möblierte Dachstuhl-Suite im Hotel »Allgäu Sonne«, dem höchstgelegenen im Ort. Es ist ein frischer Junimorgen unter dem Zimbelton der Lerchen. Ich stehe im Bademantel auf dem Balkon und blicke auf dasselbe Bild hinab, das vor einer Lebensewigkeit die Wohnwelt meiner Kindheit dekorierte: Besonntes Talgrün. Eingesprengselte Spielzeugdörfer. Zwiebeltürme. Ein Bach. Jenseits des Tales, lavendelblau und grundsolide, die runden Kuppen der Nagelfluhkette. Eine undramatische Landschaft von entzückender Belanglosigkeit, denke ich, ein Panorama, das einer vergessenen Etappe meines Lebens angehört.

Doch es ist die Kulisse, vor der ein zeitgenössisches Drama zur Aufführung gelangt: die schwierige Begegnung des modernen Menschen mit dem Glück. Oberstaufen ist ein Ort der Kurschattenliebe, einer unter vielen, doch von diesem wurde mir gesagt, er sei unter seinesgleichen das »Elysium«. Bevor ich kam, hielt ich diese Metapher für euphemistisch. Nun aber weiß ich, daß sie nur den Inhalt überzeichnet, nicht das Maß. Ein Elysium? Ein Gefilde der Seligen? Nein. Diese Stätte eines allnächtlichen, hundertfachen gierigen Ehebruchs ist eine Walstatt privater Rebellion und eine Hölle der Selbsterfahrung. Aber sie ist auch eine Chance.

Oberstaufen ist ein Jungbrunnen verfehlter Romantik.

Stets beginnt es, wie gestern abend, mit einem Blick.

Die Dame war ihrer Mundart nach aus Düsseldorf. Aber es war die immerwache Oberstaufener Hochspannung, die mich anstarrte. Mein Gott, ich bin keine Schönheit, gefurcht, ergraut, immerhin aber ein Mann. Sie saß hinter der Fichtenholzbar im Restaurant des Hotels. Ihre Hand mit der Zitronenscheibe erstarrte über ihrem Campariglas – wie eine lauernde Libelle im Flug. Ihr Blick war alarmiert; zwischen zwei Lidschlägen gab er ihren Lebenshunger preis. Sie war sinnlich, vulgär und auf unverwechselbar rheinische Art vornehm. Dann, während ihren runden Fingern die Zitronenscheibe entglitt, reckte sie sich in ihre Vorzüge: Aus schwarzen Pailletten quollen sahnehelle Brüste. Ihre Lippen wölbten sich rot, so rot. Und ihre Augen spiegelten mein Lächeln.

Sie senkte den Kopf. Es war ein Nicken. Das war gestern.

Heute nun, vor dieser balkontürgerahmten Idylle, ihre kollernde, schnalzende Stimme:

»Darf isch deine Zahnbürste benutzen? Oder bisse da ekelisch?«

Frau Dörte K., 38, ist mit einem Zahnradfabrikanten verheiratet und Mutter zweier Töchter. Sie putzt sich in meinem Hotelzimmerbad die Zähne. Ich lausche dem kräftigen Gurgelton, der durch die halboffene Tür dringt, und dann, nachdem er abreißt und auch das Spucken versiegt, höre ich die Lerchen. War es Parzival, der die Vogelstimmen verstand?

»Isch kann es nit fassen!« ruft Frau Dörte K. Ich glaube, sie schminkt sich. »Isch bin so blöd, isch han minge Mann mit diesem Luder von Sekretärin fahren lassen. Also, nich, daß mir das wat ausmacht. Nach Rom! Der hat unterwechs noch nie 'ne Sekretärin mitjenommen. Wie heißt dat Hotel? Villa oder so. Villa Irjendwat. Meine Freundin Else sagt, dat is' ene Liebeslaube und kein Hotel. Na ja, Else. Die hat selber ihr Kreuz zu tragen. Der ihr Mann is vor einem Jahr jestorben, und jetzt hat se einen, also, den würd' isch nit mit ner Kneifzange anfassen. Ach wat, Sekretärin! Wat is'ene Sekretärin? Dieses ordinäre Miststück! Die interessiert mich jrade soviel wie'n Fliejendreck an der Wand. Wat hab isch mit der zu tun. Soll se sich von ihm den Arsch aufreißen lassen, wat jeht et misch an. Frühstücken wir im Zimmer, Darling?«

»Villa Medici«, sage ich, als Frau Dörte K. aus dem Bad kommt. Sie ist nackt. Im Morgenlicht sehe ich ihre Fettpolster, ihre ausladenden Schenkel, ihre Venen. Das Gesicht ist perfekt, das Lächeln nicht mehr in Rom, und die Lippen glühen rot, so rot. »Das Hotel heißt Villa Medici.«

»Du bist schön«, sagt sie.

»Quatsch!« antworte ich heftig.

Oder doch?

Oberstaufen, zwischen Lindau und Kempten im westlichen Allgäu gelegen, hat 6500 Einwohner und 20 Tanzlokale. Unter den Tanzlokalen ist die »Piano-Bar« das einzig elegante. Eine lange Marmorbar ragt über ein sitzpolstergerahmtes Tanzparkett hinaus; an den Wänden Mahagoni. Die Bar verläuft in sanften Schlangenlinien zu einer Art verbogenem Halbkreis. Man sitzt auf gepolsterten Hockern und hat ständig mit irgendeinem Vampirblick Kontakt. Ziemlich erlesenes Publikum. Nur Damen. Nur Herren. Ehrlich. Und Damen nicht allein im Sinne Henry Millers, der in einem seiner Bücher bemerkte, daß »eine Dame, die nicht fickt, keine Dame ist«. Nein. Wie immer diese Auslese zustandekommt – hier sind sie handkußverwöhnt, geschmeidig, empfindsam, von aufragend stolzer Haltung, aber versunken lauschend, wenn der Herr redet, der ihren Champagner auf der Rechnung hat.

Dialog beim Tango:

»Schönes Kleid, das Sie anhaben. Toller Stoff. Seide, ja?«

»Crêpe chiffon. Habe ich letzte Woche bei Cardin in Paris gefunden. Sind Sie in der Mode?«

»Nein. Baubranche. Aber ich begleite meine Frau beim Einkaufen.«

Die »Piano-Bar« gehört dem liebenswerten Iraner M., der

jeden, der sie betritt, aus echter Herzensgüte heraus mit seinem leuchtenden Blick wärmt. Er ist ungemein vital, mit vibrierender Gestik und überwacher Libido, die seiner Rechten gelegentlich den Weg weist. Eben schiebt er sie Frau Dörte K. unter den perlmuttgeknöpften Blazer. Sie lacht animiert. Erst als M. sich abwendet, zeigt sie sich verärgert. Sie ist zum wiederholten Mal in Oberstaufen. Sie kam auch früher ohne ihren Mann, den sie aus einer vergessenen, ihr kaum noch nachfühlbaren Hinwendung heraus geheiratet hatte, als sie noch sehr jung war: die Beamtentochter den kleinen Fabrikanten mit der großen Wohlstandsaura. Frau Dörte K. trägt ihre schwarzen Seiden-Bermudas knielang, ladylike. Doch als M. soeben auf uns zutrat, schlug sie die Beine so übereinander, daß die Säume auf ihren nackten Oberschenkeln spannten.

»Wie viele Kurgäste kommen eigentlich wegen der Schrothkur nach Oberstaufen?« frage ich den Iraner. Es ist die Frage, die den ganzen Ort umtreibt. »Und wie viele kommen wegen der Liebe?«

»Wegen der Liebe?« Er grinst anzüglich. »Wie viele wegen der Liebe kommen, weiß ich nicht. Aber zum Bumsen kommen die meisten. Daran besteht kein Zweifel.«

M. blickt mit einem müden Ausdruck von Sachkenntnis und allumschließender Menschenliebe auf die wogend belebte Tanzfläche und kichert vor sich hin.

»Du kennst doch Rolf?« frage ich.

»Den schönen Rolf?«

»Ja.«

»Mit dem du neulich hier warst? Klar, Stammgast. Den sehe ich jeden Abend, wenn er in Oberstaufen ist. Und beinahe jeden Abend mit einer anderen Frau.«

»Der sagt, 90 Prozent aller Kurgäste kämen wegen, na ja, also wegen des Bumsens.«

»95 Prozent!« korrigiert M. heftig.

»Quatsch, ich glaube euch nicht. Ihr sagt das, weil ihr es so haben wollt. Das sind Machophantasien.«

»Doch! Du kannst es mir glauben! Sie kommen alle nur deshalb. Und deshalb kommen sie jedes Jahr. Ich kenne sie doch. Sieh' auf die Tanzfläche. Außer zweien oder dreien kenne ich jeden und jede. Das sind doch alles Stammgäste. Ich kenne auch ihre Geschichten, und manch eine ist nicht komisch.« Er kommt mit seinen Purpurlippen dicht an meine Ohrmuschel, so als wollte er flüstern, senkt aber kaum die Stimme: »Ich kenne auch deine Dörte! Warum die hier ist, das muß ich dir ja wohl nicht mehr erklären. Die Schrothkur ist doch zu Hause nur ein Vorwand. Na ja, die Dörte kann eine Kur vertragen. Trotzdem ist das bloß ein Nebeneffekt. Eine gute Figur ist ja auch gut für's Bumsen. Oder?«

Die Musik ist schrecklich passé. Wenn der bleiche Opa am Piano Pause macht, legt M. Platten auf, manchmal Tina Turner oder Stevie Wonder, aber meistens unerträglich schnulzige Evergreens. Es ist mein zweiter Abend mit Frau Dörte K. Glücklicherweise hat sie nicht gehört, was M. über sie sagte. Er hat unrecht, soweit es sie betrifft. Er hat überhaupt unrecht. Sex ist als Reiseziel viel zu banal. Frau Dörte K. hat durchaus sentimentale Gründe. Sie sucht das Unvergeßliche, die risikolose Romantik einer Zweiwochenliebe, die erlesene Empfindung. Sie erwartet Seelenlust. Und die Männer? Klar, sie wollen vögeln. Sieh sie dir an, wie sie auf der Tanzfläche mit den Frauen umgehen, wie sie unbeholfen, beinahe weibisch, ihre Becken kreisen lassen, wie unbedacht sie grob werden, wenn sie die Frauen an sich pressen. Aber sieh dir auch jene an, die allein an der Bar stehen. Ihre Mienen sind brummig, fast feindselig. Sie starren mit dumpfer Wachheit auf die Tanzenden, auf eine beinahe abstoßende Art einsam, solange sie ihren Kurschatten nicht gefunden haben. Klar, sie wollen vögeln. Doch ihr Schwanz ist mehr als nur das Zepter ihres Machismo. Er ist auch das Mitteilungsorgan ihrer sprachlosen Seele.

Frau Dörte K. schiebt ihren Arm unter den meinen.

»Woher kennst du denn den schönen Rolf? Is der hier? Du, dat is'ene Filou.«

Stimmt. Rolf, Auto-Vertreter aus Hannover, badet, wenn er hier ist, in einem Ozean aus weiblicher Verfügbarkeit. Er war mindestens ein dutzendmal in Oberstaufen, meist im Frühjahr oder im Herbst, wenn alle 7000 Gästebetten belegt sind. Sogar jetzt ist er hier, im Juni, dem Monat mit der niedrigsten Besucherzahl. Die männlichen Kurgäste gaben ihm einen Spitznamen, der ihren Neid, aber auch ihren Respekt verrät: Sie nennen ihn den »Baggerführer aus Hannover«. Denn beim »Anbaggern« von Frauen ist Rolf auf eine schlichte, bemerkenswert einsilbige Art genial. Die Frauen verliehen ihm den Titel, der sich in der Oberstaufener Lebewelt schließlich durchsetzte: Für sie ist er der »schöne Rolf«.

Doch bevor ich mehr von ihm erzähle, von einem Kurschatten aus Lebenseinsicht, darf ich etwas anderes nicht verschweigen: Das Alter der Kurgäste. Es liegt ausnahmslos weit jenseits der dreißig. Keine Teenies. Keine Twens. Für jüngere Leute ist das bäuerlich gediegene Dekor dieses mit Seifenlauge gewaschenen Dorfes nicht anziehend. Das Allgäuer Sündenbabel, nicht schillernd, nicht schrill und schon gar nicht anrüchig, wird nur von den Menschen entdeckt, deren Biographie jenes unwiderrufliche Stadium erreicht hat, in dem die Versäumnisse des Lebens zu schmerzen beginnen. Die meisten Oberstaufener Kurgäste träumen nicht mehr in der Zukunft, sondern von der Vergangenheit. Ihre (meist eheliche) Gefühlswelt ist so weit ernüchtert, daß sie sich vom permissiven Single-Urlaub auch für das heimische Beilager belebende Impulse erhoffen. Und sie sind so bemittelt, daß sie die Kur bezahlen können.

Das klingt nach lebensherbstlicher Tristesse und ist dennoch Erlebnis. Gewiß, die Zeit, die diesen Menschen noch bleibt, entgleitet ihnen nun schneller. Aber auch ihre Liebesbedürftigkeit erreicht Tempo. In Oberstaufen strebt sie auf einen jähen Gipfel, der das Tal ihrer Erinnerungen noch einmal überragt. Sie bäumt sich auf. 80 Prozent aller Oberstaufener Kurgäste, zur Hälfte Frauen, zur Hälfte Männer, kommen ohne den Lebenspartner. Nur von Januar bis März halten sich – aus Gründen, die mir niemand erklären konnte – in Oberstaufen mehr Männer auf, in den Wonnemonaten April und Mai mehr Frauen. Es sind jung gebliebene Geschöpfe unter ihnen, Frauen mit wachem Verstand und festem Fleisch. Es sind alterslose Frauen darunter, die sich alle Attribute erotischer Verheißung bewahrt haben. Sie strahlen Temperatur aus, das Fieber ihrer Reife.

»Hast du mit dem schönen Rolf mal etwas gehabt?« frage ich Dörte K.

»Also, wat denkst du eijentlich von mir?« antwortet sie in hektischem Diskant. »Der is doch überhaupt nit mein Typ!«

Wie die meisten weiblichen Kurgäste in Oberstaufen ist sie bei aller Lust auf romantische Abenteuer um ihren guten Ruf besorgt.

Genaugenommen ist der schöne Rolf ein Durchschnittstyp, Mitte vierzig, mittelgroß und in den Hüften etwas füllig. Er hat die Schrothkur mit ihrer fettfreien, salzlosen, eiweißarmen Diät und dem zehrenden Wechsel von Trink- und Trockentagen wirklich nötig. Doch es schmücken ihn sein mattbrauner Teint und das volle, dunkle, fönfrisierte Haar. Es ist ihm gegeben, beim Flirt mit einer Frau auf naive Art begeistert auszusehen, und seine Lippen sind weich. Dennoch geht eine gewisse Härte von ihm aus. Er hat die Physiognomie eines traurigen Desperados, ein Piratengesicht, auf dem sich selten der Anflug eines Lächelns zeigt.

Als Junggeselle ist Rolf für die männliche Gästeschar in Oberstaufen untypisch. Freilich sichert ihm dieser Status bei den weiblichen Kurgästen kein Privileg. Nur ganz wenige der kurenden Liebesbettlerinnen würden ihre komfortablen Ehen aufs Spiel setzen, weil sie sich in Oberstaufen verliebt haben. Wenn sie Rolf wollen, dann wollen sie ihn hier und für den Glanz des Augenblicks. Ob ihre männlichen Kurschatten verheiratet oder ledig, reich oder arm, mächtig oder unbedeutend sind, ist für die meisten dieser Frauen kaum von Belang.

Das kurze Abenteuer ihres Eheurlaubs, dessen Ende absehbar und gewollt ist, entwaffnet jedes Kalkül. Die bemessene Frist, die der Kurschattenliebe bestimmt ist, nimmt dem möglicherweise schmerzlichen Ausgang Schärfe und Relevanz. In Oberstaufen haben die Liebesschmerzen Süße. Hier wird die Liebe romantisch erlebt und bedingungslos gespendet, weil sie auf praktische Weise episodisch bleibt.

Rolf macht sich diesen Umstand hemmungslos zunutze. In ihm lieben die Frauen den Räuber ihrer Herzen, den Belami, den ihnen der bürgerliche Entwurf ihres Daseins nicht gestattet. Rolf muß irgendwann herausgefunden haben, daß er als sexuelles Wesen nirgends so schwelgerisch existieren kann wie in Oberstaufen: Als allseits geschätzter Gigolo. Im Stakkato eines Partnerwechsels, dem mit jeder Abreise die erlösende Stunde schlägt. Im Wabern einer allseits aufgewühlten Liebessehnsucht. In der verbürgten Unverbindlichkeit fremder Gärten.

»Hier habe ich Frauen kennengelernt«, sagte Rolf einmal zu mir, »die ich in Hannover nicht ansprechen würde.«

»Weshalb nicht?« fragte ich.

»Ich hätte den Mut nicht.«

»Weshalb hättest du in Hannover keinen Mut, wenn du ihn hier hast?«

»Nun, weißt du, das sind zum Teil richtig vornehme Damen. Und ich bin nur ein Autoverkäufer.«

»Du meinst, daß die Regeln der erotischen Annäherung zu Hause andere sind als hier?«

»Ja, so ungefähr. Wenn du in Hannover eine tolle Biene aufreißt, versucht sie beim zweiten Glas Wein herauszukriegen, ob du was darstellst und ob du was auf der hohen Kante hast. Wenn ich ihr dann die Wahrheit sage, bin ich noch am selben Abend aus dem Rennen. Wenn ich Glück habe, läßt sie sich vorher noch von mir vögeln. Aber danach kriege ich bestimmt den Laufpaß. Hier ist das anders. In Oberstaufen wollen die Tussis nicht wissen, was ich in der Brieftasche, sondern was ich in der Hose habe.«

»Du meinst, hier zählt mehr der Mensch.«

»Na ja, so kann man es auch sagen.«

Rolf ist der Typ Mann, der sich einer Frau nur zuwendet, wenn er in ihr seine Traumfrau erkannt hat. Das ist in Hannover sein Handikap und in Oberstaufen seine Chance. Er ist ja auch der Typ Mann, der einem anderen Mann nur zuhört, wenn gerade keine Traumfrau in Sichtweite ist.

Ich lernte ihn bei der Cocktailparty kennen, die das Hotel »Allgäu Sonne« einmal wöchentlich für seine neu angereisten Gäste im »Stießberg-Stüble« gibt. Das ist (mit Vibraphon und dem öligen Bariton des Alleinunterhalters) die im Keller gelegene hoteleigene Tanzbar. Unter den 47 Hotels, 9 Sanatorien, 50 Kurheimen, 13 Gasthöfen, 14 Pensionen und 41 Gästehäusern in und um Oberstaufen ist dieses Haus mit 259 Betten das größte, für die Kurschattenpirsch also das verheißungsvollste. Rolf lehnte mit einer Miene tiefernster Wachsamkeit an der geklinkerten Wand des Lokals und nippte an einem Fruchtsaft. Er war allein – wie ich. Ich beobachtete ihn eine Weile, und mit seiner dunklen Gespanntheit vermittelte er mir das Gefühl, mein Alter ego im Machismo zu sein. Doch er schien nicht sonderlich begeistert, als ich ihn ansprach.

»Na?« sagte ich, um etwas zu sagen, »nicht viel los hier, nicht wahr?«

»Im Juni ist nie viel los«, antwortete er mürrisch.

Ich nickte. Ich hatte schon davon gehört.

»Na ja, ein paar gute Frauen sind immer hier«, sagte er.

Also doch. Wir hatten erst drei Sätze ausgetauscht und befanden uns bereits an der Schwelle zum *talk about sex.* Er spähte mit zusammengekniffenen Augen zu einer blonden Frau hinüber, deren runder Hintern in einem hautengen Mini strotzte und von der ich bereits wußte, daß sie Schweizerin war. Sie war meine Zimmernachbarin. Sie hatte jemanden im Schlepptau, einen Mann um die vierzig mit sehr tiefen Furchen im Gesicht, daß sie wie Narben wirkten, wie die nach außen gekehrte Landschaft einer früh verwundeten Männerseele. Er hatte die blonde Schweizerin beim Frühstück kennengelernt. Ich hatte mitangesehen, wie er sich mit eckiger Förmlichkeit, aber bemerkenswerter Kühnheit zu ihr und ihren beiden nichtssagenden Begleiterinnen an den gedeckten Tisch setzte und ohne Umschweife zu reden begann. Beim Sprechen entblößte er das ochsenblutfarbene Fleisch seines Unterkiefers. Er war wirklich ein beherzter Mann. Die Schweizerin saß in gemessener Haltung da, mit maskenhaft abweisender Miene.

Am Nachmittag desselben Tages klemmte ein zellophanumhüllter Rosenstrauß hinter der Türklinke ihres Zimmers. Einige Sekunden lang war ich versucht, das billet d'amour, das der Rosenkavalier zwischen die Blüten gesteckt hatte, gegen eines von meiner Hand auszutauschen: »Mit dem Ausdruck der Bewunderung von Ihrem Zimmernachbarn in 602.« Rolf hätte es vielleicht getan. Nein, Rolf hätte es nicht getan. Er war als Mann zu einfältig und als Liebeswerber zu zielstrebig, um einen solchen Hinterhalt zu legen. Später, als ich eine Frau in seinen Armen sah, sollte ich mich fragen, ob er ein zärtlicher Liebhaber war oder bloß ein unbegabter Rammler. Aber als ich mir diese Frage stellte, war ich bereits eifersüchtig auf ihn. Jetzt starrte er die Blonde an, die ihrem geschwätzigen Rosenkavalier, wie es schien, gar nicht zuhörte. Sie hatte ein herbes Gesicht mit schmalen Lippen, aber große Augen voller verhaltener Erwartung.

»Meine Zimmernachbarin«, sagte ich. »Schweizerin.«

»Hm«, brummte er, »guter Hintern, aber kein Humor.«

Als ich ihm von den Rosen erzählte, sah ich ihn zum erstenmal lachen.

»Rosen?« rief er verächtlich. »Das würde mir nie passieren. Entweder es klappt ohne Rosen, und zwar gleich – oder gar nicht.«

Wir beschlossen, das Lokal zu wechseln. Draußen roch es nach frischen Kuhfladen. Aber die Berührung der Luft war zärtlich wie Seide. Unter uns, im Tal, glommen honiggelbe Lichter, und der mächtige Schattenriß des Hotels mit seinem flachen Satteldach ragte schwarz und dräuend über uns hinaus in den mondbleichen Nachthimmel. Auf der Auffahrt davor und am Rand der Asphaltstraße parkten die Wagen der Hotelgäste, teure, glänzend gewienerte Limousinen, auf deren Kühlerhauben das Mondlicht zerfloß. Wir hätten zu Fuß gehen können; es ist nicht weit bis zur Ortsmitte, und es geht bergab. Doch Rolf bestand darauf zu fahren, und zwar ausdrücklich in zwei Autos. Er sah eine Situation voraus, in der ich ihm als Beifahrer lästig sein würde.

»Bubi's Bar« – das Lokal, in dem unsereins, wie Rolf erklärte, zur frühen Abendstunde am ehesten auf seine Rechnung kommt – war geschlossen, der Besitzer im Sommerurlaub. Aber keine hundert Meter weiter war der »Weinbauer« geöffnet, eine geräumige Tanzdiele mit solidem Eichenholzmobiliar und einer dröhnenden bayerischen Trachtenkapelle. Rolf ging mir voran; er stieß mit einem düsteren Falkenblick durch eine schwitzende Menge angejahrter, aber ausgelassener und pulsierend durchbluteter Schrothkurgäste. Sie tauchten so erwartungsfroh in das Bad auf der Tanzfläche, als wäre es ein Jungbrunnen.

»Ich will keine Schokolade! Ich will lieber einen Mann!« sang ein wadenstrammer Schnauzbart mit Seppelhut und knielangen Lederhosen. Die Tanzenden sangen mit. Sie röhrten. Dabei wackelten und strampelten sie.

Diese Menschen waren in einer Weise außer sich, daß man meinen konnte, jemand hätte sie aus einer langen, finsteren Gefangenschaft befreit. Und so war es wohl auch: Sie waren der Nörgelei ihrer Lebenspartner entkommen, dem Gequengel ihrer Kinder, der verstohlenen Überwachung durch die Nachbarschaft, der Arbeit. Mehr noch aber zählte, daß sie mit ihrer offen zur Schau getragenen Begierde unter sich waren. Zu Hause hätten sie ihr Verhalten als anstößig empfunden.

Doch an diesem Ort waren sie dem kritischen Urteil der nachfolgenden Generation entrückt. Und sie waren dem selbstquälerischen Altersvergleich mit ihr enthoben.

Außer einer hübschen Kellnerin im Dirndl gab es keinen unter dreißig, der diese Leute mit seinem faltenlosen Gesicht und seiner ranken Figur unbeabsichtigt, aber auch unabweislich an die eigene Lebensreife erinnert hätte. Da es unter den Kurgästen keine jungen Leute gab, waren die Mittvierziger die Teenager und die Mittfünfziger die Twens. So benahmen sie sich: Sie benahmen sich, wie sie dachten, daß ihre Kinder sich benehmen, wenn sie in der Großstadtdisco unter ihresgleichen sind. Als hätte jemand in die sinkende Flamme ihrer Lust geblasen, erwachten sie plötzlich zu neuer Vitalität. An der Bar saßen Paare, die ein deutsches Kamasutra aufführten, während sie sich küßten. Es waren keineswegs nur attraktive Paare. In einer Oberstaufener Tanzdiele sieht zu dieser hitzigen Stunde jeder so aus, wie der Zufallspartner ihn projiziert. Oder – wie Rolf spöttisch bemerkte:

»In Oberstaufen ist jeder schön.«

Später kam der Rosenkavalier mit der blonden Schweizerin. Natürlich waren ihre beiden graugesichtigen Freundinnen dabei. Man konnte meinen, sie hätten an der Garderobe ihre Quäkerhüte abgegeben, so trocken und streng gaben sie sich. Der Mann mit dem genarbten Gesicht machte es sich nicht leicht: Er tanzte reihum mit jeder der Frauen, immer wieder, ein erfahrener Taktiker. Ich war mittlerweile davon überzeugt, daß er nicht zum Schuß kommen würde, jedenfalls nicht bei der Blondine. Doch mit ihr tanzte er etwas enger als mit den beiden anderen Frauen, und beim Slow Fox suchte seine behaarte Rechte den Kontakt mit ihrem Hintern.

Rolf sah mit einem abschätzigen Blick genau dorthin. Dann zupfte er mich am Ärmel.

»Komm«, sagte er verstimmt, »wir gehen woanders hin.«

Wir gingen zu Fuß durch ein paar enge Kleinstadtgassen, an makellos verputzten, alten Häusern entlang, zu einem anderen Tanzlokal. Es hieß »Zum Goißgäßle« und war ähnlich überfüllt und schweißgeschwängert wie der »Weinbauer«. Wir fühlten uns bereits als Team, verbündet in einem unblutigen Krieg, für den es zwingende Gründe gibt. Rolf blieb in der zweiten Reihe vor der Theke stehen und ließ seine Falkenblicke streifen. Tatsächlich entdeckte er zwei ansehnliche, dabei noch junge Frauen, das heißt, daß sie Mitte Dreißig waren. Die eine war eine grazile Schönheit mit langem haselnußbraunem Haar. Sie glänzte vor Erwartung.

Während ich mir noch überlegte, mit welchen Worten ich sie ansprechen würde, hatte Rolf (der, wie ich noch bemerken sollte, nie eine Sekunde zögert) sie schon im Arm und tanzte mit ihr. Er schob sie gegen den Rhythmus des Synthesizers, der etwas Schnelleres spielte, mit gefühlvollen Tangoschritten über das Parkett. Er ließ von Anfang an kaum einen Millimeter Luft zwischen seiner offenen Hemdbrust und ihrem zarten Seidendekolleté. Er sprach nicht viel. Aber plötzlich sah ich ihn lächeln. Er barst fast vor Charme. Ich sah, daß er nur wenige Worte sprach, die sie aber amüsiert und ausschweifend beantwortete. Ich konnte nicht verstehen, was sie sprachen. Aber ich sah seiner verschmitzten Miene an, daß er sie tief in seine absichtsvolle Männerseele blicken ließ. Sie schmiegte sich an ihn, lächelnd.

Glücklicherweise war sie mit einer anderen Frau gekommen, die nur deshalb zweite Wahl war, weil sie im Schatten einer Jüngeren auftrat. Diese Frau war sehr schlank, ziemlich groß – kurz: zu knabenhaft. Sie hatte schöne Beine. Eher dem Ausdruck ihres Gesichts denn seiner Beschaffenheit war anzusehen, daß sie die Vierzig hinter sich hatte. Dieses Gesicht mit der kleinen Nase und dem mädchenhaften Kirschenmund war völlig glatt. Mit ihren edelsteinbesetzten Ringen und dem klobigen Platinarmreif von Bulgari sah sie reich und unzugänglich aus. Sie trug eine weiße Schößchenjacke und auf ihrem hochgesteckten blonden Haar einen Safarihut mit rosa Tüll. Sie hieß Petra, ihre jüngere Begleiterin Jasmin, beide hatten augenscheinlich reiche Männer. Sie wohnten im selben Oberstaufener Hotel. Dort hatten sie einander gefunden und beschlossen, als Team durch die Nacht zu segeln, wie Rolf und ich. Als er verschwitzt und glücklich mit Jasmin zu mir zurückkam, schien er sie bereits fest im Griff zu haben. Also hatte mir das Schicksal (oder Rolf) Petra zugewiesen. Okay, okay.

Wir gingen zu viert in die »Piano-Bar«. Der Iraner stürmte uns entgegen und begrüßte uns mit seiner orientalischen Wärme, einer Symbiose aus Pathos und Herzlichkeit. Wir setzten uns in einer Reihe an die Bar und bestellten Champagner. Während Jasmin, Petra und ich der Barfrau dabei zusahen, wie sie die Gläser füllte, schickte Rolf seine prüfenden Blicke durchs Lokal.

»Also dann«, sagte ich. »Prost allerseits!«

»Eigentlich kann man ja gar nicht mehr nach Oberstaufen fahren«, sagte die schöne Jasmin mit der schelmischen Miene einer Frau, die sich eine Torheit verzeiht.

»Stimmt«, antwortete Petra. »Hier ist von Jahr zu Jahr mehr Plebs.«

»Das meine ich nicht«, sagte Jasmin. »Es ist wegen, äh, also, ich meine, es werden einem ja die schlimmsten Motive unterstellt.«

»Ach, wirklich?« fragte ich. »Welche denn?«

»Nun tun Sie mal nicht so«, sagte Jasmin, »als wüßten Sie nicht, wovon ich rede.«

»Ich weiß es wirklich nicht«, log ich. »Ich sollte vielleicht erklären, daß ich zum erstenmal in Oberstaufen bin.«

»Ach so, ein Novize!« rief Jasmin.

»Jasmin meint, daß die Leute denken, man sei auf Abenteuer aus«, erläuterte Petra, »auf Liebesabenteuer.«

»Die Leute, die Leute«, sagte Jasmin, »na meinetwegen. Aber zu Hause unsere Freunde, die denken sich doch ihr Teil. Wenn ich denen erzähle, daß ich in Oberstaufen war, komme ich mir jedesmal wie ein Flittchen vor.«

»Na und?« bemerkte Rolf. Es klang vieldeutig. Doch so hatte er es gar nicht gemeint, Ironie lag ihm nicht. Ihm fehlte nur das Verständnis für den Gesprächsgegenstand.

»Na ja . . .« Jasmin sah ihn an, plötzlich ernst geworden, als sei ihr eben ein erhabener Gedanke gekommen. »Was ist schon dabei. Was ist schon dabei, wenn ein Mensch ein bißchen Glück will.«

»Nichts«, sagte Rolf. »Es ist nichts dabei. Komm tanzen!«

»Jasmin hat gar nicht so unrecht«, sagte Petra, während die beiden aufs Parkett gingen. »Man hat einen Ruf zu verlieren. Aber sie sollte nicht so tun, als könnte sie kein Wässerchen trüben. Sie war schon oft in Oberstaufen, und das sicherlich aus dem Grund, den ihre Freunde ihr unterstellen. Hören Sie, ich erzähle Ihnen ein Geheimnis, weil es in wenigen Minuten kein Geheimnis mehr sein wird: Vor zwei Jahren lernte Jasmin in Oberstaufen einen Schweizer kennen. Sie hat sich über beide Ohren in ihn verknallt. Hier übrigens, in diesem Lokal. So, und jetzt halten Sie sich fest: der kommt nachher.«

»Wie. Wohin kommt er?«

»Hierher. In die Piano-Bar. Jasmin hat es mir vorhin erzählt. Die beiden sind hier verabredet. Heute abend. Sie haben sich zwei Jahre nicht gesehen. Jasmin ist ungefähr so aufgeregt wie ein Teeny vor dem ersten Kuß. Ist das nicht romantisch?«

Ich sah zu Rolf hinüber, der Jasmin siegesgewiß an sich preßte. Seine Hand lag auf ihrem schmalen Rücken und tätschelte ihn sanft. Sie strahlte. Ich wußte nun, an wen sie dachte. Dennoch schien sie die Nähe zu genießen, die Rolf ihr beim Tanzen aufzwang.

»Nun, besonders ungeduldig scheint sie auf ihren Schweizer nicht zu warten«, bemerkte ich.

Petra lachte.

»Aber ich bitte Sie, sind Sie ein Spießer?«

»Eigentlich nicht.«

»Dann wissen Sie doch, wie die Frauen sind. Wenn Jasmins Kurschatten jetzt hereinkommt und sieht, daß ein guter Typ auf sie abfährt, dann kann das doch nur gut sein. Das heizt die Liebe an. Außerdem ist Tanzen ein Ausdruck der Freude. Jasmin ist ein gutes Mädchen, glauben Sie mir.«

Als Jasmin wieder an der Bar saß und Rolf neben ihr stand,

sah Petra sie an. Und Jasmin sah Petra an. Plötzlich prusteten beide los. Sie konnten nicht aufhören; sie schüttelten sich vor Lachen. Rolf grinste ahnungslos.

Dann tanzte auch ich – mit Petra, Rolf wieder mit Jasmin. Petra lehnte ihren Kopf an meinen. »Love to love you, Baby«, tönte es vom Plattenteller. Petra hatte ihre Wange an der meinen, aber es lag keine Annäherung darin. Außerdem störte mich ihr Safarihut. Ich spürte einen versteckten Widerstand, obwohl ich mich jeder Zudringlichkeit enthielt; ich ließ eine Menge Luft zwischen ihr und mir. Ihr Körper fühlte sich steif an, nicht anschmiegsam. Ob ich verheiratet sei, fragte sie. Nein. Ob ich geschieden sei. Ja. Ob ich Kinder hätte. Ja, zwei. Nun hätte die Frage nach meinem Alter kommen müssen, doch Petra stellte sie nicht. Ich glaube, sie wollte ihrerseits nicht gefragt werden. Ich spürte die Glätte ihrer Haut an meiner Wange, eine einbalsamierte, zeitenferne Faltenlosigkeit.

»Ich war einmal sehr schön«, sagte sie unvermittelt.

Ich brachte es übers Herz, zu schweigen.

»Vielleicht sollte ich mich liften lassen«, sagte sie, wahrscheinlich um herauszufinden, ob ich bemerkt hatte, daß sie bereits geliftet war. Diesmal heuchelte ich:

»Aber nein. Sie haben doch einen wunderbaren Teint.«

Petra lächelte, doch zufrieden war sie nicht.

Als wir an die Bar zurückkehrten, hatte sich die Lage verändert: Jasmins Schweizer Kurschatten war eingetroffen, und just in diesem Moment wurde er von ihr entdeckt. Sie ließ den verdutzten Rolf auf der Tanzfläche stehen und stürzte sich auf ihren Geliebten. Sie schlang die Arme um seinen Hals und sah ihn lange schweigend an. Er war etwas jünger als Rolf und sehr schüchtern. Er war, wie ich von Petra wußte, verheiratet, aber er sah wie ein Jüngling aus, der die erotischen Wechselfälle des Lebens erst noch erfahren muß. Das machte seinen Charme aus. Er erwiderte Jasmins Begrüßung mit klammer Begeisterung. Sie aber zog sich an ihm hoch und küßte ihn.

Rolf stand daneben. Er hatte verstanden. Ein Don Quichote

der Liebe, entwaffnet und traurig. Einige Sekunden lang schien er in sich einzusinken, starr, stumm und jäh gealtert. Ich sah, daß es furchtbar für ihn war. Seine Piratenaugen suchten mich. Rolf, Every ladys darling, sah sich um seine Rolle betrogen. Doch das war es nicht allein: In den wenigen Sekunden seiner Fassungslosigkeit trat seine Angst zutage, eine Angst, die ich gut kannte: die des ewig Bindungslosen, der fürchtet, daß alles an ihm vorbeizieht, bis er allein dasteht.

Dann behauptete sich ein flaches, trotziges Lächeln auf seinem Gesicht. Jasmin sah er nicht mehr an, nie wieder. Er sah Petra an. Doch was er dann tat, nahm mir vor Überraschung und Entrüstung für einen Moment den Atem. Was Rolf jetzt tat, gilt unter Männern, die gemeinschaftlich erotische Ränke schmieden, nicht als Fair play. Aber es verriet seine seelische Strapazierfähigkeit, sein Kurschattentraining, seine ganze vulgäre, geniale Größe.

Mitten in einem Satz, den sie gerade zu mir sprach, stieß er mit einem tiefernsten, verwundeten Lächeln seinen Kopf zwischen Petras und meinen und bat sie ohne jede Verbindlichkeit zum Tanz. Er duzte sie. Er hatte den ganzen Abend nicht ein Wort mit ihr gewechselt. Aber er duzte sie, und dann griff er nach ihr. Mich würdigte er keines Blickes. Ich erwartete, daß sie nein sagen würde. Für die Dauer ihres Zögerns war ich ganz ruhig. Sie war eine intelligente Frau; ohne Zweifel erkannte sie, daß sie gedemütigt wurde, daß Rolf sie von der Reservebank holte. Doch sie zögerte nur so lange, wie sie brauchte, um ihre gerupften Augenbrauen zu heben und zu senken. Dann nahm sie vorsichtig ihren Hut ab (was sie bei mir nicht getan hatte) und rutschte mit einem abwesenden, überlegenen Lächeln von ihrem Barhocker. Rolf ging ihr einfach voran.

Jasmin verließ ohne Abschied mit ihrem Kurschatten die Bar und setzte sich mit ihm an einen weit entfernten Tisch. Dort umschlangen sie einander wie Ertrinkende. Rolf tanzte mit Petra, wie er mit allen Frauen tanzt: Er ließ kaum einen Millimeter Luft zwischen seiner offenen Hemdbrust und dem

Kragenausschnitt ihrer Jacke. Dabei gab er dem Iraner, der am Plattenteller stand, hinter Petras Rücken einen Wink. Rolf bedeutete M. mit einem kreisenden Zeigefinger und einer dämpfenden Handbewegung, daß er etwas Langsames auflegen möge. M. grinste. »That's the way I like it« spielte er jetzt. Rolf tanzte eine kleine Ewigkeit mit Petra, die mir anfangs noch einen amüsierten Blick zuwarf und mich dann vergaß. Wie immer in solchen Fällen, sprach er auch jetzt nicht viel; er drückte sie an sich und setzte auf die wortlose Mitteilsamkeit seiner Sexualität. Ich fragte mich überhaupt, wie er es anstellte, mit seinem Wortschatz aus 300 deutschen Vokabeln kritischen Kunden teure Limousinen zu verkaufen. Andererseits reichte sein Potential augenscheinlich aus, eine nicht eben ungebildete Frau zu betören. Jedenfalls hier.

Nachdem der Tanz vorüber war, verließ Rolf die »Piano-Bar« mit der Frau, die meine Trophäe nicht hatte werden wollen und nun sein Trostpreis war. Sie winkten mir zu und lachten, ehe sie gingen. Ich blieb allein zurück.

Rolf hatte mich eine Lektion gelehrt: Die Kurschattenliebe ist ein schnell sprießendes Gewächs. In der Kurschattenszene ist jedes zögerliche Drumherumgerede nichts weiter als aufgewirbelte Luft, sicher nicht nur in Oberstaufen. Rolf war, wenn er eine neu entdeckte Frau an sich zog, gänzlich unverblümt, in dem, was er tat, und wohl auch in dem wenigen, was er sagte. Ach, Rolf, Bruder. Deine Geilheit schillerte in allen Farben der dir zu Gebote stehenden Palette. Doch man sollte nicht unterschätzen, daß jede Geilheit eine lebensspendende Kraft ist. Und manch einer schöpft aus ihr die Liebe.

Als ich am nächsten Morgen meine Dachstuhlsuite verließ, um zum Frühstück ins Hotelrestaurant zu gehen, stieß ich fast mit dem Rosenkavalier zusammen. Er kam – ich traute meinen Augen nicht – aus dem Zimmer der blonden Schweizerin. Er hatte es also doch geschafft.

Beim Mittagessen saß er mit ihr und ihrer graugesichtigen Entourage am Nebentisch. Er schwatzte wieder, und wieder hörte die Blonde ihm nicht zu. Sie trug eine hochgeschlossene zitronengelbe Jacke mit geplusterten Ärmeln und, natürlich, einen engen Minirock. Sie hatte sich die Serviette hinter den obersten Knopf dieser schreienden Jacke geklemmt und wirkte fast so gouvernantenhaft wie ihre Begleiterinnen. Alle drei aßen ihre Schrothkurdiät, eine Art Müsli mit frischem, geschältem Obst. Er hatte ein riesiges Steak auf dem Teller und irritierte damit die ausgehungerten Damen. Wenn er sprach, reckte er seinen rechten Daumen wie ein Ausrufungszeichen. Doch irgend etwas war heute anders. Ich brauchte eine Weile, um es herauszufinden: Richtig, der Mann trug zum erstenmal eine Brille. Weshalb er sie trug, ging mir erst auf, als ich bemerkte, daß die Schweizer Troika zur Abreise gerüstet war. Ihr Kurschatten war kurzsichtig. Er hatte die Brille aufgesetzt, um beizeiten sein nächstes Opfer auszuspähen. Als eine dralle Holländerin an seinem Tisch vorbeiging, blitzten seine grauen Augen hinter den Brillengläsern auf.

Ich fuhr zum »Ponyhof Hinterhalden«. Das Anwesen dieses Namens ist außerhalb Oberstaufens unter einem Berghang hinter hohen Fichten versteckt – eine Art Berghütte mit lastendem Giebeldach und Geranien in den Fenstern. Es ist ein einsam gelegenes Gebäude, seiner Lage und Bauart nach einem stillen Glück gewidmet, fast ein Hexenhaus, und dennoch: Auch dort wird live Musik gemacht, zu Tanz und Kurschattenkurzweil, nachmittags von zwei bis sieben. Eine Gitarre und ein Synthesizer, beide mit Verstärkern, dröhnen die unsterbliche Sinatra-Schnulze »New York, New York« durchs Tal der Milchkühe. Es ist drei Uhr nachmittags, als ich ankomme, aber es gibt keinen freien Parkplatz mehr. Ich fahre meinen Leihwagen auf eine Wiese und lasse ihn in einem Kuhfladen stecken. Dann finde ich gerade noch einen Sitzplatz auf einer der vielen Holzbänke, die vor der girlandengeschmückten Tür im Schatten alter Bäume stehen; drinnen ist alles besetzt. Auf den Eichenholzbarhockern, aus deren Rückenlehnen runde Herzen gefräst sind, sitzen sie und knutschen. Und auf dem Tanzparkett dringen sie mehr oder weniger unverfroren in die Geheimnisse schwitzender Körper, die sie tanzend umfangen und die ihnen eben noch fremd waren. An einem Nachmittag um drei, zur Stunde der Bohemiens.

Sie sind aus dem Rahmen ihrer Bürgerlichkeit in vergessene Illusionen gefallen. Die Schrothkur oder die Bergluft oder die ungewohnte Freiheit haben ihre erotische Vorstellungskraft aktiviert. Hier splittern die Panzer ihrer zivilisatorischen Gleichgültigkeit. Sie schmieden Zukunftspläne und wissen, daß sie Luftschlösser bauen. Sogar ihr Mißtrauen, die giftige Frucht ihrer Liebeserfahrung, ist entmachtet; sie fallen auf die Komplimente herein, die ihnen gemacht werden; sie zünden wilde Strohfeuer und gehen einander gefügig auf den Leim.

Aber auch daraus wächst bisweilen die Liebe.

An diesem Abend lerne ich an der Fichtenholzbar meines Hotels Frau Dörte K. aus Düsseldorf kennen. Es ist, um ehrlich zu sein, kaum eine bemerkenswerte Entsprechung zwischen uns. Und dennoch genieße ich ihre Wärme. Noch in derselben Nacht hockt sie im Silberlicht des Mondes nackt auf meinem Hotelbett. Kurschatten sind so schnell, weil sie versäumte Leben leben.

Auf dem Nachttisch steht die angebrochene Flasche Veuve Clicquot, die ich aus der Hotelbar mitgebracht habe. Frau Dörte K. schmatzt beim Trinken. Ihr Lachen ist guttural; wenn sie spricht, dann knallen ihre Worte; sie hat, wie soll ich sagen – eine ausdrucksvolle akustische Mimik. Aber wenn sie plötzlich leiser wird, dann ist sie den Tränen nahe.

»Isch brauch keinen Mann, der mir den Schampus bezahlt«, sagt sie so leise, als spräche sie zu sich selbst. »Isch brauch keinen Mann, der jroße Töne spuckt. Isch brauch nich mal 'nen Mann, der superpotent is. Weißt du, wat isch brauch? Isch brauch 'nen Mann, der misch liebt. Der wenichstens nett zu mir is. Aber die Männer wissen ja nit, wat Liebe is.«

Sie legt eine Hand auf meinen nackten Bauch, und ich lege meine Hand auf die ihre.

»Was ist Liebe?« frage ich.

»Liebe is, wenn einer janz wild darauf is, mit mir zu schlafen – und dann, dann kommt er mit hundert Rosen.«

»Ja«, sage ich, »das ist Liebe.«

»Irjendwie bist du mein Typ«, sagt sie.

»Hattest du neben deiner Ehe mal einen Geliebten?«

»Ja, einmal. Aber nur ein paar Wochen. Der war acht Jahre jünger als ich.«

»Das ist in Ordnung.«

»Enä, dat isset nit. Dat is auch keine Liebe. Dat is, also dat is . . . Dat is: hin und wieder mal den janzen Scheiß verjessen.«

»Liebt dich dein Mann?«

»Na, sagen wir mal so: Er is'n anhänglicher Typ. Aber da läuft nich mehr viel zwischen uns. Wie heißt dat Hotel in Rom? Diese Villa?«

»Villa Medici.«

»Ob da auch der Mond scheint?«

»Der scheint auch in Rom.«

»Isch kann et richtisch sehen. Villa Meditschi. Der Mond. Und minge Mann mit dieser Pißnelke.«

»Warum läßt du dich nicht scheiden?«

»Nä! Isch bin doch nit blöd. Isch han zwei Töchter. Soll isch in 'ne Mietwohnung ziehen? Nä. Dat jönne isch der Sekretärin nit. Aber du hast recht: Isch such mir 'nen Jeliebten. 'nen richtijen Mann. Jetz jeht et erst richtisch los. Mein Mann wird sich noch wundern. Isch hab immer noch 'ne Menge Chancen. Oder siehst du dat anders? Sach, bin isch noch 'ne schöne Frau?«

»Ja, das bist du.«

»Wirklich? Oder lüchst du?«

»Ich sage die Wahrheit. Du bist eine schöne Frau.«

Frau Dörte K. hat feuchte Augen, als sie mich ansieht, aber sie lächelt. Sie lächelt wie ein kleines Mädchen in der Sekunde, in der es einschläft. Frau Dörte K. lächelt das unsterbliche Lächeln, das die Zuversicht gebiert. Ihre Lippen schimmern rot, so rot.

3. Kapitel

Das Kalkül in der Liebe
Exkurs über die Schönheit diskriminierter Impulse und die Kunst, sie zu wagen

Dies ist ein Exkurs über die Liebe, obwohl er nur einen heiklen Aspekt behandelt, nämlich den des Kalküls, das die Liebe zu steuern, zu zügeln, zu ersticken, aber auch zu zeugen vermag. Das Kalkül in der Liebe ist nicht erbaulich. Das Kalkül in der Liebe ist die nüchterne, praktische, pragmatische, vorausschauende Erwägung, die, sobald der Mensch ein gewisses Alter erreicht hat, seine Erotik unterwirft und seine Liebesentscheidungen beeinflußt. Es wohnt in der Begehrlichkeit des Menschen oder in seiner Angst.

Somit ist dies ein Exkurs über das belauerte, verdächtigte, geschmähte, weithin tabuisierte Gewinnspiel zwischen den Polen schwach und stark, ohnmächtig und mächtig, unten und oben, häßlich und schön, arm und reich, Frau und Mann. Es ist ein Exkurs über das Berechnende im Menschen, das seinen erotischen Impulsen folgt oder ihnen vorangeht und sie gelegentlich drosselt, justiert, kanalisiert, mitunter auch erwärmt, aber immer manipuliert.

Und doch ist dies ein Exkurs über die Liebe.

Denn die schillernden Gewogenheiten, die sich zwischen der unterlegenen Frau und dem einflußreichen Mann, zwischen der mittellosen Beauty und dem begüterten Fettwanst, zwischen der Sekretärin und ihrem Chef, zwischen dem Starlet und ihrem Regisseur, zwischen der Mätresse und ihrem Gönner, zwischen der reifen erfahrenen Frau und dem neugierigen jüngeren Mann, zwischen der reichen Witwe und dem ärmlichen Mitgiftjäger ereignen, mögen aus dem Kalkül geboren, zumindest in agilen Herzen von ihm berührt sein und sind dennoch keineswegs immer so seelenlos und kalt, wie der Unbeteiligte argwöhnt. Meist sind sie komplexer, gewöhnlich passionierter, oft sogar romantischer, jedenfalls geneigter als der banale Tausch Sex gegen Geld oder Sex gegen Macht oder Sex gegen Status, den der pharisäische Argwohn hinter dem Komfort solcher Verbindungen zu erkennen meint.

Die Bewohner des christlich-abendländischen Kulturkreises verbinden mit dem Begriff der Liebe höchst moralische Überzeugungen: Adel, Gültigkeit, Schönheit, »Echtheit« wird einer Liebesbeziehung nur zuerkannt, wenn sie uneigennützig erscheint, frei von dinglichen Erwartungen, dabei romantisch, unverbrüchlich und treu. Und in der Abenddämmerung der sexuellen Revolution soll sie zu alledem auch noch sexuell erfüllend sein bis zum Erlöschen der Libido. Diese Wertung ist dem neidvoll kritischen, dem beurteilenden, dem verurteilenden Zeitgenossen Maßstab und Prinzip. An ihr mißt er die Liebe, die des Nachbarn, die des Unbekannten auf dem funkelnden Fixstern der Prominenz, die des Partners und – bisweilen ernüchtert oder selbstkritisch schaudernd – auch die in der eigenen Brust.

Im bürgerlich-romantischen Liebesideal ist ein Kalkül nicht vorgesehen. Das Kalkül in der Liebe steht dem Ideal entgegen. Es hat in Utopia keinen Platz, denn es befleckt das Ideal, beleidigt es. Dennoch ist es in der Existenz des Menschen fest verwurzelt und plausibel begründet. Das Kalkül in der Liebe ist Bestandteil der menschlichen Integrität. Es geht darum, eine Gesellschaft zu bezweifeln, die das bürgerlich-romantische Liebesideal seit zwei Jahrhunderten ehrfürchtig, hartnäckig und wortreich rühmt, während sie sich in wortloser Verstohlenheit von ihm abwendet, um sich in den Affären der Liebe dem Kalkül zu unterwerfen.

Die Beziehungen zwischen der Liebe des Individuums und

den Wertvorstellungen der Gesellschaft, der das Individuum angehört, sind schwierig zu entschlüsseln, aber leicht zu denunzieren. Deshalb hat der zwanghaft urteilende Mensch für das vielfarbige, mehrdimensionale, oft erregende und keinesfalls langweilige Spektrum erotischer Emotionen und Beziehungen, denen er das Prädikat Liebe nicht zubilligen mag, nur abschätzige Begriffe: Was seinem Erklärungsprinzip nicht gerecht wird, ist »Liebelei«, »Liebschaft«, »Techtelmechtel«, »Liaison«, »Affäre«, »Verhältnis«, »Hörigkeit«, »Konkubinat«, »Vernunftehe«, »Kebsehe«, »Prostitution« oder namenlos nichtig und ein moralischer Skandal. Doch die Begriffe demaskieren den, der sie richtend ausspricht: Wer eine arm geborene Frau, weil sie reich geheiratet hat, in der Pose des Idealisten habgieriger Motive bezichtigt, hat die Zuhörer gewöhnlich auf seiner Seite, doch die Habgier, wenn auch eine unentschlossene, im eigenen Herzen. Insgeheim und unbewußt verurteilt er sich selbst, denn ihm schwant, daß er in bezug auf das Kalkül in der Liebe selbst nicht makellos ist.

Die bürgerlich-romantische Sichtweise will die Blüten der Erotik nicht wahrnehmen, die wie Unkraut aus den Steinrissen der Gosse wachsen und dennoch duften. Denn der bürgerliche Liebesidealist betrachtet, erwartet – und verpaßt die Liebe im Namen der Rose. Sie blüht ihm meistens nicht, und das Gänseblümchen genügt ihm nicht, weil es ihm an Demut mangelt. Deshalb ist er so oft allein. Deshalb ist er auch in seinen Liebesbeziehungen so oft einsam. Deshalb denunziert der Ungeliebte die Liebe seines Nächsten. Deshalb ist die Liebe in unserer Welt so selten ein Glück und so oft ein Malheur.

Auch der Verzicht auf die Liebe, geboren aus der Angst vor dem Liebesschmerz, aus der Angst vor der Nähe eines anderen Menschen oder aus der Unfähigkeit, ihm nahe zu sein, ist ein Kalkül. Ich behaupte nun: Allein dieses Kalkül ist für die Liebe tödlich. Ich behaupte weiter: Von diesem einen abgesehen kann das Kalkül in der Liebe eine aktive, produktive

Energie sein, die zur Liebe strebt, sie uns erschließt, ermöglicht, bisweilen auch erklärt.

Im Gegensatz zur Liebe ist das Kalkül eine Kopfgeburt. Der kalkulierende Gedanke bemächtigt sich der Ströme des Herzens und lenkt sie auf ein Ziel. Das ist produktiv. Das Kalkül kann in der Liebe produktiv sein, weil der nach Erich Fromm aktiven, also der wohlverstandenen Liebe der Wille zur Liebe vorausgeht. Das Kalkül ist diesem Willen Plan, Dispositiv, Antrieb. Somit steht das im Menschen etablierte Kalkül der Liebe nicht entgegen, jedenfalls nicht faktisch, allenfalls qualitativ.

Nicht das kaltschnäuzige, emotional unbetroffene, seelenblinde Gewinnstreben ist hier gemeint, sondern die Einbeziehung des Wägens in einen emotionalen Prozeß. Es gibt Beispiele von verwitweten Vätern, die eine Frau an sich banden, weil sie ihnen als Ersatzmutter geeignet erschien (das war ihr Kalkül) und sie dennoch liebten oder lieben lernten. Es gibt Bäuerinnen, die in einem Knecht den tätigen Helfer freiten, die fleißige Arbeitskraft, und ihn dennoch liebten oder lieben lernten. So ist das Kalkül, das ich meine: eine vorausschauende Berechnung, die über einem offenen, fühlenden, liebesbereiten Herzen aufgeht.

So gesehen ist das Kalkül in der Welt, in der wir leben, trotz des Berechnenden, das ihm innewohnt, ein Motor der Liebe. In der Konsumgesellschaft, der wir angehören, auf den Heerstraßen zum Erfolg, die wir beschreiten, auf den Trampelpfaden zum Glück, denen wir folgen, ist das Kalkül in der Liebe eine naheliegende, der menschlichen Natur gemäße, ihren Denkmustern angemessene und deshalb verheißungsvolle Chance. Zu fragen ist: Haben wir eine andere? Gewiß gibt es im Leben vieler Menschen die seligen, grandiosen Momente planloser, unkalkulierter, eruptiver erotischer Leidenschaft. Doch das Schicksal eines ganzen Lebens bestimmen sie selten. An irgendeinem Punkt des langen, bei begnadeten Menschen lebenslangen Prozesses erotischen Lernens ergreift der

Gedanke die Macht über das Gefühl. Und dies meist schon sehr früh. Diese Tatsache bedeutet keineswegs, daß der Verstand in der erotischen Existenz des Menschen das Süße tilgt. Es heißt nur, daß er das Bittere vom Süßen zu scheiden sucht.

Es bedarf der Empfehlung nicht, das Kalkül in die Methodik der Liebe aufzunehmen. Dort ist es längst. Dort ist es, seit die Obsessionen der frühen Jugend abgeklungen und erloschen sind. Auch bedarf es des Ratschlags nicht, das Kalkül zum Prüfstein der Partnerwahl zu machen. Das ist es schon, ebensolange. Nachdrücklich anzuraten aber ist, daß der Mensch das ungerufene, habituell in ihm wirkende Kalkül als erotischen Impuls akzeptiert, daß er es aus dem Halbdunkel der Verstohlenheit erlöst und seine Regsamkeit bejaht.

Der erotische Mensch ist ahnungsvoll, selbstverborgen und scheinheilig ein Gefangener des Kalküls, seit er gelernt hat, die Sehnsucht nach Liebe im Konzept seines Lebens mit dem Streben nach Ansehen, Harmonie und Erfolg zu verknüpfen. Und diese Verknüpfung beginnt früh. Sie kann das Ergebnis seiner Erziehung sein oder einer anderen Form der Sozialisation. Sie kann den Kräften einer einsichtig sich schärfenden, einer materialistisch sich zuspitzenden Vernunft entwachsen. Sie gehört zu den Erfolgskonzepten der ökonomisch Strebsamen. Sie ist die Überlebensstrategie der erotisch Blessierten. Nahezu jeder, der eine frühe, bedingungslos hingegebene, im Sinne des herrschenden Ideals also »reine« Liebe mit Enttäuschung und Trauer bezahlt, folgt, wenn er sich einer neuen Liebe nähert, einer Bewußtseinsverknüpfung, in der das Kalkül Essenz ist. Die neue Liebe ist deshalb nicht ohne Poesie: Ein Jüngling mit verletzter Seele, der sich nun dem schüchternen Mauerblümchen zuwendet, weil es Verläßlichkeit verheißt, gehorcht dem Kalkül. Ein Mädchen, das den angehimmelten Tennisstar seiner Schule umgarnt, weil es sich mit ihm schmücken will, folgt einem Kalkül. Doch in beiden Fällen kann das im Zwielicht einer ersten, noch konfusen, vage flimmernden Zielsetzung kalkulierte Motiv zur Liebe führen.

Es geht nicht darum, das Kalkül zu tolerieren. Es geht darum, ihm einen Platz zuzuweisen.

Solange der Mensch dem eigenen Bewußtsein und der intimeren Öffentlichkeit, in der er lebt, das Anerkenntnis des Kalküls in der Liebe verweigert, dieses aber bei erotischen Entschlüssen zu Rate zieht, gefährdet er seine Selbstachtung. Er ist nicht fair und lebt einen schlechten Stil. Der Zwiespalt seiner Gesinnung macht ihm die Lüge zum Lebensschicksal. Solange ein Liebender das Kalkül nur in der Liebe des Partners wahrnimmt, sich selbst aber verzeiht, ist er im eigenen Herzen verwundbar. Dem bürgerlich-romantischen Liebesideal gläubig ergebene, von der Liebe deshalb enttäuschte, ihr seitdem abgeneigte, fortan verbitterte Menschen wurden vielfach von der Entdeckung schockiert, daß die Zuneigung des Partners aus einer kalkulierten Wurzel sproß. Hätten sie selbstkritisch das Woher des eigenen Gefühls geprüft und wären sie dem eigenen Kalkül auf die Schliche gekommen, dann wären sie der Bitterkeit vielleicht entkommen.

Die Chance liegt in der Selbstbetrachtung. Nur wer das Kalkül in der Liebe im eigenen Lebensentwurf anzuerkennen und zu verantworten bereit ist, wer es vor dem eigenen inneren Auge freilegt, ohne sich sarkastisch zu tadeln oder zynisch zu feiern, kann auch dem Partner verzeihen. Die Anerkennung des Kalküls als Regulativ der eigenen Erotik zügelt die Selbstgerechtigkeit und den beschwichtigenden Argwohn gegenüber dem Partner. Das wohlwollend Vorausgesetzte muß nicht enttarnt werden. Selbstverständliches kann nicht ernüchtern, nicht entzaubern, nicht enttäuschen. Der larmoyant Frustrierte klagt im Menschen den Entwurf der Schöpfung an und scheut das Wagnis der Liebe. Das Bekenntnis zum Kalkül in der Liebe aber schützt ihn in letzter Konsequenz vor dem Elend des Verzichts auf Liebe. Das Kalkül zu akzeptieren bedeutet, der Hoffnung und der Schönheit des Lebens näher zu sein. Das von den Protagonisten des bürgerlich-romantischen Liebesideals aus der paradiesischen

Verheißung verbannte Kalkül hat einen romantischen Aspekt in sich selbst.

Das Kalkül in der Liebe anzuerkennen, ist eine Herausforderung an die abendländische Kultur: eine späte Premiere. In der Liebesdichtung der letzten drei Jahrhunderte kommt das Kalkül nur als Sündenfall vor. Trotz seiner geschichtlichen Evidenz wurde es literarisch nur geschmäht. So finden wir für die Bejahung des Kalküls in unserem Bildungsfundus kein ernst zu nehmendes Modell, an dem wir uns orientieren könnten. Während das bürgerlich-romantische Liebesideal von den Dichtern, den Tonkünstlern, aber auch den Malern der Neuzeit nur gefeiert wurde, gibt es in der abendländischen Kunst kein Œuvre, das die milderen Wahrheiten, die über das Kalkül in der Liebe gesagt werden müssen, erkennt, geschweige denn zu stützen versucht. Schon bei Molière ist die von einem begüterten Mann erkorene, vormals mittellose, verführerische Frau – etwa in seinem Stück »Monsieur de Porceaugnac« (1669) – eine erpresserische femme d'intrigues. Wo immer das Kalkül in der Erotik Stoff und Motiv der Literatur war, wurde es disqualifiziert:

In Gerhart Hauptmanns viel gespieltem und mehrmals verfilmtem Drama »Fuhrmann Henschel« ist die Magd Hanne Schäl habgierig, triebhaft und treulos. Sie nötigt ihren wohlhabenden, verwitweten Prinzipal, den Fuhrmann Henschel, mit unlauteren Mitteln zur Ehe. Da der alternde Mann ihr sexuell hörig ist, gelingt es ihr, seinen Besitz an sich zu reißen. Sie betrügt ihn mit anderen Männern und treibt ihn in den Selbstmord. Ihre Unmoral ist die Unmoral des Kalküls. Damit die Schändlichkeit der Hanne Schäl auch dem Nachsichtigsten einleuchtet, quält die Übeltäterin zu alledem ihr eigenes uneheliches Kind. Ihre Grausamkeit empört den Zuschauer; sie treibt ihm Tränen ins Auge, mutmaßlich jedoch ohne ihn zu läutern.

In Wilhelm Raabes Roman »Die Akten des Vogelsangs« heiratet Helene Trotzendorff einen steinreichen Mann, um später reuevoll zu erkennen, daß sie ihr Glück bei einem ärmeren gefunden hätte. Das Kalkül, dem sie gehorchte, erweist sich als Irrtum.

Ähnlich ergeht es der geldgierigen Kommerzienratsgattin Jenny Treibel in Theodor Fontanes gleichnamigem Roman, mit dem er die Bourgeoisie, ihren Hochmut, ihre Hartherzigkeit und ihre Heuchelei anklagt. Dunkel in diese Wahrheit eingesponnen ist die Herrschaft des Kalküls, ungenannt, undefiniert und dennoch obszön.

Auch die Seeräuber-Jenny, Bertolt Brechts berühmte Hure in der »Dreigroschenoper«, ist eine bestechliche Frau. Aber sie macht sich nichts vor. Jenny spricht den Leitsatz, der ihrem kalkulierten Streben in dieser Oper neuen Stils voransteht, unverblümt aus: »Erst kommt das Fressen, dann kommt die Moral.« Auch der Dramatiker Bertolt Brecht war Moralist, auch er wollte das Kalkül anonym entlarven. Doch er war einer der ersten, der die Menschen, die es hegten, nicht verächtlich machte. Mit der »Dreigroschenoper« wollte er die bürgerlichen Konventionen, also das Gehege des Kalküls, verhöhnen. Doch dann mußte er erleben, daß sich das überwiegend bürgerliche Theaterpublikum der zwanziger Jahre in der Anstößigkeit des eigenen Handelns bestätigt fühlte, und zwar mit beträchtlichem Lustgewinn: In der Gestalt des charismatischen Gangsters Mackie Messer, einer Figur aus einem ganz und gar unbürgerlichen Milieu, erkannte es die eigene Unmoral. Doch der Gangster gefiel den Zuschauern. Und das heißt: Sie gefielen sich.

Die zeitgenössische Kunst beginnt sich von der Idealisierung der bürgerlich-romantischen, vom Kalkül also unbefleckten Liebe abzuwenden. In einer Szene des amerikanischen Films »Der große Gatsby«, den Francis Ford Coppola nach dem gleichnamigen Roman des amerikanischen Schriftstellers F. Scott Fitzgerald (1896–1940) drehte, wird erkennbar, wie die Glücksgüter der Liebe in unserer Welt verteilt werden:

An einem Sommertag des Jahres 1922, während einer Gesellschaft im Freien, entspinnt sich zwischen der steinreich verheirateten Daisy Buchanan und dem mittellosen Aktienverkäufer Nick Carraway ein leichtblütiger Party-Dialog. Nick Carraway ist Daisy Buchanans »Cousin zweiten Grades«, ein nach innen gewandter, nachdenklicher Junggeselle von dreißig Jahren. Sie plaudern am Rande eines Golfplatzes, während die schöne Golfmeisterin Jordan Baker, Daisys beste Freundin, aus dem Bunker abspielt und dabei ein bißchen mogelt.

»Ich habe vor«, sagt Daisy, »eine Ehe zu stiften. Und zwar zwischen dir und Jordan. Ich kuppel euch irgendwie zusammen, weißt du, ich schließ euch versehentlich ins Gartenhäuschen ein, oder ich schubs euch mit dem Boot ins Meer hinaus und all so was . . .«

»Ohne Geld?« fragt Nick. »Ich habe kein Vermögen. Meinst du, sie nimmt einen Mann ohne Vermögen?«

»Natürlich nicht«, antwortet Daisy gedankenlos. Sie war gerade nicht bei der Sache, weil sie unter den Party-Gästen einen Bekannten entdeckt hatte und ihm zuwinkte. Doch dann wird sie sich ihrer unbedachten Worte bewußt: »Oh!« sagt sie und sieht Nick liebevoll an. »Oh! Weißt du, dann muß es eben bloß ein Verhältnis sein.«

Hier ist das Kalkül offen institutionalisiert; die Dialogpartner setzen es als allseits akzeptiert voraus. In diesem Film ist es, weiterhin ungenannt, eine Maxime der Partnerwahl. Bemerkenswert ist freilich, daß der Dialog in der Romanvorlage gar nicht vorkommt. F. Scott Fitzgerald schrieb den Roman in den frühen zwanziger Jahren unseres Jahrhunderts. Francis Ford Coppola aber drehte den Film erst 1974 und ergänzte die Handlung um das zitierte Gespräch. Es scheint, als hätte die kapitalistische Welt ein halbes Jahrhundert gebraucht, um sich dem Anerkenntnis des erotischen Kalküls, ohne es ausdrücklich zu schmähen, bis auf die letzte Distanz diskreter Nichtbenennung zu nähern. Im Weltbild des amerikanischen Regisseurs ist es manifest, jetzt nicht mehr als häretische Perversion, als Ketzerei gegen die kanonisch regierende Liebesmoral, sondern als regulatives Phänomen der erotischen Annäherung. Zwar hat Francis Ford Coppola das Kalkül in der Liebe nicht ausdrücklich anerkannt, aber er hat es in den Dialogen deutlich werden lassen.

F. Scott Fitzgerald hat in seinem Roman eine andere Wahrheit enthüllt: Die amerikanische Gesellschaft eröffnet, ganz im Gegensatz zu ihrem Mythos, keineswegs jedem Menschen die gleichen Chancen. Und der Filmregisseur übermittelt, nahezu werkgetreu, wenn auch zugespitzt, die Botschaft des Romanciers: Ein mittelloser, aber erotisch anziehender Mann hat in den goldenen zwanziger Jahren viele Möglichkeiten, mit einer schönen, lebenshungrigen Frau die Liebe zu genießen, obwohl er einer anderen gesellschaftlichen Klasse angehört als sie. Er kann ihre Romanze sein, ihre außereheliche Affäre, womöglich ihr One-night stand, nur eines nicht: ihr Lebenspartner. Die Liebe zwischen einem armen Mann und einer schönen Frau hat keine Zukunft.

Diese Botschaft ist in jede Szene des Romans (und des Films) gewoben: Auch Daisy Buchanan, Tochter eines wohlhabenden Unternehmers, hat einen armen Mann geliebt: Jay Gatsby, im Roman wie im Film der Titelheld, als der noch ein junger Leutnant war. Doch geheiratet hat sie, während ihr Liebster auf den Schlachtfeldern des Ersten Weltkriegs zum Helden aufstieg, den reichen Tom Buchanan. Als sie ihren ehemaligen Geliebten Jahre später trifft, ist auch er ein reicher Mann geworden. Jetzt ist er der »große Gatsby«.

»Warum hast du nicht auf mich gewartet?« fragt er Daisy.

Sie versucht, sich um die Antwort zu drücken. Doch er bleibt hartnäckig, bis Daisy ihm die Wahrheit ins Gesicht schleudert:

»Weil reiche Frauen niemals arme Männer heiraten, Jay! Wußtest du das nicht? Reiche Frauen heiraten niemals arme Männer!«

Doch das ist nur das Bühnenbild der Wahrheit. Irgendwann stößt Jay Gatsby, der erneut Daisys Geliebter wird, unter ihren Erinnerungsschatten auf die Wirklichkeit: Daisy hat Tom Buchanan nicht allein seines Reichtums wegen geheiratet, sondern weil sie sich comme il faut in ihn verliebt hat! Das ist bitter für den großen Gatsby, aber die Frau, die er anbetet, hat sich in einen Mann verliebt, den keine Anmut adelt, der wenig Gewinnendes ausstrahlt. Tom Buchanan ist ein grober, ungeschlachter Machtmensch, in dessen Stimme »auch im Gespräch mit Menschen, die er gern mochte, etwas von überlegener Autorität und Geringschätzung« schwingt. Die Frage, wie Daisy sich in diesen Mann verlieben konnte, beantwortet expressis verbis weder das Buch noch der Film. Wir sind auf Ahnungen angewiesen, und die wahrscheinlichste legt uns nahe, daß Daisy sich in Tom Buchanan verliebte, weil er so reich war.

Das ist der Triumph des Kalküls in der Liebe. Es ist der Sieg eines geächteten Phänomens der Erotik über das respektierte, angebetete bürgerlich-romantische Liebesideal: Daisy Buchanan hat in ihrem hübschen Kopf den Luxus berechnet und dabei in ihrem Herzen die Liebe gefunden. Das kühle Gewinnspiel brachte ihr wirkliche Liebe. Ihre Leidenschaft entzündete sich am Kalkül. Das Kalkül in der Liebe erweist sich nicht als Geschäft, sondern als Beitrag zur Intimität. Im Roman wie im Film erhebt sich die Wirklichkeit der Liebe über den romantischen Wahn. Die Macht des Ideals ist ohnmächtig gegenüber dieser Wirklichkeit. Mit diesem Film wendet sich Francis Ford Coppola vom abendländischen Liebesideal ab. Er bekennt sich zu einem Glück, das dem oberflächlichen Gerechtigkeitsgefühl der Masse zuwiderläuft. Freilich: Die Liebesgeschichte zwischen Daisy und Tom Buchanan ist an den Rand der Handlung gedrängt. Weil die herrschende Liebesmoral im Triumph des Kalküls den Sieg des Bösen erblickt, bleibt die Frage nach Daisys emotionalem Motiv unbeantwortet, im Buch ohnehin, aber später auch im Film. Im Hauptstrom der Handlung tun Romanautor und Regisseur der Moral Genüge, die von einer im Sinne des Ideals unstatthaften Liebe verletzt wurde. Dort huldigen sie der humanistischen Illusion, die ärgerliche Regelwidrigkeiten mit moralischem Verriß bestraft.

Tom Buchanan hat, im Roman wie im Film, eine außereheliche Mätresse, nämlich Myrtle Wilson, die Frau des frommen, etwas einfältigen Automechanikers George Wilson, dessen Werkstatt in ungünstiger Stadtlage wenig einbringt, zu wenig für die Erwartungen seiner Frau. Von den kostbaren Geschenken betört, die Tom Buchanan ihr macht, will Myrtle ihren Ehemann verlassen, um in eine komfortable Stadtwohnung zu ziehen, die ihr reicher Gönner zu bezahlen verspricht. Aus diesem Anlaß kommt es zwischen den Eheleuten zu einem heftigen Streit:

»Ich dachte, du wärst 'n Gentleman«, schreit Myrtle mit von Haß verzerrter Miene, »bis ich dahinterkam, daß du's nicht mal wert bist, mir die Füße zu küssen! Du hattest ja nicht mal 'nen Anzug für die Trauung! Geborgt hast du 'n dir! Und selbst das hast du mir noch verschwiegen.«

George Wilson antwortet mit leiser, gequälter Stimme:

»Was sollte ich denn machen? Ich konnte nichts dafür. Ich konnte mir einfach keinen Anzug leisten.«

Da ist sie nun doch, die häßliche Fratze der auf sozialen Aufstieg bedachten, in Liebesdingen kalt rechnenden Frau. Und in ihr spiegeln sich die Charaktermängel all ihrer literarischen Schwestern. Da ist das Fleisch gewordene Kalkül in seiner vom Publikum mit Verachtung gestraften, gleichwohl bejubelten, anrüchigen Gestalt. In Myrtle Wilson findet das Publikum die ihm vertraute Pervertierung des herrschenden Liebesideals. Aber nicht die Entrüstung bemächtigt sich seiner; auch dieses Publikum gefällt sich. Die vom Ideal Enttäuschten genießen die Beleidigung des Ideals. Zu lange haben die Zuschauer in ihrem eigenen Leben auf die Verheißungen vertraut, die von dem Ideal ausgehen, aber immer nur die Untersagungen erdulden müssen, die es verfügt: Du darfst nicht Sex um des Sexes willen haben. Du darfst nicht ehebrechen. Du darfst keine Liebe zulassen, die nach meinem höheren Willen keine Liebe ist. Du darfst einer neuen Liebe in deinem Herzen keine Tür öffnen. Du darfst im Partner nur das Sein begehren und nicht das Haben. Du darfst nicht sein wie diese schöne, vulgäre Frau, die Myrtle Wilson heißt und die du doch so gut verstehst, die in dir selbst ist, in deiner gierigen, romantischen Seele.

Die Figur der Myrtle Wilson rechtfertigt den Roman wie den Film vor dem öffentlichen Urteil. Myrtle Wilson paßt in die Urteils- und Denkschablonen, die das bürgerlich-romantische Liebesideal geformt hat. Sie stellt das verlorene Gleichgewicht wieder her. Sie bricht das Gesetz und wird dafür von Autor und Regisseur mit einem unübersehbar abscheulichen Charakter bestraft. Autor und Regisseur pochen an das Tor, hinter dem der romantische Wahn bewahrt wird. Aber sie stoßen es nicht auf. Sie haben nicht gewagt, gar nicht wagen wollen, das Kalkül in der Liebe zu legitimieren. Insoweit ist ihr Werk zwar wegweisend, aber nicht rebellisch. Der Triumph des Kalküls, die Proklamation seiner Macht, der erregende, mitunter ergreifende Thriller seiner Wesenhaftigkeit (der Romantik, Innerlichkeit, Gefühlsadel, Wertschöpfungen des neunzehnten Jahrhunderts, nicht zugebilligt werden) bleiben in diesem Œuvre unvollkommen. Der romantische Wahn lebt fort, latent prägend, argwöhnisch lauernd, ein Wetterleuchten über den Liebesnächten der Menschheit.

Das vollendete Anerkenntnis des Kalküls in der Liebe finde ich in einer Erzählung des amerikanischen Schriftstellers Harold Brodkey. Sie heißt »Hofstedt und Jean – und andere«. Harold Brodkeys Held, ein älterer amerikanischer Literaturprofessor, der mit einer Studentin in eine amouröse Affäre verstrickt ist, macht dieses Anerkenntnis in zwei schlichten Sätzen begreiflich:

»Ich war ihr ungeheuer dankbar dafür, daß sie so empfänglich für mich war. Ich hatte das Gefühl, daß ich sie sehr bald lieben würde.«

Ich liebe dich, weil ich auf deine Liebe rechnen kann, weil ich dich schon in der Tasche habe – ein Kalkül auch das. Die Geschichte erschien in dem Erzählungsband »Unschuld – Nahezu klassische Stories«, der 1990 bei Rowohlt erschien.

Worum geht es? Es geht nicht nur darum, das Ideal zu entmachten und den Wahn zu entzaubern. Es geht nicht allein darum, das Kalkül in der Liebe, das unser Schicksal ist, dem wir uns betäubten Gewissens fügen, von dem Zynismus freizusprechen, der ihm in der öffentlichen Bewertung anhaftet. Es geht nicht einmal nur um das Anerkenntnis des Kalküls. Sie hat dem nächsten Schritt vorauszugehen. Der nächste Schritt aber ist der Entwurf eines Musters, nach dem das Kalkül gedacht werden darf, und einer Sitte, nach deren Normen es zulässig ist. Demnach geht es vielmehr darum, eine Kultur dieses Kalküls zu begründen, seine Ziele zu qualifizieren und seinen Mißbrauch zu identifizieren. Allein das Anerkenntnis seiner Macht verleiht dem Kalkül noch keine Legitimität. Das Kalkül in der Liebe bedarf der Eleganz. Es bedarf einer Einschätzung des Kalküls, die den Aspekt der menschlichen Würde nicht ausschließt. Denn, natürlich, gibt es die plumpe Willkür des Kalküls, die eiskalte erotische Fallenstellerei, die in den zitierten literarischen Beispielen für Spannung sorgt. Nicht deren Bühnenwirkung war zu beklagen, sondern die einseitige literarhistorische Vervielfältigung des Sujets, seine voreingenommene, allein dem Ideal verpflichtete, moralkonforme Wiederholung.

Zweierlei jedoch fällt auf:

Erstens. Das Kalkül in der Liebe als manifeste Verhaltensweise des Menschen wird nicht geleugnet. Es wird denunziert. In der Literatur tritt es uns vital und existent entgegen. Doch die Figuren, die es verkörpern, sollen uns abschrecken und empören. Nicht die Macht des Kalküls wird in Zweifel gezogen, sondern seine Sittlichkeit und erst recht seine schöpferische Kraft in der Liebe.

Zweitens. Als Sujet in der Literatur ist das Kalkül – diesen Eindruck schreiben die Autoren ihrem Publikum mit unerbittlicher Strenge vor – genuin eine Triebkraft der Frauen. Der Frevel ist weiblich. Männer fallen ihm nur zum Opfer, blind, arglos, töricht, tölpelhaft verliebt.

Ist das so? Sind Männer des Kalküls in der Liebe, von dem uns in den Hervorbringungen der abendländischen Literatur so eindringlich gesagt wird, daß es machtvoll, unschicklich, heimtückisch und anarchisch existiert, nicht inne? Sind sie des Abwägens, des Ausklügelns, sind sie der Handhabung des Kalküls und seiner Listen nicht mächtig? Oder sind sie seiner mächtig, aber dem »schwachen Geschlecht« gegenüber von einer ritterlichen Beißhemmung gelähmt? Oder sind sie nach den Normen des herrschenden Ideals in der Liebe womöglich doch reineren Herzens als die Frauen?

Aus feministischer Sicht ist die literarische Denunziation der Frau als Erfinderin, Hüterin und alleinigen Ausbeuterin des Kalküls in der Liebe ohne Zweifel ein Herrschaftssymptom des Patriarchats, eine von Dichtern beabsichtigte, vom Publikum (bereitwillig auch von Frauen) gutgläubig angenommene kulturpolitische Anmaßung mit dem Ziel, die männliche Vorherrschaft zu stabilisieren und die Unterdrückung der Frau zu rechtfertigen. Ein solches Argument wäre schwerlich zu entkräften. Doch ebensowenig nennt es die ganze Wahrheit.

Ich behaupte: Das Kalkül in der Liebe ist der männlichen Natur zwar nicht fremd, der weiblichen aber eigentümlich. Im Mann hat das Kalkül den Charakter eines von Einsicht und Erfahrung ausgelösten Reflexes, in der Frau den eines lebenslang sich schärfenden Instinktes. Im Mann ist es dumpf, in der Frau ist es wach. Im Mann ist es träge, in der Frau agil. Dem Mann ist es Möglichkeit, der Frau Gewißheit. Dem Mann bedeutet es soviel wie Kleingeld, der Frau bedeutet es Kapital. Das Kalkül in der Liebe ist im Wesen der Frau sozialisiert, seit sie unter dem Zepter des Patriarchats den Nacken beugt.

Denn für sie war es (ist es) die Gegenmacht zur Macht des Patriarchats.

Es gibt zum Thema dieses Kapitels keine Forschung, keine sozialwissenschaftliche Untersuchung und meines Wissens auch keine demoskopische Erhebung. In der Literatur findet sich nichts, was über die zitierten Beispiele hinauszielt, sieht man von Brechts einsichtigem, ebenfalls auf die Frauen gemünzten Ausspruch ab: »Geld macht sinnlich.« In der Literatur über die Liebe und der tausendstimmigen, nimmermüden Unterweisung in der Kunst des Liebens ist der Autor stets der Wissende und der Leser der Ahnungslose. Doch die Menschen lesen nicht nur Bücher. Sie machen Erfahrungen mit sich selbst und mit anderen; sie machen sie jenseits jeder Lehrmeinung. Und die Wirklichkeit ist immer noch absurder als die Theorie. Dieser Exkurs will deshalb nicht belehren, sondern aufmerksam machen und herausfordern. Er ist ein Appell, das Substrat seiner Behauptungen an der Substanz individueller Erfahrung zu messen.

Im Licht persönlicher Erfahrung erscheint das Kalkül in der Liebe vielen Frauen sicherlich geschlechtsneutral. Jede liebeserfahrene Frau, die sich skeptisch in den Räumen ihrer Erinnerung umsieht, wird einem ehemaligen Liebhaber begegnen, dessen Hinwendung von einem Kalkül gesteuert war. Jede Frau, die einem männlichen Lebenspartner mit ihrer Arbeitskraft das Studium, die Ausbildung auf dem zweiten Bildungsweg, die Sucht, den Müßiggang, also ein Drohnendasein, ein Paschaleben finanzierte, wird sagen: Männer kennen das Kalkül in der Liebe. Und sie bedienen sich seiner mit bestürzender Indolenz. Niemand hat ein Argument, eine Spitzfindigkeit, ihr zu widersprechen.

Wie, wenn nicht Kalkül, wäre das Motiv eines Mannes zu benennen, der eine Frau ihres Opfermuts, ihrer selbstlos auf ihn gerichteten Hilfsbereitschaft wegen nimmt? Sein Kalkül gilt dem eigenen Wohlbefinden. Welche Benennung messen wir dem Motiv eines Mannes zu, der eine Frau an sich bindet, weil sie einfältig und unkritisch ist? Er hofft auf die Harmonie der Sprachlosigkeit, auf den konfliktfreien Stumpfsinn, ein Kalkül auch das.

Es ließe sich einwenden, daß die Auswahlkriterien auf dem Markt der Liebe und der Liebesanbahnungen alleine nicht Kalkül sind. Es ließe sich argumentieren, daß die Liebe, die sich an Eigenschaften der begehrten Persönlichkeit entzündet, vom Kalkül ungesteuert, im Sinne des Ideals also »rein« ist. Opferbereitschaft oder Einfalt sind schließlich Persönlichkeitsmerkmale. Wann also ist ein Kalkül ein Kalkül? Ist die Liebe eines Kindes »rein«, wenn der Kuß, den es seiner Mutter gibt, auf die Schokolade zielt, mit der es belohnt wird? Folgte Don Juan keinem Kalkül, wenn er die schönsten Frauen Spaniens verführte, weil er sich seiner Anziehungskraft und seiner Männlichkeit versichern wollte?

Die Grenzbestimmung gleicht einer Fahndung mit der Wünschelrute – jedenfalls wenn es darum geht, das männliche Kalkül zu orten. Das weibliche Kalkül ist kaum versteckt, wortlos mitteilsam, fraglos wahrnehmbar; es schimmert durch die Lachfalten des weiblichen Flirts; es glimmt im Blick des weiblichen Begehrens. Der Frau ist das eigene Kalkül bewußt, denn es ist mit der Bereitschaft zur Liebe aufs engste verknüpft.

Das männliche Kalkül jedoch ist abgründig und versunken. Es nistet in der Trägheit des Mannes oder – präziser gesagt – in seiner Feigheit, in seiner latenten Angst vor den vielgestaltigen Herausforderungen seiner Existenz. Vor allem aber ist es ihm selbst verborgen. Sein verdrängtes Kalkül führt ein Schattendasein. Schon deshalb kann es sich dem Sensorium einer Partnerin oder der Wahrnehmung Dritter nicht preisgeben. Das unwissentlich gehegte, unterschwellig fordernde, amorphe Kalkül des Mannes färbt nicht sein Begehren und formt nicht sein Mienenspiel. Deshalb werden immer nur Frauen des Kalküls bezichtigt, aber Männer nur äußerst selten. Das männliche Kalkül wirkt nicht vorrangig in der Liebe: Es ist dieselbe Waffe, die der Mann im Lebenskampf einsetzt, die ewig wache List des Fuchses. In der Liebe wird es zumeist nur aktiv, wenn der Lebenskampf im Sinne seines heroischen Selbstbildes verloren oder das Gefühlsleben verödet ist.

Den Einflüsterungen des Kalküls erliegt aber auch der Vielgeliebte, der in der Liebe ewig Unerfüllte, ewig Suchende, ewig Irrende, der narzißtische Charmeur, unter den Männern also jener, der stets unter mehreren Möglichkeiten wählen kann. Im vorhin gegebenen Beispiel verfängt das Kalkül, wenn der eine Mann (der die Opfermütige erwählt) sich für die Bequemlichkeit des Leibes und der Lebensweise und der andere (der die Einfältige nimmt) für die Bequemlichkeit der Seele entscheidet, obwohl eine schönere, aber anspruchsvolle Frau im ersten und eine klügere, aber kritische Frau im zweiten Fall gelockt haben. Die am Ende erwählten Partnerinnen bekamen den Zuschlag auf Grund des Kalküls.

Beide Geschlechter hegen in der Liebe das Kalkül. Doch sie haben nicht dieselben Ziele, und sie verfolgen ihre Ziele auf verschiedenen Wegen und mit unterschiedlicher Dynamik. Die Ziele bestimmen die Dynamik. Das männliche Kalkül zielt bei der Partnerwahl selten auf materielle Sicherheit. Die Frau aber sucht vor allem diese. »Geschickt benutzt die Geliebte die Großmut der jungen Liebe, um ihre Zukunft zu sichern«, schreibt Simone de Beauvoir (1908–1986) in ihrem berühmten Buch »Das andere Geschlecht«. Noch ganz im Banne des romantischen Liebesideals (das Buch erschien 1949) fügt die Vordenkerin des Feminismus einschränkend hinzu: »Doch wenn sie solchermaßen spekuliert, ist sie keine eigentlich Liebende mehr.« Gewiß gibt es auch den kühl berechnenden Mann, der eine Frau unter dem Aspekt ihres ökonomischen Mehrwerts umwirbt. Doch der Mann, der über eine Frau zum Gelde strebt, ist als Mann gescheitert. Die Frau andererseits, deren Kalkül bei der Partnersuche auf Wohlstand und Ansehen gerichtet ist, findet, wenn ihre Rechnung aufgeht, gerade dadurch zu ihrer Identität. Ja. Auch heute noch. Weil nämlich gerade sie – häufiger und eindeutiger als Beauvoir und eine zweifelnde Umwelt ihr zugestehen wollen – eine »eigentlich Liebende« ist.

Damit sei nicht gesagt, das Kalkül des Mannes trachte in der Liebe allein nach immateriellem Gewinn. Die Profite, derer er sich in aller Selbstverborgenheit bei der Partnerwahl zu versichern sucht, sind nur anders zu qualifizieren. Die Beute des materialistischen männlichen Kalküls ist – in weitläufiger Vielgestalt – die unbezahlte, mitunter auch bezahlte, damit aber nicht entgoltene, vielfach unerwiderte, unermüdliche, stets lächelnd gewährte Hilfeleistung der Frau. Diejenige unter den Frauen, die er an der Peripherie seines kämpferischen Lebens teilnehmen läßt, soll ihm den Rücken freihalten, damit er sich vollenden kann. Dieses Kalkül zielt, meist selektiv, oft in Gänze, auf das breite Spektrum weiblicher Nützlichkeit, vom Schuheputzen bis zum Trösten. Das ist das materialistische Kalkül des Mannes in der Liebe, sein Auswahlkriterium bei der Partnerwahl. Auf eine feministisch griffige, dem Rollenverständnis des Patriarchats gemäße Formel verkürzt, zielt es auf die Arbeitskraft der Frau, die ihrer Hände und/oder die ihres Herzens.

Der Mann erhofft sich von einer Liebesbeziehung außer Sex vor allem den anspruchslosen Gleichklang der Seelen, wortloses Verstehen, widerspruchsfreie Harmonie, all das also, was er mit dem Wort »Übereinstimmung« benennt. Er will die sehr spezielle engbrüstige Übereinstimmung, die seiner Seelenträgheit wohltut. Er will nicht die Übereinstimmung, die sich aus einer gemeinsam gelebten, geschweige denn kontrovers erstrittenen Offenheit gegenüber dem Leben ergibt, sondern jene, die ideologisch abgeschlossen, gewissermaßen »fertig« ist, die Standortveränderungen erübrigt und ihm Debatten darüber, Konflikte also, erspart. Diesem Zustand gilt das Kalkül des Mannes in der Liebe. »Ein letztlich ›infantiler‹ Mann«, sagt der deutsche Soziologe Walter Hollstein, gestützt auf den deutschen Psychiater Joachim Bodamer, »behandelt Ehe, Liebe und Sexualität als Räume der Sicherheit, Pflege und körperlichen Lust.« Ihn durchdringe, sagt Hollstein, die Angst vor dem »seelischen Wagnis«. Darauf, vor allem, zielt das Kalkül des Mannes in der Liebe: Da er um das Wagnis einer Partnerschaft weiß, versucht er es durch die Wahl einer Partnerin zu vermeiden, die sich seinen Lebensmustern anzupassen verspricht.

Je älter er wird, um so stärker sein Vorsatz, die »ungefährliche« Frau zu finden, was ihn glücklicherweise gegen die »gefährliche« nicht wappnet. Sein Kalkül, unter Männern sicherlich das häufigste, zielt, wie wir gesehen haben, auf die emotional genügsame, ihm widerspruchslos beipflichtende Frau. Aber nie, oder nur äußerst selten (Ausnahmen sind besonders auffällig; sie sind dennoch Ausnahmen und bedürfen keiner Erörterung), trachtet der kalkulierende Mann danach, an der Macht einer Frau teilzuhaben. Darauf aber ist das Kalkül der Frau gerichtet, wenn sie einen sozial überlegenen, mehr oder weniger einflußreichen Mann zu gewinnen sucht: auf einen Zipfel vom schützenden Mantel seiner relativen Macht, auf den Glanz, den sie abstrahlt, und die Sicherheit, die sie gewährt. Männer wollen von einem gewissen Alter an vor allem emotional, Frauen vor allem materiell versorgt sein. Männer wollen in der Partnerschaft ihre Bequemlichkeit und ihren Feierabend, Frauen ihre Sicherheit und ihren Lebensgipfel.

Gegen das in der abendländischen Kultur legitimierte Regime des bürgerlich-romantischen Liebesideals steht die illegitime Macht des Kalküls in der Liebe. Moralisierend gesehen, ist diese Macht allein von der menschlichen Fehlbarkeit autorisiert. Praktisch verstanden ist diese Macht eine Chance für die Liebe. Freilich: Sie ist in erster Linie eine Chance für die Liebe der Frauen. Denn das Kalkül in der Liebe führt Frauen eher zur Liebe hin, Männer jedoch eher von der Liebe weg. Liebe ist aktiv. Liebe ist rigoros. Liebe ist schwierig und verspielt. Die dem männlichen Kalkül entspringende Liebe aber ist etwa so aktiv, so rigoros, so schwierig und verspielt wie ein winterschlafender Grizzlybär.

Die aus dem umgrenzten Bezirk ihres Kalküls in den Stunden des Glücks aufflammende Liebe der Frauen kann aktiv sein, weil ihre Bereitschaft zur Liebe ebendort verwurzelt ist. Frauen sind sich ihres Kalküls allzumeist bewußt, aber sie scheiden es nicht von ihrem Verlangen nach Romantik. Frauen wollen nicht nur den reichen Prinzen. Sie wollen den Märchenprinzen, den sie auch lieben können. »Wenn der Mensch aus einem aktiven Affekt heraus handelt«, schreibt Erich Fromm in seinem Buch *Die Kunst des Liebens*, »ist er frei, ist er Herr dieses Affekts; handelt er dagegen aus einem passiven Affekt heraus, so ist er ein Getriebener, das Objekt von Motivationen, deren er sich selbst nicht bewußt ist.« Frauen betreiben die Liebe und das sie befruchtende Kalkül aus einem aktiven Affekt heraus.

Im gleichen Maß, in dem Männer die Präsenz des männlichen Kalküls verleugnen, weil sie es verachten, also nicht tolerieren können und weil sie Skrupel hegen, sind sie unfähig, es mit ihren erotischen Impulsen zu vermählen. Das Kalkül in der Liebe ist für sie das Motiv der Hure, auch jener unter dem Myrtenkranz. Da Männer zu Huren gehen und erleben, daß sie aus deren Gefühlswelten ausgeschlossen sind, erscheint ihnen die Andersartigkeit der Hure flagrant. Männer können sich das eigene Kalkül nicht eingestehen. Täten sie es, würden sie einer unerträglichen Wahrheit, nämlich der Hure in sich selbst, begegnen. Wenn sie in der Liebe einen eigennützigen Vorsatz fassen, dann steht er ihrer Bereitschaft zur Liebe entgegen, dann führt er sie von der Liebe fort.

So sind sie »Getriebene« eines Schicksals, das ihnen die Obliegenheiten des Kalküls gegen ihre Moral aufzwingt, die Belohnungen jedoch versagt. Die Verleugnung des Kalküls im eigenen Wesen, der störrische Glaube an die Lauterkeit des eigenen Gefühls und die daraus resultierende Selbstgerechtigkeit machen ihnen die Liebe so schwer. Denn emotional zielsicher, also emotional erfolgreich, ist nur das bewußte, das erkannte, man könnte sagen das geile Kalkül, das aus der ehrlichen Entschiedenheit des Charakters kommt. Leidenschaftlich ist nur das Gefühl, das dem Reiz des Lebens gilt, das ein Risiko wagt und die Trägheit nicht kennt.

Zwar ist zu beobachten, daß aus der Spekulation geborene Liebesimpulse zu den erotischen Verhaltensmustern des Mannes erst später Zugang finden als zu denen der Frau. In gewisser Weise bleibt der Mann länger »unschuldig«, manch einer ist es bis zum Tod. Wenn aber das Kalkül von seinem geheimnisvollen, der Selbstbetrachtung entrückten und dennoch gedachten Planen Besitz ergreift, dann ist die Bereitschaft des Mannes zur Liebe sexuell und emotional auf die Suche nach Versorgung, nach Verabfolgung geschrumpft, dann ist er in der Liebe meistens ein Nehmender und selten ein Gebender. Das ist die Wahrheit über das männliche Kalkül in der Liebe.

Es ist ebenfalls zu beobachten, daß der Mann dem eigenen Kalkül vielfach dann begegnet, wenn er beruflich keine Gipfel mehr anstrebt, wenn sein Aufstieg gebremst wird, wenn er sich im Erreichten einrichtet und das Träumen verlernt. Oft ist er ja nicht, wie er selbst vielleicht glaubt, auf die Karriereleiter gestiegen, um Wohlstand und Macht zu erwerben, sondern um den Frauen zu gefallen. »Die meisten Menschen«, schreibt Erich Fromm, »sehen das Problem der Liebe in erster Linie als das Problem, selbst geliebt zu werden, statt zu lieben und lieben zu können. Daher geht es für sie nur darum, wie man es erreicht, geliebt zu werden, wie man liebenswert wird. Um zu diesem Ziel zu gelangen, schlagen sie verschiedene Wege ein. Der eine, besonders von Männern verfolgte Weg ist der, so erfolgreich, so mächtig und reich zu sein, wie es die eigene gesellschaftliche Stellung möglich macht.«

Wenn ein Mann auf diesem Weg vorzeitig das Ende erreicht, wenn er erkennen muß, daß er auf dem Markt der Liebe und der Lüste nicht mehr attraktiver werden kann, als er ist, wenn er überdies auch noch den geistigen Winterschlaf antritt, dann versiegen die Quellen seiner erotischen Kraft. Es ist die Stunde seiner Impotenz, der körperlichen vielleicht, der seelischen zumeist. Jetzt verwandelt sich seine Einstellung zur Liebe. Jetzt schwört er der Leidenschaft ab. Von nun an, spätestens, will er sein erotisches Schicksal kontrollieren können. Jetzt schleicht sich das Kalkül in sein Gemüt. Denn dieser Mann ist nun des Trostes und der Pflege bedürftig. Also begehrt er jetzt die Pflegerin. Und wenn er in dieser Etappe seines Lebens bereits gebunden ist, dann sucht er sie dort, wo er sie allzu oft und tief gekränkt vermißt – in der Frau, mit der er lebt, die ihm bereits alles gab, die längst auf dem Weg der Rebellion, nämlich auf dem Weg zu sich selbst ist.

Deshalb ist der beruflich erfolgreiche Mann (aber auch der an beruflichen Erfolgen Desinteressierte, der materiell genügsame Gelehrte, der nie gedruckte Poet, der reiche Bonvivant, der kultivierte Streuner, sogar der Clochard und der Hippie ohnehin) in der Regel der emotional großzügigere. Dem ungebeugt rastlosen Aufsteiger wie dem in ewiger Rast untätigen Krösus, die das weibliche Kalkül so gut kennen, weil es ihnen so häufig gilt, ist es überraschend oft gegeben, das Berechnende in den Frauen, die sie lieben, mit Verständnis und generöser Zärtlichkeit zu honorieren. Denn sie wissen, zumindest ahnen sie, daß die Liebe der Frauen dem Kalkül der Frauen verschwistert ist. Das Kalkül einer anziehenden Frau ist charmant und deshalb liebenswert. Anders als Dollarprinzessinnen und vermögende Witwen hegen reiche, erfolgverwöhnte, einflußreiche Männer selten den Verdacht, daß sie aus Habgier beansprucht und nicht um ihrer selbst willen geliebt werden. Von solchen Männern fühlen Frauen sich verstanden. Solche Männer bewohnen die Blütenträume in den Labyrinthen des weiblichen Kalküls.

Freilich gibt es auch die Männer, die mit der plumpen Demonstration ihres Wohlstands an das weibliche Kalkül appellieren: die immerbraunen Goldkettenträger in den Discos, die gemächlichen Sportwagenfahrer auf den Boulevards der Städte, die Schampusschlürfer auf den Achterdecks teurer Jachten an der Hafenmole. Aber auch diese Männer, die meisten jedenfalls, die das weibliche Kalkül als dümmlich und leicht verführbar voraussetzen, fühlen sich, wenn sie mit ihrer lauten Exposition Erfolg haben, um ihrer selbst willen begehrt.

Das Kalkül in der Liebe ist ein Phänomen, dem im christlich-abendländischen Kulturkreis kaum jemand entkommt, nicht als Objekt, nicht als Subjekt, nicht als Opfer, nicht als Täter. Es ist keineswegs eine Ausgeburt des Kapitalismus und dennoch ein höchst kapitalistischer Impuls. Als die »reine« Liebe noch kein gesellschaftlicher Imperativ war, in den Jahrtausenden vor der Französischen Revolution, war das Kalkül in der Liebe, sofern ihm Aufmerksamkeit geschenkt wurde, eine weithin gebilligte, allenfalls belächelte Regung. Bei Molière ist die Frau, die einen reichen Mann in die Falle ihrer Reize lockt, noch das Werkzeug gewinnsüchtiger Dunkelmänner. Bei der Partnerwahl war der berechnende Vorsatz noch das Kalkül der Eltern, die für ihre Kinder freiten. Erst das bürgerlich-romantische Liebesideal, das in der Morgenstunde des Hochkapitalismus geboren wurde, machte das Kalkül in der Liebe als Abweichung vom Ideal, somit als erotischen Sündenfall, dingfest. Erst der Kapitalismus verlieh dem Kalkül in der Liebe, zumindest dem materiell motivierten, Züge der Gefräßigkeit. Denn es ist seinen Errungenschaften entlarvend gemäß – der neuen Ideologie der Gewinnmaximierung, der freien Preisbildung zwischen Angebot und Nachfrage, dem Konkurrenzprinzip, der weithin bislang unbekannten Lohnarbeit und dem entstehenden Arbeitsmarkt, auf dem der Mensch gehandelt wird, ohne ein Sklave zu sein. Es war, als sei das Kalkül in der Liebe vom Kapitalismus wachgeküßt worden – das gewinnsüchtige Dornröschen vom Prinzen Profit.

Das vom bürgerlichen Konsens geschmähte Kalkül kann

dennoch und durchaus der Ursprung einer romantischen Liebe sein. Zwar sagt Erich Fromm: »Eine Liebe, die an keine Bedingungen geknüpft ist, entspricht einer tiefen Sehnsucht eines jeden menschlichen Wesens.« Aber er sagt auch: »Menschen, die unter unserem gegenwärtigen System zur Liebe fähig sind, bilden in jedem Fall die Ausnahme. Liebe ist zwangsweise eine Randerscheinung in der heutigen westlichen Gesellschaft.« Liebe, wohlverstanden, im Sinne des Ideals, so meint es Fromm. Und dann sagt er: »Wem die Liebe als einzige vernünftige Lösung des Problems der menschlichen Existenz am Herzen liegt, der muß zu dem Schluß kommen, daß in unserer Gesellschaftsstruktur wichtige und radikale Veränderungen vorgenommen werden müssen, wenn die Liebe zu einem gesellschaftlichen Phänomen werden und nicht eine höchst individuelle Randerscheinung bleiben soll.«

Das ist ethisch wie philosophisch sicherlich zwingend – ein praktisches Konzept ist es nicht. Wir leben jetzt. Wir lieben heute – schuldhaft vielleicht, mit den allzu willfährigen, verführbaren, abgezehrten Kräften unserer kapitalistisch korrumpierten Seele, die sich in Rivalitäten und Genüssen verbraucht. Wenn die Liebe die »einzig vernünftige Lösung des Problems der menschlichen Existenz« ist, dann können, dann wollen wir nicht fröstelnd darauf warten, daß eine ungewisse revolutionäre Macht in einer fernen, gläsernen Zukunft die Gesellschaft ändert, in der wir leben und die unser Schicksal ist: eine Macht, die wir nicht sein werden, die wir nicht einmal zu sehen vermögen. Wie viele lieblos gezeugte, herzlos empfangene Generationen müßten darüber vergehen? Gewiß sehnen wir uns nach einer »Liebe, die an keine Bedingungen geknüpft ist«. Doch dieses Sehnen nach der Vollkommenheit des Glücks ist in seiner Vergeblichkeit neurotisch. Vital ist allein die Wirklichkeit, kraftvoll ist allein die bedingte Liebe. Die vom Kalkül an Bedingungen geknüpfte Liebe ist unser Geschick, unabänderlich, nahezu unentrinnbar, nicht erst seit gestern. Das Kalkül in der Liebe hat breite soziale und tiefreichende historische Wurzeln. Es ist älter als der Kapitalismus. Es ist älter als das bürgerlich-romantische Liebesideal. Es ist mutmaßlich sogar älter als das trotz allem wunderbare, berauschende, durchdringende Gefühl, das wir Liebe nennen.

Das Kalkül in der Liebe hat, so scheint es, atavistische Wurzeln. Von der urzeitlichen Herkunft des auf Bequemlichkeit zielenden männlichen Kalküls zeugen die heute noch auf dem Erdball existierenden »primitiven« Völker: Bei den Agta auf den Philippinen und den Tiwi auf Melville, einer Insel vor der Küste Australiens, bei den Copper-Inuit und den Ainu gehen die Frauen auf die Jagd. Welcher unter ihnen gilt bei der Brautwahl wohl das Kalkül des Mannes? Natürlich jener mit den flinken Beinen und dem unverzagten Herzen. In beinahe allen »primitiven« Gesellschaften arbeiten die Frauen schwerer, länger und härter als die Männer. Bei den Nsaw in Kamerun roden die Männer neues Ackerland, außerdem helfen sie bei der Ernte. Doch das beschäftigt sie nur zwei Wochen im Jahr. In der übrigen Zeit des Jahres sitzen sie im Schatten, sprechen dem Palmwein zu und schwatzen. Und oft belachen sie eine Redewendung, die das Schicksal ihrer Frauen verspottet: »Ein Junggeselle«, sagen die Männer, »muß beinahe so schwer arbeiten wie eine Frau.« Welcher dieser Frauen gilt bei der Brautschau wohl das Kalkül der Männer? Logischerweise der stämmigen mit den kräftigen Händen und den breiten Schultern. Wir sehen: Der Pflegefall, der zivilisierte Mann, dessen Kalkül bei der Wahl einer Frau auf die eigene Bequemlichkeit zielt, hat viele unzivilisierte Brüder.

Und das weibliche Kalkül? Wie ich schon sagte: Es war/ist der unbefangene Pragmatismus der Frau unter der Herrschaft des Patriarchats. An Männerstammtischen hört man gelegentlich die von larmoyantem Gelächter untermalte Banalität, daß den Frauen ein berechnender Instinkt »angeboren« sei. Die Wahrheit ist, daß die Geschichte der menschlichen Evolution für eine genetische Bestimmung des weiblichen Kalküls keine Anhaltspunkte bietet.

Das Kalkül in der Liebe ist in den Registern der Evolution nicht verzeichnet. Als weibliches Fehlverhalten geistert es durch die literarischen Dokumente des Patriarchats. Doch historisch lassen sich seine Spuren schwer zurückverfolgen. In den meisten vorkapitalistischen Gesellschaften wurde den Frauen der besitzenden Stände das Recht auf freie Partnerwahl von den Eltern verwehrt. Ihr Kalkül konnte sich nicht entwickeln, jedenfalls nicht in Bezug auf die Wahl des Bräutigams. Es keimte, es verkümmerte womöglich, in der fahlen Unverbindlichkeit ihrer Träume. So blieb es historisch unauffällig. Desto schärfere Umrisse nahm es in den Lebensgeschichten jener Frauen an, denen die meisten Chronisten jede Wertschätzung versagten: Huren, Hetären, Kurtisanen, Konkubinen, Mätressen. Sie waren unter den Frauen des Patriarchats die freiesten. Im alten Rom, vornehmlich in der Phase seines Niedergangs, ließen sich Töchter wohlhabender Familien als Prostituierte registrieren, um diese Freiheit zu erringen. Welch ein Kalkül! Es war das Machtmittel der Ohnmächtigen gegen die Herrschaft der Männer, ein Kalkül übrigens, das noch immer vital ist. Auch die ungezählten, unauffällig zahlreichen Mätressen unserer Tage, ich werde noch auf sie zurückkommen, erstreben die Teilhabe am Wohlstand ihrer Gönner nicht gefesselt von der Ehe, nicht gegängelt durch männliche Bevormundung, durch Untugend souverän.

Das Kalkül der Frau wird noch immer von der Realität des Patriarchats herausgefordert. Manches hat sich in der abendländischen Zivilisation zwar geändert, Gesetze wurden reformiert. Geblieben ist zumindest ein verdeckter, gezügelter, gelegentlich geläuterter männlicher Anspruch auf Hegemonie. Betrachtet man die moderne Welt insgesamt, dann ist dieser Anspruch auch ökonomisch manifest. »Augenblicklich steht das ›männliche‹ Prinzip in der westlichen Welt, zunehmend auch in Afrika und weiten Teilen des Orients in voller Blüte«, schreibt die Amerikanerin Marilyn French in ihrem Buch »Jenseits der Macht«, das 1985 in New York erschien.

Im Jahre 1980 legte die International Labor Organization einer in Kopenhagen tagenden UNO-Frauenkonferenz die Ergebnisse ihrer Untersuchung über die Einkommensverhältnisse und den Arbeitsanteil der Frauen vor. Danach werden zwei Drittel aller auf der Welt geleisteten Arbeitsstunden von Frauen erbracht. Dennoch beträgt ihr Anteil am weltweiten Gesamteinkommen nur zehn Prozent. Und der Anteil der Frauen am weltweiten Privateigentum beläuft sich gerade auf einen Prozentpunkt.

Vor dem Hintergrund dieser Untersuchung ist das Kalkül der Frauen in der Liebe (»das Motiv der Hure«), selbst wenn es fern jeder erotischen Gefühlsregung auf den nackten materiellen Gewinn und die Teilhabe an männlicher Macht gerichtet ist, erschütternd plausibel. Diese Untersuchung erklärt die Virulenz des Kalküls auch im Leben jener Frauen, die nie von ihr gehört haben. Solche Untersuchungsresultate teilen sich ungelesen mit, wie die Opferzahlen eines fernen Krieges, vor dem man Auge und Ohr verschlossen hat. Frauen hatten in unabänderlicher ökonomischer Unmündigkeit lange darben müssen, bevor die Suffragetten, die frühen Frauenrechtlerinnen, vor 100 Jahren in London und Paris auf die Straße gingen.

»Ach Jugend!« seufzt in Theodor Fontanes gleichnamigem Roman die Kommerzienrätin Jenny Treibel, die durch eine reiche Heirat zu Wohlstand, Ansehen und Titel kam, während sie eine jugendliche Freundin über die »reine« Liebe belehrt. »Meine liebe Corinna, du weißt gar nicht, welch ein Schatz die Jugend ist und wie die reinen Gefühle, die noch kein rauher Hauch getrübt hat, doch unser Bestes sind und bleiben.«

»Ja«, antwortet Corinna, Tochter eines Gymnasialprofessors mit schmalem Einkommen, »die Jugend ist gut. Aber ›Kommerzienrätin‹ ist auch gut und eigentlich noch besser. Ich bin für einen Landauer und einen Garten um die Villa herum. Ich bin durchaus für Jugend, aber für Jugend mit Wohlleben und hübschen Gesellschaften.«

Fontane veröffentlichte seinen Roman 1892. Etwa zur gleichen Zeit schrieb der französische Schriftsteller Marcel Prévost (1862–1941) seine »Ratschläge für Junggesellen«. In diesem Buch gibt er sich die Identität einer Dame der Gesellschaft. Als falsche Frau warnt er einen heiratslustigen jungen Mann vor den Mädchen, die mit einem Jüngling von Stand und Vermögen vor den Traualtar treten wollen und ihn deshalb zu betören suchen:

»Plötzlich wird alles Lüge um ihn her. Die Eltern des jungen Mädchens lügen über ihre Geldmittel, über den Charakter ihres Kindes, über alles. Das junge Mädchen heuchelt Sitten, Gewohnheiten und Talente, aber was noch schlimmer ist: es heuchelt Liebe. Ich, eine Frau, die unsere gebräuchlichen Täuschungskünste kennt, bin starr, wenn ich die modernen Persönchen bei ihrer ›Brautarbeit‹ manövrieren sehe. Mögen sie nun frei oder zurückhaltend sein – alle lügen. Die unschuldige Sprache, die schamhafte Empörung der einen ist gerade so gemacht wie die Ungeniertheit und halbe Hingabe der anderen. Wenn ein junges Mädchen über den Kuß, den Sie ihm rauben, in Tränen ausbricht – trauen Sie ihm nicht! Wenn ein junges Mädchen bei dem gleichen Kuß plötzlich von unerhörter Glückseligkeit betäubt scheint – trauen Sie ihm ebensowenig.«

Das materiell motivierte Kalkül der Frauen, von dem Preußen Fontane parodiert und dem Franzosen Prévost verächtlich gemacht, wurde durch ihre Bücher nicht entmutigt. Im Gegenteil: Es erstarkte geradezu an lyrischen Anschuldigungen dieser Art. Sie waren für das Wachstum des weiblichen Kalküls kraftspendend. Nicht nur als unbeabsichtigte Unterweisung in den Ränken begünstigte die moralisierende Literatur das weibliche Kalkül, sondern mehr noch als ungewollter Fingerzeig auf die ohne Kalkül, ohne Schläue nicht zu überwindende Unterlegenheit der Frauen. Die literarische Denunziation erinnerte das weibliche Publikum unabsichtlich an seine hedonistischen Machtmittel – die »Waffen der Frau«.

Das weibliche Kalkül ist, unterschwellig in der Frauenpsyche wirkend, schamhaft verschwiegen, auf die Erinnerung an eine erfahrene oder die Bedrohung durch eine mögliche Armut zentriert. Es stand/es steht gegen das häßliche Gespenst der Frauenarmut, das die Horizonte weiblicher Weltsicht verdunkelt. Um vor diesem Gespenst zu erschrecken, mußten die Frauen der viktorianischen Epoche selbst keineswegs arm sein. Sie lasen keine sozialdemokratischen Zeitungen und wußten dennoch, daß die Armut der Frauen, verglichen mit der Bedürftigkeit der Männer, überall die erbärmlichere war. Sie mieden die Gängeviertel ihrer Städte, die Vorhöfe der Fabriken ihrer Männer, die Werkstätten in den Hinterzimmern der Modesalons, deren Kundinnen sie waren, und wußten es trotzdem. Der Bericht eines unbekannten Zeitgenossen Fontanes über das Schicksal englischer Näherinnen in der Mitte des neunzehnten Jahrhunderts wurde in den Boudoirs nicht gelesen. Doch seine ungelesene, unzitierte, lästige Botschaft war aufdringlich wie ein Gerücht:

»Während der fashionablen Saison, die etwa vier Monate dauert, sind die Arbeitsstunden täglich fünfzehn, achtzehn; in den meisten Läden wird ohne feste Zeitbestimmung gearbeitet, so daß die Mädchen nie mehr als sechs, oft nur drei oder vier, ja zuweilen nur zwei Stunden zum Schlaf frei haben. Diese Näherinnen leben in kleinen Dachstübchen im größten Elende, wo sich ihrer so viele in einem Zimmer zusammendrängen, als der Raum nur eben erlaubt, und wo im Winter die animalische Wärme der Anwesenden das einzige Heizungsmittel ist.« Und: »Diese unglücklichen Mädchen werden durch die moralische Sklavenpeitsche – die Drohung der Entlassung – in einer so anhaltenden und unablässigen Arbeit erhalten, wie sie kein starker Mann, geschweige denn zarte Mädchen von 14 bis 20 Jahren ertragen können.«

Das war vor mehr als hundert Jahren. Heute leben die meisten Menschen in den USA, in einigen Ländern Asiens und den meisten Westeuropas in einem Wohlstand, den die übrige Welt entbehrt und der damals unvorstellbar war. Man fragt sich, weshalb das materiell motivierte Kalkül der Frauen in diesen Ländern fortlebt, in Gesellschaften, die den Frauen bei vergleichbarer Arbeit den gleichen Lohn wie den Männern, den gleichen Urlaubsanspruch, weitgehend gleiche Chancen im Beruf, das gleiche Recht auf Freizeit, Mutterschutz, das Recht auf Erwerb und Besitz von Vermögen, den zivilrechtlichen Anspruch auf Ehescheidung, also Chancengleichheit garantieren. Weshalb suchen auch akademisch ausgebildete, beruflich aufgestiegene Frauen, deren Zahl immer noch wächst, so oft einen Mann, der sie nach Einkommen und Einfluß überragt? Zumindest sie haben die feministische Parole doch verstanden, daß die befreite Frau sich nicht über den Mann definieren soll.

Hat das materiell erpichte weibliche Kalkül, als es längst nicht mehr aus den Quellen des Elends und der Ungleichheit gespeist wurde, eine spezifische Dimension angenommen? Die Autonomie der Gewohnheit? Fatalistische Bestimmtheit? Wie ist das weltweite Prestige einer Ivana Trump zu erklären, einer Fürstin von Thurn und Taxis, in bescheidenen Verhältnissen geborener Frauen, die über die Ehe mit einem Mann zu den reichsten der Welt aufstiegen? Gewiß, sie personifizieren das moderne Dornröschen. Aber sind sie nicht auch Symbolgestalten einer schleichend sich etablierenden, zögernd verklärten Allgemeingesetzlichkeit des Kalküls in der Liebe?

In den reichen Nationen, in denen folgerichtig mehr reiche Männer leben als anderswo, ist das vom Kalkül gesteuerte Trachten der Frauen einer vergleichsweise stärkeren, massiver in die Breite wirkenden Versuchung ausgesetzt. In armen Gesellschaften ist der betuchte Junggeselle seiner potentiellen bedürftigen Anbeterin gewöhnlich weit entrückt. In den Ländern Westeuropas jedoch wird das materiell bedingte weibliche Kalkül, so mag man denken, durch die verführerische Nachbarschaft des Reichtums herausgefordert. Hier lebt der Reiche nicht in einem ummauerten Schloß, in einer durch dürre Savannen distanzierten Hazienda oder einem martialisch bewachten Präsidentenpalast, sondern vielfach gleich nebenan.

So mag man denken.

Doch die Gründe für die elementare Vitalität des weiblichen Kalküls in den westlichen Gesellschaften sind mehrdeutig. Not und Bedürftigkeit gibt es auch in reichen Ländern. Dort sind sie zumeist schamhaft versteckt, aber deutlich genug, um bedrohliche Signale zu senden. Auch in den wohlhabenden Ländern ist die Armut der Frauen vielfach wesentlich bedrohlicher als die der Männer. Es mag sein, daß gut verdienende oder komfortabel verheiratete Frauen dies nicht wissen. Die Furcht vor dem Absturz in ein ungewisses und trotzdem erahntes Elend erreicht sie dennoch. Denn diese Furcht ist kollektiv; sie nistet in der Fülle historischer Erfahrungen und sozial wie kulturell genährter Ahnungen.

In Deutschland und den USA gehören Familien mit weiblichen Familienvorständen zu den ärmsten im Lande. Sie sind dreimal ärmer als Familien mit männlichen Familienvorständen. In der alten Bundesrepublik Deutschland hatte 1985 ein Drittel aller allein erziehenden Mütter ein monatliches Nettoeinkommen von unter 1200 Mark. In den östlich der Elbe gelegenen Ländern des wiedervereinigten Deutschland ist dieser Anteil noch erheblich größer. 46 Prozent aller erwerbstätigen Frauen und 43 Prozent aller alleinlebenden Frauen über 65 hatten in der alten Bundesrepublik 1987 ein monatliches Nettoeinkommen von weniger als 1200 Mark. Anders als in den USA (wo 40 Millionen Menschen unterhalb der Armutsgrenze leben) wurde die Armutsgrenze in Deutschland nie definiert. In dem Bemühen, das Phänomen der Armut kosmetisch zu verdrängen, spricht man in Deutschland vom »Existenzminimum« und meint damit die Höhe der aus Sachleistungen und Wohlfahrtsgeldern geknüpften Sozialhilfe. Sie liegt im Schnitt bei 1200 Mark im Monat.

Von der gesetzlich garantierten Chancengleichheit profitiert am ehesten die junge kinderlose Frau. Im Alter sind die Frauen in der Mehrzahl mittellos. Von den verarmten Menschen im Rentenalter kommen in Deutschland drei Frauen auf einen Mann. Das weiß auch die junge Frau, die im Mann nicht nur den Partner, sondern den Erlöser sucht und deren heimliches Kalkül auf die Vermeidung dieses Schicksals zielt. Selbst wenn sie keine Großmutter im Altersheim und keine Wohnungsnachbarin hat, die sich ihrer Armut schämt, selbst wenn sie die Frauenarmut nur aus dem Fernsehen kennt oder aus Zeitungsberichten über die Dritte Welt, selbst wenn die Armut in solchen Reportagen exotisch, fern, sogar pittoresk erscheint, fühlt sich die junge Frau von ihr bedroht.

»Das Problem, daß viele Frauen in männerbeherrschten Gesellschaften in Hunger und Armut leben«, schreibt die amerikanische Friedensforscherin Riane Eisler in ihrem Buch »Von der Herrschaft zur Partnerschaft« (1987), »hat noch erheblich tiefere Wurzeln. Es beschränkt sich keineswegs auf Familien, denen Frauen vorstehen, sondern ist integraler Bestandteil einer Familienstruktur, in der der männliche Haushaltsvorstand über die gesellschaftlich sanktionierte Macht verfügt, darüber zu bestimmen, wie die Ressourcen verteilt werden und wofür das Geld ausgegeben wird.«

In Indien und Afrika, in den engen, spannungsgeladenen Flüchtlingslagern dieser Welt, in allen tropischen Armutsregionen, in denen Millionen an Unterernährung leiden, sind die Frauen und ihre Kinder die Ärmsten der Armen. Und wenn irgendwo in der Welt, auch in der wohlhabenden, Arbeitslosigkeit grassiert, dann verlieren vor allem die Frauen ihren Job. Staatliche Unterstützung jedoch, Spenden oder die Gelder der Wohlfahrtsinstitute kommen in erster Linie Männern zugute. Als die amerikanische Regierung in den siebziger und achtziger Jahren dieses Jahrhunderts zur Bekämpfung der Arbeitslosigkeit Beschäftigungsprogramme ins Leben rief, profitierten davon die Bauwirtschaft und der Straßenbau, Branchen also, in denen weibliche Arbeitskräfte eine bestaunte

Rarität sind. In den Entwicklungsländern werden Kredite, Subventionen und Spenden an Männer ausgezahlt. Diese Männer geben die Gelder an Männer weiter. Und wenn die Gelder unterschlagen werden oder im Sumpf der Korruption versikkern, dann sind es Männer, die davon profitieren. Unbeachtet, ungewürdigt bleibt, daß der größte Teil aller Nahrungsmittel in den Agrarstaaten der Dritten Welt von Frauen erwirtschaftet wird. Doch an der Verteilung von Spenden werden sie nicht beteiligt.

Die Gelder werden den Männern anvertraut, weil sie als Ernährer ihrer Familien gelten. Diesen Status genießen sie in den Schwellenländern und der Dritten Welt ohnehin, aber auch immer noch bei uns. Doch werden zu viele Männer dieser Rolle nicht gerecht, gerade dort nicht, wo den Frauen der Zugang zum Beruf erheblich erschwert, wenn nicht gar verwehrt ist. In den lateinamerikanischen Ländern, besonders in Mexiko und Brasilien, ist die Geliebte eines Mannes sehr oft besser versorgt als die Ehefrau, der die Ernährung und die Pflege der Kinder obliegt. In den ärmsten Ländern Asiens, in denen die Ehescheidung gesetzlich nicht geregelt oder ein Privileg des Mannes ist, verstoßen ehemüde Männer ihre Frauen und zwingen sie damit an den Bettelstab. In allen christlichen Gesellschaften gibt es Männer, die ihre Frauen über die Höhe ihrer Einkünfte im unklaren lassen, weil sie den verheimlichten Überschuß ihrem eigenen Vergnügen vorbehalten, wo immer sie es finden mögen: am Spieltisch, im Bordell, beim Sport oder sonst irgendwo. In den USA versäumt jeder zweite geschiedene Mann seine vom Scheidungsrichter verfügten Zahlungspflichten gegenüber der früheren Ehefrau und den Kindern. Und in Deutschland liegen die Unterhaltszahlungen in den meisten Fällen noch unter dem Sozialhilfesatz.

Hier geht es nicht um das Charakterbild des Mannes, sondern um Irrungen im Patriarchat, um Häresien an seinem Ethos, mit dem sich die Männer gegenüber den Frauen eine

Fürsorgepflicht auferlegten – oder anmaßten. Sie wird von den meisten Männern sicherlich eingelöst, aber eben von vielen auch vernachlässigt. Hier geht es um das Wurzelgeflecht des weiblichen Kalküls in der Wohlstandswelt, um die Frage, weshalb es nicht abstirbt, weshalb es noch immer Nahrung findet und ungehindert sprießt. Der Wohlstand unserer patriarchalischen Gesellschaft kann das gewinnorientierte Kalkül des weiblichen Individuums nicht entmachten und seine Triebkraft nicht schwächen, weil sich das Patriarchat nie so unvorteilhaft zu erkennen gab wie in dieser Gesellschaft. Zwar schuf es nirgends sonst und niemals zuvor soviel gesetzlich verankerte Gleichstellung, so viele Denkmäler chevaleresker Tugend. Doch an diesen Denkmälern wird der Mann nun gemessen. Dabei erweist sich, daß er niemals zuvor so viele Möglichkeiten hatte, seiner über Jahrtausende tradierten Pflicht zu entfliehen. Das juristische hat das ethische Gesetz durchlöchert.

Der Machismo des Mannes gleichauf mit seiner Mißachtung männlicher Tugenden wurde öffentlich. Niemals zuvor wurde den Frauen die Anmaßung des Patriarchats so provozierend vor Augen geführt, wurden seine privaten Deformationen so schamlos deutlich. Deshalb hat die patriarchalische Wohlstandsgesellschaft das Kalkül der Frauen nicht obsolet gemacht, sondern virulent werden lassen.

Hilfsgelder können erst veruntreut werden, seit die Welt begann, sie zu spenden. Unterhaltszahlungen können erst versäumt werden, seit das Gesetz sie erzwang. Chancengleichheit kann den Frauen erst verweigert werden, seit sie proklamiert wurde. Das von seiner alttestamentarischen Basis gehobene Patriarchat entwickelte sich eindrucksvoll abstoßend, als es sich zu läutern begann. Angesichts dessen hat das gewinnorientierte weibliche Kalkül als Waffe der Frauen gegen das Übergewicht des Patriarchats seine Unschuld verloren. Es ist nicht mehr naiv, nicht mehr treuherzig, nicht mehr kindhaft. Es hat sich mit Willenskraft und Magie aufgeladen. Sein Charme wurde erwachsen.

Frauen sind – manchmal auf eine diffuse Weise – Wissende: Sie kennen den pflichtvergessenen Ehemann, auch wenn an ihrem Tisch ein gewissenhafter sitzt. Sie sehen die Frauenarmut im eigenen Land, auch wenn sie weggucken. Sie kennen, mindestens ahnen sie, die Not der Frauen in der Dritten Welt. Sie sind auch dann im Bilde, wenn sie den Fernseher abschalten, die Zeitung wegwerfen, die Statistiken überlesen und schaudernd über allem die Augen verschließen. Frauen wittern die Bedrohung ihrer und der Existenz ihrer geborenen oder erhofften Kinder mit dem Instinkt einer trächtigen Wölfin. Das Mütterliche in den Frauen ist naturbedingt wissend, selbst dann, wenn sie nichts wissen; das ungewußte Wissen nistet, und es nimmt Einfluß auf ihr Kalkül bei der Partnerwahl.

Mehr noch als das Elend ihrer Geschlechtsgenossinnen aber schreckt sie das Stundenglas ihrer kurzen Jugend. Das erotische Leben vieler Frauen, vornehmlich jener aus der Unterschicht, ist auf einen Zwischenakt von wenig mehr als drei Jahrzehnten beschränkt, auf den Lebenszyklus zwischen der Menarche und der Menopause. In dieser Frist muß ihnen, wenn sie der Frauenarmut im Alter vorbeugen wollen, eine Karriere gelingen – oder der Aufstieg in der Gnade eines Mannes. Die Chance, einen begüterten Mann zu heiraten, vergeht früh. Frauen leben, statistisch gesehen, sieben Jahre länger als Männer, doch manch eine stirbt, erotisch gesehen, zehn Jahre früher. Manche Frauen, schöne vor allem, verkümmern zusehends, sobald das Auge der Umwelt sie nicht mehr spiegelt. Aber auch wenn sie nichts von ihrer geistigen Vitalität verlieren, sogar wenn sie erotisch überdauern, sind sie für einen Mann von Stand und Einkommen nur noch ausnahmsweise eine potentielle Partnerin. Reiche, mächtige, prominente Männer suchen, wenn sie in die Jahre kommen, die Nymphe, die ihren Altmännertraum belebt und ihrer Eitelkeit wohltut. Jede Zeitungsnotiz über eine Verbindung dieser Art ist ein Appell an die junge, attraktive, beruflich chancenlose Frau, sich beizeiten komfortabel zu versorgen.

Schafft sie das nicht, kann sie Anwältin, Ärztin, Unternehmerin oder Filmstar nicht werden, dann erwartet sie ein Alter der Entbehrung. Da das Rentenrecht in Deutschland ein Lohnersatzsystem ist und Frauen als Mütter ihrer Kinder die Berufsarbeit jahrelang unterbrechen müssen, bekommen sie im Alter vergleichsweise geringe Renten. Während die Versichertenrente bei Männern am 1. Januar 1989 im statistischen Schnitt 1569 Mark betrug (bei durchschnittlich 38 Versicherungsjahren), belief sie sich bei Frauen auf 660 Mark (bei durchschnittlich 22 Versicherungsjahren). Aus der Arbeiterrentenversicherung versorgte Frauen erhielten am selben Stichtag sogar nur 515 Mark im Monat.

In der Öffentlichkeit der abendländischen Wohlstandsgesellschaft haben die alten, verarmten Frauen keine Bühne mehr, in den Cafés, den Cocktailbars, den Restaurants keinen Tisch, in den Theatern, den Kinos, den Cabarets keinen Stuhl, auf den Plätzen, den Märkten, den Boulevards kein Arkadien für ihre getrübten Sinne, in den Galerien, den Passagen, den Ladenzeilen keine Ufer der Zuversicht, allenfalls in den Grünanlagen einen Kiesweg und eine Bank. Es ist, als wären sie längst gestorben, obwohl sie noch so lange leben. Wir sehen diese armen Frauen selten; sie entgleiten unserer Wahrnehmung. Wir sehen sie so selten, weil sie ihre viel zu kleinen, schlecht geheizten, mühsam zugänglichen Wohnungen in den Quartieren des sozialen Abstiegs oder ihre Wartezellen im Altersheim kaum noch verlassen. Denn Armut bedeutet nicht nur schlechte Ernährung, gedrosselte Heizung und geflickte Kleidung. Armut bedeutet vor allem Scham und Isolation.

Die genierlich vor der Welt versteckte Armut der Frauen im Alter ist dennoch ein Menetekel für die jungen. In Deutschland arbeiten neunzig Prozent aller erwerbstätigen Frauen in den zwölf klassischen Frauenberufen: Sie sind Verkäuferinnen, Friseurinnen, Krankenschwestern, Fabrikarbeiterinnen, Arzthelferinnen, Hausangestellte, Putzfrauen, Kellnerinnen,

Schneiderinnen, Büroangestellte, Stenotypistinnen, Kindergärtnerinnen – und dann gibt es noch den dreizehnten ehrwürdigen Frauenberuf, den der Hure. Ihnen allen droht die Frauenarmut im Alter. Die Drohung erreicht sie früh; sie stiehlt sich in die Hoffnung ihrer Jugend, sie durchmißt die Welt ihrer Arbeit, sogar in den Diskotheken und den Nachtschichten der Erotik ist sie nicht fern. Sie ist allgegenwärtig. Dagegen steht allein das Kalkül bei der Partnerwahl, die Chance der Chancenlosen.

In den Jahren der Pubertät und danach, wenn einem Mädchen schwant, daß es ein sexuelles Wesen ist, erschafft es sich in einem jungen Mann seiner Umgebung ein Idol. Der ist mit großer Wahrscheinlichkeit nicht reich – und ist es dennoch. Er ist reich, weil er in den entflammten Augen des Mädchens schön, stark und das Versprechen des Glücks ist. Beim erstenmal in ihrem Leben liebt die Frau das nackte Geschöpf Gottes.

In den Träumen des verliebten, verwirrten, aufgewühlten Mädchens ist der junge Mann ein Erretter, ein Befreier, ein Engel des Lichts, der Schutz, Geborgenheit und sinnliche Affekte spendet. Die noch unfertige Frau »hat das Gefühl«, wie Simone de Beauvoir es beschrieb, »daß der große Lebensstrom sie unter seinen Liebkosungen mitnehmen wird wie zu der Zeit, da sie im Schoß der Mutter ruhte. Seiner milden Autorität anheimgegeben, wird sie dieselbe Sicherheit wie in den Armen ihres Vaters wiederfinden«.

Später, wenn aus dem Mädchen eine Frau wird, wenn es als Frau die Geliebte eines Mannes wird, bekommt die männliche Gloriole in erfahrungsbedingten Zyklen Schrammen und Kontur. Anfangs sind es noch die Schönheit und die physische Überlegenheit des jungen Mannes, seine erotische Faszination, seine Sinnlichkeit, Eigenschaften, die das geblendete Mädchen an ihm wahrzunehmen meint, die ihrem Geliebten Prestige verleihen. Doch irgendwann, mitunter schon beim ersten, manchmal erst beim zweiten oder dritten Verliebtsein, durchtrennt die junge Frau die Aura des Geliebten mit ihrem schärfer gewordenen Blick. Vielleicht wurde ihr der erste Trennungsschmerz zugefügt. Vielleicht hat sie nur die fahle Wehmut einer ersten Ernüchterung erleiden müssen, weil ihr der Geliebte als unvollkommener, fehlbarer Mensch deutlich wurde. Doch die Woge ihrer jungfräulichen Gläubigkeit ist gebrochen und trägt sie nun nicht mehr. Von nun an ist sie verletzlich.

Ist das die Stunde des Kalküls?

Etwa zu dieser Zeit treten auch die materiellen Realitäten des Lebens in das Bewußtsein der jungen Frau. Auf die eine oder andere Weise erfährt sie, daß ihre Existenz gefährdet ist. Ungewollt, unbewußt beginnt sie, ihre potentiellen Liebespartner nach veränderten Kriterien zu vergleichen. Und wenn ihr die ungeschmückte, durch keinerlei Auffälligkeit gerahmte Schönheit eines Mannes nicht mehr genügt, wenn sie die Aureole männlicher Überlegenheit bezweifelt, wenn sie die Fehlbarkeit des männlichen Wesens bereits erfahren und Zärtlichkeit, Güte, Empfindsamkeit und Solidarität in einem Geliebten bereits entbehrt hat, wenn sie beginnt, nach einer Überlegenheit Ausschau zu halten, die sich nicht durch die Sprache der Augen, sondern durch die Symbole der Macht zu erkennen gibt, dann schlägt ihr die Stunde des Kalküls. Ihre Bereitschaft zur Liebe ist ungebrochen, doch der Mann, der sie entzündet, ist fortan ein anderer.

Jetzt besetzt das Kalkül die Checkliste männlicher Wesensmerkmale, die eine junge Frau im Kopf hat und an der sie das Erscheinungsbild eines möglichen Geliebten abfragt: Augenschnitt? Mienenspiel? Haarfarbe? Haltung? Figur? Jetzt also auch: Habitus? Status? Bildung? Besitz? Der junge Mann wird an den Verheißungen gemessen, die er ausstrahlt. Ist er imstande, den Himmel zu stürmen und die Sterne zu verschenken? Schön und stark soll er immer noch sein. Doch nun muß er zudem über einigen Wohlstand verfügen und ein gewisses Ansehen genießen. Zumindest muß er Anlaß zu der Hoffnung geben, daß er beides erwerben wird. Und wenn er über solche Privilegien verfügt, so schön, so stark aber nicht ist, dann beginnt die junge Frau eine Schönheit wahrzunehmen, die sie früher übersah: Diese Schönheit hat mit Ebenmaß weniger zu tun; sie ist eher menschlich fundamental, aufblühend aus männlicher Gewichtigkeit, eindrucksvoll durch Selbstachtung und Noblesse. Das soeben geweckte Kalkül der jungen Frau bedeutet keine Konzession an ihren Geschmack, wohl aber eine kritische Kontrolle ihrer geschmacklichen Impulse – eine Diät ihres Verlangens.

Nun ist es erst recht so, daß sie bei dem Mann, den sie liebt, weil sie ihn lieben kann, die »Sicherheit wie in den Armen ihres Vaters wiederfinden« will. Diese Sehnsucht, dieses elementare Begehren verdeutlicht sich jetzt als Hoffnung auf Wachstum und Gedeihlichkeit. Erstmals in ihrem Leben will die junge Frau, wie zuvor schon gesagt, einen Zipfel vom Mantel der Macht ihres künftigen Partners. Jetzt will sie nicht mehr nur den Mann, das erotische Wesen, die andere Hälfte ihres getrennten Seins, jetzt will sie auch seine Aura – einen goldenen Flimmer aus seinem Strahlenkranz.

Macht? Kluge Frauen leugnen nicht das Kalkül. Aber Macht? Die meisten Frauen bestreiten ihr Interesse an der Macht mit der Beharrlichkeit von Politikern, die auch immer sagen, die Institution der Macht bedeute ihnen nichts. Doch was ist Macht? Sie ist nicht zwangsläufig Herrschaft. Ich verweise auf die relative Macht der Frauen: Mit ihrer Schönheit, ihrem Charme, ihrer Klugheit nehmen sie Einfluß auf die Entscheidungen von Männern. Diese Macht ist den Frauen wohlbewußt. Auch die erst jüngst erkämpfte Freiheit der Frauen, über sich selbst zu bestimmen, ihre Verfügungsgewalt über den eigenen Körper und die eigene Sexualität, sind weibliche Macht. Doch läßt sich diese Macht allein aus sich selbst heraus selten institutionalisieren und in gesellschaftliche Autorität umsetzen. Autorität ist die höhere Stufe und eine spezifische Form der Macht. Intelligente, leidenschaftliche, dem Leben zugewandte, von Hoffnungen beseelte Frauen wollen Autorität. Sie erlangen sie mit Hilfe eines mühsamen beruflichen Aufstiegs, der ihre vorgenannten Machtmittel nur partiell voraussetzt – oder durch die Verbindung mit einem Mann, den ebendiese Machtmittel betören. Das Streben der Frau nach Teilhabe an der Macht eines Mannes gilt der Autorität seines Geschlechts und der Machtfülle seiner – in aller ehelichen Regel – überlegenen sozialen Stellung, wie relativ, wie hoch oder niedrig sie auch sein mag.

Mao Tse-tungs Witwe Tschiang Tsching, einst eine mittellose Schauspielerin, die 1981 von Maos Nachfolgern zum Tode verurteilt wurde, schrieb in ihrem berühmt gewordenen Epigramm: »Im Anfang ist Sex angenehm, aber was auf lange Sicht das Interesse wachhält, ist Macht.« Man könnte auch sagen: Macht belebt die Erotik.

Ich habe nachzuweisen versucht, daß das Kalkül in der Liebe unser Schicksal ist. Wie immer es dazu kommt, daß es unsere Sehnsucht besetzt, in unsere Witterung gelangt, unsere Liebespraktik reglementiert, unsere Wünsche färbt und unsere Unschuld verdunkelt, wie stark oder schwach, wie klar- oder kurzsichtig, wie beherrschend oder belanglos es auch immer ist – wir entkommen ihm nicht. Auf die Wechselwirkungen zwischen der Liebe und dem Kapitalismus, der das erotische Kalkül zwar nicht hervorrief, ohne Zweifel jedoch bestärkte, komme ich an anderer Stelle zurück. Vielleicht ist das Kalkül so alt wie die biologische Gewißheit, daß der Mann an der menschlichen Fortpflanzung einen elementaren Anteil hat. Feministische Geschichtstheorien beteuern, diese Erkenntnis sei erst zehntausend Jahre alt. Vielleicht kam das Kalkül in der Liebe auf, als die Fruchtbarkeit der Frau und die Zeugungskraft des Mannes durch die neue Einsicht zu Reizmustern der menschlichen Paarung wurden. Jedenfalls ist das Kalkül in der Liebe atavistisch, also kein Symptom gesellschaftlicher Dekadenz.

Der Schweizer Psychiater C. G. Jung (1875–1961), der den Begriff des »kollektiven Unbewußten« in die Psychotherapie einführte, aber auch Sigmund Freud (1856–1939), der das Unbewußte als Humus der Triebe lokalisierte, waren davon überzeugt, daß der Mensch über ein genetisch vererbtes historisches Gedächtnis verfügt. Die moderne Vererbungslehre kennt den Begriff der »genetischen Flexibilität«. Er bezeichnet die Fähigkeit einer Spezies, auf äußere Einflüsse mit der Vermehrung angepaßter Genotypen zu reagieren. Der »Genotyp« umschließt die Summe aller genetischen Informationen, die in den Genen eines Organismus gespeichert sind. Vielleicht hat die jahrtausendealte Bedrohung der Frau durch das Patriarchat die Genotypen des »schwachen Geschlechts« zur Anpassung gezwungen. Vielleicht ist das Kalkül in der Liebe, wenigstens das der Frau, eine genetisch verfestigte Reaktion.

Den Kategorien des Erlaubten oder Verbotenen läßt es sich jedenfalls nicht zuordnen, dagegen ließe es sich einfach als ewig existent akzeptieren. Akzeptieren wir es also. Die Anerkennung des Kalküls wird manchen unserer erotischen Entschlüsse erleichtern, seien sie bejahend oder verneinend. Wir werden bewußter, um nicht zu sagen intelligenter und damit vielleicht auch erfüllter lieben. Wir werden uns seltener enttäuscht erleben. Man könnte einwenden, daß die Anerkennung des Kalküls in der Liebe die Skepsis vermehrt, die ihr entgegensteht. Doch die Skepsis gegenüber der Liebe hat ihr frostiges, larmoyantes, schlecht gelauntes Nein zur Liebe längst gesagt. Die Skepsis ist ein Geschöpf des Verdachts, nicht der Gewißheit.

Vor 150 Jahren ließ der französische Schriftsteller Alexandre Dumas fils (1824–1895) seine »Kameliendame« deren jüngere Freundin Michelle belehren: »Verliebe dich so oft du willst, aber der Mann, den man heiratet, der muß sehr, sehr reich sein.« Doch Dumas respektierte die geltende Liebesmoral und blieb ihr den Tribut nicht schuldig: Die Kameliendame verband sich am Ende selbst mit einem armen Mann, verließ ihn jedoch und starb einsam.

Ein Kinowerbespot dagegen, mit dem das deutsche Zahlenlotto im Frühjahr 1991 um Kundschaft warb, setzte sich über die Gebote dieser Moral so unverblümt hinweg, als hätte sie unsere Zivilisation nie beherrscht: In diesem Spot werden dem Publikum sechs höchst attraktive Frauen gezeigt, während ein Moderator grinsend erklärt: »Wenn Sie nur eine dieser Damen für sich gewinnen wollen, kommen Sie ohne sechs Richtige sowieso nicht aus!«

Daß mächtige, reiche Männer schöne Frauen und schöne Frauen mächtige, reiche Männer heiraten, wird in den Klatschspalten der Boulevardpresse glamourös in Szene gesetzt. Über die emotionale Verfassung dieser Menschen geben solche Berichte selten Auskunft. Die intimen Ereignisse, die zu einer Geldheirat führen, werden selten mitgeteilt, bisweilen aber hämisch insinuiert: Es scheint auf der Hand zu liegen, daß die Liebe zwischen schön und reich keine wirkliche Liebe sein kann. Die landläufige Deutung, derzufolge weibliche Habgier und männliche Eitelkeit die Ehe eingingen, macht dem Mann auf der Straße das Ereignis faßbar. Mehr: Sie macht ihm das Ereignis erträglich.

Die Liebe zwischen schön und reich ist kein Phänomen nur unserer Zeit und dennoch eine in aller Verstohlenheit greller gewordene gesellschaftliche Wirklichkeit. Es scheint, als käme Aschenputtels Erwählung durch den Prinzen Krösus mit marktgesetzlicher Zwangsläufigkeit zustande. Demgemäß häufig begegnen wir vorteilhaft verheirateten Frauen, die an der geschwätzigen Niedertracht leiden, mit der ihre Ehemotive diffamiert werden. Bisweilen leiden diese Frauen auch an sich selbst. Da das herrschende Ideal die bedingungslose Liebe vorschreibt, haben Frauen, deren Liebesglück einem bedingten Vorsatz entsproß, mitunter Schuldgefühle gegenüber ihren, wie sie glauben, ahnungslosen Männern. Der moralisch unziemlichen Geldheirat folgte die seelisch unbekömmliche Gewissensnot. In den USA gibt es bereits Psychologen, die sich darauf spezialisiert haben, solche Neurosen zu behandeln. Sie werden ihren Patientinnen sagen, daß nur das uneingestandene, deshalb beschämende Kalkül einen Kater erzeugt – wie der Wein, an dem sich in der Fastenwoche ein Mönch berauscht.

Und die zahllosen Frauen, die keinen reichen, keinen Mann mit hohem Sozialprestige, keinen Mann »über sich« geheiratet haben, sondern einen desselben Milieus, einen der eigenen Klasse? Gehorchten sie keinem Kalkül? Möglich, besonders wenn er eine frühe Liebe war. Auch unsere Zivilisation kennt eine Minderheit von Frauen, die sich in der Liebe allein von romantischen Impulsen leiten lassen. Doch in den meisten Fällen war auch die Liebe jener Frauen, die auf gleicher sozialer Ebene oder »nach unten« heirateten, der Erfolg eines pragmatischen Impulses, nämlich ihres Kalküls in der Liebe. Das Kalkül dieser Frauen zielte auf den einsichtigen Kompromiß zwischen dem Mann, von dem sie träumten, und dem Mann, der ihren Talenten, ihrer Anziehungskraft, ihrer Geduld und ihrem Selbstbehauptungswillen gemäß war. Wie ein kluger, dem Feinde aber unterlegener General haben sie irgendwann ihre Truppen gezählt und das Schlachtfeld geräumt.

Liebe ist ihre Liebe dennoch.

4. Kapitel

Geliebter Millionär
Reportage

Wenn ich mich in die Gefühle der jungen Frau versetze, die vor dem Münchner Hotel Vier Jahreszeiten aus dem Taxi stieg, um einen ihr unbekannten Millionär aufzusuchen (der in Wirklichkeit gar kein Millionär war), wenn ich mir vorstelle, wie sie mit einem Schritt, der von ihrer klammen Ergriffenheit gebremst war, unter einer gedämpft schimmernden Lichtdecke durch die Hotelhalle ging, an würdigen Herren und betörend glitzernden Damen vorüber, deren Stimmen vom Flor des Teppichs geschluckt wurden, wenn ich mir ausmale, welche Mühe es sie gekostet hat, ihre Beklommenheit zu bezwingen und auf den Portier zuzutreten, der sie mit einer hochgezogenen Augenbraue musterte, wenn mir bewußt wird, welches Ausmaß an herzklopfender Angst ich verursacht, welchen Aufwand an Entschlossenheit ich angestiftet und welche Hoffnungsblitze ich gezündet habe, dann erschrecke ich noch heute. Ich erschrecke voller Mitgefühl.

Denn der Millionär, den die junge Frau in der Intimität seiner Hotelsuite aufsuchen wollte, um ihn mit dem Glanz ihrer Erscheinung und dem Wohlklang ihrer Stimme für sich einzunehmen, war ich. Nur: Ich bin kein Millionär. Ich handelte als Hochstapler im Dienste meiner Neugier, meiner von privaten Ahnungen und sozialen Indizien beflügelten, botmäßigen, lasterhaften, allein der Sucht vergleichbaren und dennoch professionellen Anteilnahme am Liebesschicksal der

Frauen. Ich habe die Frau, die so tapfer mein Hotel betrat und die ich kennenlernte, weil sie einen Millionär kennenlernen wollte, in eine für sie beschämende Falle gelockt – sie und 21 andere Frauen.

Wäre ich Psychoanalytiker oder Anthropologe, könnte ich sagen, es war eine Täuschung im Dienste der Wissenschaft. Doch die Wißbegierde des Journalisten ist so selbstredend nicht gerechtfertigt; oft, wenn er nur fragt, geht etwas Lüsternes, Triebhaftes von ihr aus, als ziele sie nicht auf Erkenntnis, sondern auf Befriedigung. Dieser Verdacht ist landläufig – und sehr berechtigt. Er ist es besonders in bezug auf mich und die anstößige Methode dieser Reportage. Ich bin Journalist aus faustischer Neugier. Ich suche Erkenntnis für mich selbst. Und diesmal suchte ich sie begieriger als sonst.

Ich wollte wissen, welcher Typ Frau darauf aus ist, einen Millionär einzufangen. Ich wollte erkunden, von welcher Beschaffenheit die Frauen sind, die ihre Sehnsucht nach Liebe mit ihrem Verlangen nach Luxus im Konzept ihres Lebens versöhnt haben: Sind es hüftenschwenkende Dummchen? Hellsichtige Blaustrümpfe? Verkappte Huren? Romantische Träumerinnen? Schamlose Bettlerinnen? Prunksüchtige Gänse? Nüchterne Rechnerinnen? Durchtriebene Karrierefrauen? Oder passionierte Abenteurerinnen, denen der Reiz kostspieliger Ausschweifungen mehr bedeutet als der Mann, der sie finanziert? Moderne, intelligente Frauen sind in zunehmender Zahl auch gut ausgebildete Frauen. Sie üben anspruchsvolle Berufe aus und verdienen auskömmliche Gehälter. Weshalb, fragte ich mich, sollte eine moderne, wirtschaftlich unabhängige, intelligente Frau überhaupt scharf darauf sein, einen reichen Mann einzufangen?

»Ich möchte Frau Hartmann sprechen.«

Zum fünftenmal an diesem Tag griff der Portier zum Telefonhörer. Meinetwegen: Die junge Frau, die vor ihm stand, war meine fünfte Besucherin.

»Frau Hartmann«, sagte er. »Bei mir ist eine Dame, die Sie sprechen möchte.« Er legte den Hörer weich auf die Gabel und wandte sich der Besucherin zu.

»Bitte, warten Sie. Frau Hartmann holt Sie ab.«

Für die Zeit vom 2. bis zum 8. Dezember 1989 hatte ich hinter den ockerfarbenen Palastmauern des Hotels Vier Jahreszeiten für 1350 Mark pro Nacht die über der Ecke Maximilian- und Marstallstraße im zweiten Stock gelegene Suite 200/201 gemietet: Salon, Speisezimmer, Schlafzimmer, Vestibül, Bad. Für dieselbe Zeitspanne hatte ich eine hochbeinige Sekretärin engagiert, die mit ihrer aufragenden Haltung und ihrem dunkel prüfenden Blick so viel Glaubwürdigkeit ausstrahlte, daß sie meinen Besucherinnen als überzeugendes Accessoire eines wichtigen, reichen Mannes erscheinen mußte: Sabine Hartmann, hübsch, ziemlich gescheit und kühl bis zur Nasenspitze. Außerdem hatte ich mir bei Cartier einige der Pretiosen ausgeliehen, von denen Habenichtse glauben, daß Millionäre sich mit ihnen schmücken: eine massiv goldene Armbanduhr mit der erstaunlichen Artikelbezeichnung »Panthère« zum Ladenpreis von 20 800 Mark, einen kolossalen Brillantring namens »Odin« (14 250 Mark), ein aus verschiedenen Goldlegierungen geschmiedetes Feuerzeug »Tricolore« (7650 Mark), einen goldenen Kugelschreiber mit der bemerkenswerten Benennung »Pascha« (1075 Mark) und drei zu einer Halskette verknüpfte Armbänder »Figaro« (14 100 Mark).

Als Sabine Hartmann und die junge Frau durch die Tür meines Salons traten, versenkte ich meine Linke in der Hosentasche und streifte heimlich den Ring ab. Vor dieser Frau war er mir peinlich. Sie entsprach keinem der Klischees, mit denen ich gerechnet hatte; sie war kein blondes Dummchen mit Stupsnase und Schmollmund, kein Blaustrumpf mit lilagerahmter Sonnenbrille; sie war nicht einmal trendy, sondern eine eindrucksvolle, beinahe altmodische Komposition aus Anmut und scheuer Eleganz. Sie sah mich etwas beunruhigt an; eine flüchtige Röte stieg ihr in die Wangen. Ich hatte das spontane Gefühl, daß ein unerwartetes Einvernehmen zwischen uns aufkam. In diesem Augenblick wurde ich mir meiner törichten Erwartungen bewußt: Die Frauen, die mich aufsuchten, weil sie einen Millionär kennenlernen wollten, waren offensichtlich anders, als ich vorhergesehen hatte, sicherlich nicht nur diese. Sie waren ansehnlicher, viel kultivierter und wesentlich liebenswerter als in den Bildräumen meiner Voreingenommenheit. Ich wußte jetzt, daß ich im Begriff war, eine Entdeckung zu machen. Während ich meiner Besucherin entgegenging, versuchte ich, im Ärmel meines Blazers von Ermenegildo Zegna auch meine Uhr zu verstecken. Die junge Frau hob mit einer weichen Gebärde ihre schmale, schmucklose Rechte, und ich deutete einen Handkuß an.

»Ich freue mich sehr, daß Sie gekommen sind. Was darf ich Ihnen anbieten?«

»Kaffee, bitte, wenn Sie auch etwas trinken.«

Sabine wandte sich ab und ging leise ins Schlafzimmer. Wie fortan immer zu Beginn einer Visite rief sie von dort den Etagenkellner. Dann telefonierte sie mit den Frauen, die ich noch kennenlernen wollte und vereinbarte Besuchstermine. Und zur jeweils vollen Nachmittagsstunde holte sie eine dieser Frauen kühl lächelnd und neutral wie eine anglikanische Diakonissin beim Portier ab.

Ich führte meinen Gast zu dem breiten, blaugemusterten Sofa, das vor den hohen Fenstern über der Marstallstraße stand, und setzte mich selbst in einen Sessel. Ich lenkte alle Besucherinnen auf dieses Sofa. Von dort aus konnten sie durch eine offene Flügeltür ins mahagonimöblierte Speisezimmer blicken. Auf diese Weise ließ ich die Weiträumigkeit meines Domizils auf sie wirken. Ich wußte, daß sie sich insgeheim fragten, was mich dieser Hotelaufenthalt kosten mochte. Überdies konnte ich an der Wahl der Sofaecke, in die sie sich setzten, den Grad ihrer Befangenheit oder das Ungestüm ihrer Kontaktbereitschaft ablesen. Diese nun setzte sich weit von mir entfernt und hob anmutig den Kopf.

Ich starrte sie an. Das honigfarbene Licht einer hinter ihr brennenden Schirmlampe umflirrte ihre Silhouette. Sie war Kunsthistorikerin und Galeristin, 36 Jahre alt, Tochter eines Regierungsdirektors. Sie sprach über Reisen, die sie unternommen, über Orte, an denen sie gelebt, über Männer, die sie geliebt hatte, und ich starrte sie an. Ihr letzter Geliebter, erzählte sie, sei Römer gewesen. Sie sah selbst wie eine Römerin aus, mit ihrem weichen, dunklen Haar, dem hohen Hals, der schmalen Nase zwischen unirdisch blassen Jochbögen, den üppigen Lippen und den dunklen Augen. Ich konnte mir eine Romanze mit ihr vorstellen, keine mit Zukunft indes, denn ich war ja kein Millionär. Sie aber hatte an meiner gefälschten Identität sichtlich keinen Zweifel. In der prahlerischen Eleganz meiner Hotelzimmerflucht vertraute sie letztendlich der Zeitungsanzeige, mit der ich sie auf dieses Sofa gelockt hatte.

Diese Anzeige hatte ich für das letzte November-Wochenende des Jahres 1989 in der »Süddeutschen Zeitung« unter der Rubrik »Bekanntschaften Herren« aufgegeben. Sie erschien, herausgehoben, zweispaltig, an der Spitze der Rubrik. Ich hatte sie so formuliert, daß ich den Frauen, die sie lasen, nicht nur als Multimillionär, sondern auch als fühlender Mensch deutlich wurde:

Mehrfacher Millionär, nach langjährigem Auslandsaufenthalt soeben in die Bundesrepublik zurückgekehrt, will sich in München niederlassen und sucht für sein letztes Lebensdrittel eine zärtliche, nicht unromantische Frau. Er ist 56, 1,80, graumeliert, schlank, sportlich, nachdenklich, kulturell interessiert, von liberaler Gesinnung und heiterer Wesensart, im übrigen ein Mann, der die Frauen kennt und ihre Schwächen liebt. Vor allem aber ist er ein Ästhet. Deshalb möchte er eine wirklich attraktive Frau kennenlernen, die zudem emanzipiert und genußfähig ist, die Malerei und das Theater liebt und gelegentlich gerne reist. Sie sollte nicht über 45 sein. Falls sie jedoch sehr viel jünger ist, sollte sie eine gewisse Reife erworben haben. Zuschriften an ...

Es war, als hätte ich eine Stellenanzeige aufgegeben: Die meisten Briefe, die ich erhielt, waren so rundheraus bemüht, wie es sonst nur Bewerbungsschreiben sind. Bei mir »bewarben« sich 115 Frauen. Einige der Briefe ließen ein erstaunliches Niveau erkennen, jedenfalls in Wortwahl und Diktion, mitunter aber auch die Skepsis oder den Humor der Schreiberinnen, funkelnde Wesenszüge, die in einer erfrischend dreisten Sprache aufschimmerten. Huren, Callgirls, offensichtlich geldgierige Modepuppen mit großen Rosinen im Kopf hatten mir zu meiner Überraschung nicht geschrieben, nur eine unkeusche Dorfsirene aus dem bayerischen Oberland, die sich mit einem Aktfoto empfahl. Da sie in meinem Sortiment eine Rarität war, hatte ich auch sie zu mir gebeten. Sie war, wie sie mir erzählte, eines Herrgottschnitzers Witwe und entpuppte sich als spätes Fräuleinwunder mit ungesättigter Lebensgier.

»Weshalb haben Sie mir ein Aktfoto geschickt?« fragte ich sie, nachdem Sabine die Tür hinter sich geschlossen hatte.

»Ich hatte kein anderes.«

Solcherart mitteilsam saß sie in der Sofaecke, die meinem Sessel nahe war, doch das war ihr nicht nahe genug. Sie neigte sich beim Sprechen über die Lehne, so weit, daß ich im Ausschnitt ihrer Seidenbluse besichtigen konnte, was ich schon von ihrem Foto kannte. Sie beantwortete meine Fragen mit hastigem Eifer, wie jemand, der daran gewöhnt ist, daß seine Gesprächspartner ihn nicht ausreden lassen. Sie behauptete, Malerei und Literatur zu mögen, mit der beachtenswerten Einschränkung, daß sie nichts interessiere, was nach dem Barock geschrieben wurde.

»Also haben Sie nur Grimmelshausen, Petrarca und die Bibel gelesen?«

»Nein«, antwortete sie mit der Klarsicht eines Karpfens unter dem Fischbesteck, »auch Schiller und Lessing und die Typen.«

Im übrigen war eine der Fragen, die mich zu meinem Gauklerspiel bewogen hatten, ob nämlich auch kluge, denkende, kultivierte, wirtschaftlich autonome Frauen den Lebensbund mit einem Krösus anstreben, beantwortet, ehe ich die erste Kandidatin in meinem Hochstaplergepränge empfing: 22 Akademikerinnen hatten mir geschrieben, sieben Geschäftsinhaberinnen, fünf Malerinnen, eine Wissenschaftlerin, eine Filmmusikproduzentin, eine Rechtsanwältin, eine Journalistin, eine Sängerin, eine Solotänzerin der Bayerischen Staatsoper und, klar, zwei Fotomodelle. Drei Frauen waren von Adel, was mich im Hinblick auf die historisch überlieferte Heiratspolitik dieser Klasse weniger überraschte. Und an dem Brief eines Düsseldorfer Unternehmensberaters, der mir – in ihrem Auftrag, wie er schrieb – »eine Prinzessin Anfang 40 aus fürstlichem Hause« anpries, frappierte mich nur die unverblümte Bündigkeit seines Anerbietens:

»Wie Sie sicher wissen, würden im Falle der Eheschließung Name und Titel auf Sie übertragen. Selbst bei größtem Vermögen, welches Ihre Durchlaucht als selbstverständliche Basis für ein standesgemäßes Zusammenleben voraussetzt, wäre eine Vermählung mit einer Prinzessin aus den höchsten Adelskreisen ein Prestigegewinn für Sie. Dieses Privileg ist mit Vermögen allein nicht aufzuwiegen, denn es würde dem Auserwählten einen ehrenvollen Platz in den Augen der Gesellschaft einräumen. Es ist altehrwürdige Tradition, besonders in den Kreisen des Hochadels, daß gewisse finanzielle Aspekte vor der Eheschließung geregelt werden. In erster Linie betrifft dies die monatlich vom Ehemann an seine Frau zu zahlende, dem fürstlichen Stand entsprechende Apanage . . .«

Dem Brief lag das Foto einer filigranen, rötlichblonden, etwa vierzigjährigen Schmerzenstochter in Jeans und weißer Bluse bei. Ihr gemmenhaftes Gesicht drückte so viel Verwundbarkeit aus, daß ihr eine Familienähnlichkeit mit den eher windschlüpfrigen Prinzen aus dem adoptionsfreudigen Hause Anhalt schwerlich nachgesagt werden kann. Was mich am stärksten verblüffte, war der zupackende Ton, in dem die meisten Briefe geschrieben waren. Nicht nur Ihre Durchlaucht, auch viele bürgerliche Bewerberinnen schienen der Meinung zu sein, sie hätten mich, den »Millionär«, verdient.

»Für meinen Lebensunterhalt und sonstige Kleinigkeiten kann ich schon selbst sorgen«, schrieb eine »elegant-attraktive Nichtraucherin«, Sternbild Schütze, aus dem Düsseldorfer Schickeria-Vorort Meerbusch, »aber fürs Luxuriöse und Genüßliche hätte ich gerne einen betuchten Mann.«

Über solche Briefe gebeugt, hatte ich ein Gefühl, wie es Demoskopen manchmal beschleichen mag: Mir war, als sähe ich von der Umlaufbahn einer Weltraumkapsel auf die Menschheit herab. Mir wurde so vieles begreiflich, was Erdbewohnern ziemlich unbedacht als sittenwidrig gilt, namentlich die erotische Begünstigung reicher Männer durch das weibliche Geschlecht. Frauen haben von jeher den Mann mit Geld und Einfluß bevorzugt. Warum auch nicht? Aus meiner Astronautenhöhe erkannte ich, daß der männliche Wohlstand als erotisches Auswahlkriterium kaum zweifelhafter ist als männliche Schönheit oder männliche Kraft. Frauen wachsen nicht wie Sumpfgewächse auf; sie werden dazu erzogen, ihre törichten Herzströme zu überwachen und pragmatische Entscheidungen zu wagen. Die Schönheit eines Mannes, seine Kraft, seine Klugheit, sein Mut, seine Güte sind, falls er solche Tugenden überhaupt besitzt, nur Fragmente seines Bildes. Struktur, Wertbeständigkeit, also Authentizität bekommt das Bild seiner Mannbarkeit erst durch das weitere Fragment seiner Zahlungsfähigkeit.

Ich sah, daß sich die Frauen immer noch »nach oben«

binden wollen. Doch die meisten unter denen, die mir geschrieben hatten, standen auf der Leiter des Einkommens und der Eitelkeiten aus eigener Kraft schon recht weit oben. Über sich hatten sie kaum noch Auswahl. Und »nach unten« mochten sie sich (wie sie mir später ausnahmslos gestanden) nicht verschwenden, die meisten nicht einmal auf der gleichen sozialen Ebene. Sie waren von der Gewißheit ihres eigenen Wertes durchdrungen. So erschien ihnen der Multimillionär als Lebenspartner gerade angemessen. Daß diese Frauen es auf sich nahmen, zu mir ins Hotel zu kommen, hergebeten nicht einmal von mir persönlich, sondern von meiner Sekretärin, kennzeichnet den Opfermut, aber auch die Unempfindlichkeit gegenüber dem eigenen Stolz, mit der sie in der Liebe ihre Partner suchen.

Anfangs hatte ich noch geglaubt, ich müßte meine Worte behutsam wählen und meine Fragen in größeren Sinnzusammenhängen verstecken, um meine Besucherinnen nicht zu verletzen. Doch ich merkte bald, daß meine Bedenken unnötig waren: Meine Fragen wurden artig beantwortet, auch peinliche, auch intime. Der Vorwitz eines Multimillionärs, der auf Freiersfüßen aus einer schlechten Kinderstube kommt, kann keine Wunden schlagen. Der Millionär ist der moderne Traumprinz. Und von den Fragen eines Traumprinzen fühlen sich die Frauen nicht verhört, sondern teilnahmsvoll wahrgenommen.

»Fühlten Sie sich von der lauten Dachzeile über meiner Anzeige nicht peinlich berührt?« fragte ich meine Besucherin, jene, die einer römischen Venus glich.

»Nein«, antwortete sie, »weshalb?«

»Nun, Sie sind allem bemerkenswerten Anschein nach eine Frau von Kultur. Und ich habe mich in der Überschrift meiner Anzeige als mehrfachen Millionär angepriesen. Gilt in gebildeten Kreisen nicht die Regel: Man hat vielleicht Geld, aber man klimpert nicht mit der Kohle?«

»Schon, das ist wohl die Regel. Aber ich sehe das anders. Auf empfindliche Gemüter mag Ihre Überschrift peinlich wirken. Aber nur die Überschrift, keineswegs das Faktum, glauben Sie mir. Und zusammen mit dem Text interessierte mich das Ganze. Ich war neugierig, wer wohl dahintersteckt.«

»Und wenn der Überschrift ein dümmerer Text gefolgt wäre?«

»Selbst dann.« Sie lächelte mich so unbefangen strahlend an, daß mir zumute war, als stünde ich im Sonnenlicht. »Es gibt ganz reizende Legastheniker«, fügte sie hinzu.

»Wie stark ist Ihr Beuteverlangen eigentlich ausgebildet?«

Sie lachte ein melodisch ansteigendes Lachen durch geschlossene Lippen, das meiner Frechheit die Spitze nahm.

»Um diese Frage zu beantworten, müßte ich Ihnen mein Verhältnis zum Geld erklären.«

»Es würde mich interessieren.«

»Wie ich Ihnen schon sagte, war mein Vater in einer kleinen, sehr engen bayerischen Stadt ein höherer Beamter. Er wollte mich zur Sparsamkeit erziehen. Als ich sechs Jahre alt war, gab er mir dienstags und donnerstags je 20 Pfennige Taschengeld. Die habe ich unverzüglich in Eiskrem umgesetzt. Das heißt, ich habe das Geld sofort in Lust verwandelt. Und das hat sich nicht geändert. Geld auf der Bank bedeutet mir wenig.«

»Ihre Beute ist die Lust?«

»Im weitesten Sinne. Und natürlich auch der, der sie mir ermöglicht.«

»Oder macht?«

»Oder macht.«

»Haben Sie von Ihrem künftigen Lebenspartner ein Traumbild?«

»Ja. Er müßte ein gebildeter Gentleman mit Geld und Lebensstil sein, der mir zu alldem auch noch Zärtlichkeit und Wärme gibt.«

»Ist das nicht recht unbescheiden?«

»Sie fragten nach meinem Traumbild.«

Wir lächelten beide. Mir gefiel die helle Aufrichtigkeit dieser Frau, ihre offenkundige Entschlossenheit, weder mir noch sich selbst etwas vorzumachen.

»Sind Sie eine leidenschaftliche Geliebte?« fragte ich.

Sie schlug ihre schwarz bestrumpften, schlanken Beine so wohlbedacht übereinander, daß ihr Rocksaum exakt die Grenze zwischen Anstand und Anreiz beschrieb.

»Ja«, antwortete sie ohne weitere Umschweife.

Ich spürte, daß diese Frau, die klug und ätherisch war und mich magnetisch anzog, hinsichtlich der finanziellen Bonität ihres Traumbildes keinerlei Konzessionen machen würde. Sie wollte sich aus dem winzigen Kuchen des Glücks, der den Menschen in dieser Welt gebacken wird, ein Stück herausbeißen, das für meine bescheidenen Lebensumstände zu groß war. Sie war dem Lohnschreiber in mir, einer ärmlichen Mutter Kind, weit entrückt, aber sie spürte das Trennende, das zwischen uns war, seltsamerweise nicht. Statt dessen verabredete sie sich mit dem gefälschten Millionär zum Abendessen.

Nach der römischen Venus hatten mich am selben Tag noch drei andere Frauen besucht und nachdenklich gestimmt. Ich war etwas erschöpft und immer noch tief erstaunt, als ich die Favoritin dieses Tages im geräumigen Windfang hinter der Drehtür des Hotels erwartete. Sabine hatte einen Tisch im Hotelrestaurant »Walterspiel« reservieren lassen, das im Guide Michelin mit einem Stern ausgezeichnet ist. Mein Dinnergast kam mit dem Taxi und reichte mir mit einem Ausdruck verhaltener Siegeszuversicht die Hand zum Kuß. Ich nahm ihr den Mantel ab und ging mit ihr zur Garderobe. Jetzt war sie in Schwarz gekleidet; sie trug einen engen, knielangen Rock und eine hochgeschlossene T-Shirt-ähnliche Bluse mit langen Ärmeln. Die Bluse war aus durchsichtigem Seidenbatist. Die Venus hatte sich entschlossen, dem Traumprinzen das Paradies zu zeigen: Durch das feine Gespinst sah ich die Knospen ihrer weichen Brüste wie schwarze Sterne schimmern.

Der Geschäftsführer, dem Sabine einen diskreten Hinweis auf meinen Millionärsstatus gegeben hatte, führte uns mit gemessener Ergebenheit an einen prominenten Ecktisch unter hütchengedeckten, gelben Wandleuchtern. Als Aperitif tranken wir ein Glas Champagner. Zum gebratenen Kaninchenrücken auf Ratatouille bestellte ich einen 85er Pouilly Fumé Baron de L für 142 Mark. In ihrem Brief hatte die römische Venus geschrieben, sie schätze »gutes Essen« – mit dem lockenden Zusatz: »das ich gern selber koche«.

»Als Ihre Sekretärin mich anrief«, sagte sie, und dabei lachte sie gelöst, »war ich völlig überrascht. Ich hatte erwartet, daß mich ein Mann anrufen würde. Ja, und dann hat diese Frauenstimme gesagt, wann würde es Ihnen denn passen? Und dann sagt die, da hätten wir noch einen Termin frei. Also, da habe ich wirklich gedacht, ich bewerbe mich um einen Job.«

»Ist das nicht so?«

»Nein«, sagte sie nachdrücklich. »Ich bewerbe mich um ein Leben.«

»Um ein besseres Leben, meinen Sie.«

»Nein, überhaupt um ein Leben. Sehen Sie, ich bin eine Frau von der Art, die sich vor allem in bezug auf den Mann als Frau erlebt. Das bedeutet nicht, daß ich nicht emanzipiert wäre. Ich bin emanzipiert. Ich bin ein durch und durch autonomer Mensch. Aber Autonomie ist erst dann glaubwürdig, wenn sie sich aufgeben vermag.«

»Wirklich? Ist eine verschenkte Autonomie autonom?«

»Warum nicht? Ein Mensch, der sich nicht verschenken kann, ist in meinen Augen nicht unabhängig. Das bedeutet ja nicht, daß er sich versklavt. Er verknüpft sich nur mit einem anderen. Und wenn seine Unabhängigkeit respektiert wird, lebt sie fort. Aber sie steht nicht gegen die Liebe, wie bei den Feministinnen, die ich verabscheue.«

»Gott sei Dank«, sagte ich. »Pardon.«

»Die sind gar nicht autonom. Die haben sich von ihrem Haß versklaven lassen.«

»Hätten Sie Onassis lieben können?« fragte ich.

»Ich weiß nicht. Vielleicht.«

»Kennen Sie überhaupt irgendeinen wirklich reichen Mann?«

»Was verstehen Sie unter wirklich reich?«

»Nun, unter 50 Millionen ist man nicht reich«, sagte ich mit, wie ich zu spüren meinte, unbewegter Miene.

»Dann nicht«, sagte sie, während ein Schatten über ihre Züge flog. »Ich kannte einen, der so um die zehn Millionen besaß. Wir wollten heiraten. Aber dann wurde nichts daraus.«

Zur Bressetaube mit Trompetenpilzen in der Folie und gerösteten Gnocchis entschied ich mich gegen den 64er Chateau Mouton Rothschild Premier Cru Classé für 798 Mark und bestellte statt dessen den 77er für 291 Mark. Ich verzieh mir die schmähliche Option mit der Überlegung, daß echte Millionäre geizig sind und sich dessen nicht schämen.

»Sie haben also erfahren«, sagte ich, »daß die Dinge mit der Liebe selten so ausgehen, wie man es sich erhofft. Ist es nun Ihr Standpunkt, daß bei künftigen Arrangements wenigstens die Kohle stimmen soll?«

»Nein«, antwortete sie entschieden, »ich werde nie, nie, nie mit einem Mann zusammenleben wollen, den ich nicht liebe, nur weil er mir Wohlstand garantiert.« Sie betonte das Wörtchen »nie« so feierlich, daß es wie ein Schwur klang.

»Aber wenn er eine Wohlstandsgarantie ist«, insistierte ich, »fällt es Ihnen dann leichter, ihn zu lieben?«

»Doch. Ja. Meistens. Dann ist er ja auch ein besonderer Mensch. Ist Ihnen noch nicht aufgefallen, daß der reichere Mann vielfach auch der männlichere Mann ist?«

Sie sah mich an, leuchtend und stumm, mich, den mutmaßlich ärmsten Mann, der sie je zu Tisch gebeten hatte.

»Könnten Sie mich lieben?« fragte ich.

»Ja, das könnte ich«, sagte sie.

Es folgte das Zimthalbgefrorene mit heißen Himbeeren und ein redseliger Austausch erotischer Erinnerungen. Der zehnfache Millionär, der sie nicht geheiratet hatte, war noch immer ein Stachel in ihrem Herzen. Aber sie schien entschlossen, ihn durch einen fünfzigfachen Millionär vergessen zu machen. Durch mich.

Als ich ihr in den Mantel half, griff ich in einer Aufwallung meiner hoffnungslosen Begierde an ihren Hintern. Er war knackig und warm. Die römische Venus preßte ihn gegen meine Hand wie einen erntereifen Pfirsich.

Während der ersten Minuten, in denen meine Besucherinnen auf dem Prachtsofa meines Hotelsalons saßen, benahmen sich die meisten etwas sonderbar, jedenfalls erschien es mir so. Ich war nicht daran gewöhnt, daß attraktive Frauen, die meiner zum erstenmal ansichtig werden, an ihrer Ergriffenheit ersticken. Einige atmeten so schwer, als wären sie an der Außenwand des Hotels hochgeklettert. Eine geliftete Boutiquenchefin in enger moosgrüner Seide mit einem Stoffgürtel voller klingelnder Silbermünzen zitterte so unbeherrscht, daß sie mit ihrer Zigarette, als ich ihr Feuer geben wollte, die Flamme nicht traf.

Und dann der Auftritt des Etagenkellners: Nachdem er fünfmal in Folge von Sabine gerufen worden war und fünfmal die Beauty angestarrt hatte, die stets auf demselben Sofa saß, aber immer eine andere war, nachdem er mit einfältigem Eifer fünfmal Kaffee und Gebäck oder Campari-Soda und Häppchen serviert hatte, nachdem fünfmal das Gespräch verstummt war, während er kam, und wieder eingesetzt hatte, während er ging, stahl sich, obwohl er gänzlich ahnungslos war, ein wissendes Lächeln in sein sauber geseiftes Knabenantlitz.

Sein Erscheinen gewährte den Damen eine Atempause. Jetzt ließen sie ihre Blicke stumm über das vermeintlich altenglische Mobilar und die verglasten, obgleich nur schlecht gedruckten Fuchsjagdstiche an den Wänden gleiten, lauschten dem Kaffee, wenn er sich in ihre Tasse, dem Sodawasser, wenn es sich in ihr Glas ergoß, und baten um Eis oder Süßstoff. In diesen Momenten stand die Zeit still. Aber nach dem Abgang des Burschen (dessen wissende Heiterkeit von Mal zu Mal gönnerhafter wurde) begann ich, meine heimtückischen Fragen zu stellen. Von nun an wähnten sich die Frauen bei der Eröffnung einer Partie Liebesspiel, während sie in Wahrheit einem schonungslosen Interview ausgesetzt waren.

»Wie sehen Sie sich selbst?« frage ich beispielsweise eine Besucherin im schwarzen Minikleid, sehr mini übrigens. Ihre schlanken Beine stecken in den gemusterten schwarzen Strümpfen, die sie auch auf dem Foto trägt, das sie mir schickte. Sie hat lilienzarte, geradezu ergreifend schöne Hände. Das dunkle Haar ist mit Gel an den Kopf geklebt, hohe Stirn, mokkabraune Augen, in denen es schelmisch funkelt, sehr glattes Gesicht. Zu glatt, denke ich. Sie hat um Kamillentee gebeten. Jetzt nimmt sie eine graziöse Pose ein, legt ihre schmale Rechte gegen die Wange und sieht mich spitzbübisch an. »Ich weiß, was Sie denken«, sagt sie.

Kroll: Was denke ich?
sie: Daß ich geliftet bin.
Kroll: Nun ja, also ... Sie sehen großartig aus.
sie: Ich bin nicht geliftet. Ich war heute morgen bei der Kosmetikerin. Ich hatte ein Peeling.
Kroll: Ich glaube Ihnen.
sie: Sie glauben mir nicht. Aber sehen Sie irgendwo unter meinem Haaransatz eine Narbe? (Sie senkt anmutig den Kopf und bietet mir ihre Stirn dar.)
Kroll: Nein. Ich sehe keine. Wie alt sind Sie?
sie: 42.
Kroll: Das ist heutzutage das beste Alter einer Frau. Sie schrieben mir, daß Sie Kunstgeschichte studiert haben, aber nicht, welchen Beruf Sie ausüben.
sie: Ich arbeite dreimal wöchentlich in einer Galerie. Und manchmal begleite ich den Besitzer auf Reisen, wenn er Bilder einkauft.

Kroll: Aha?
sie: (lacht.) Nein, nicht was Sie denken. Er ist 76. Und er trauert immer noch um seine Frau, die vor einigen Jahren starb. Aber er schätzt mein Urteil. Und er mag mich gern, das schon.
Kroll: Also, beschreiben Sie sich doch mal. Wie sind Sie?
sie: Ach, mein Gott. Ich bin eine hundertprozentige Frau, wenn Sie wissen, was ich meine. Sie haben in Ihrer Anzeige doch geschrieben, daß Sie die Schwächen der Frauen lieben. Nun, ich glaube, ich bin eine schwache Frau. Ich traue mir oft zuviel zu und schaffe dann zuwenig. Ich will seit Jahren ein Buch über Rokoko-Miniaturen schreiben, aber ich bin über zehn Seiten nicht hinausgekommen. Manchmal glaube ich, daß ich im falschen Jahrhundert lebe.
Kroll: Welches hätten Sie denn vorgezogen?
sie: Das achtzehnte.
Kroll: Weshalb?
sie: (nach einigem Nachdenken) Das muß eine hinreißende Zeit gewesen sein. Natürlich war sie für die einfachen Leute nicht so angenehm. Aber ich habe meine eigene Vision: Im achtzehnten Jahrhundert wäre ich die Mätresse eines Königs gewesen. Abends, bevor ich einschlafe, rufe ich meine Vision. Können Sie das? Können Sie den Traum rufen, den Sie träumen wollen? Ich kann es. Und dann sehe ich mich in den Gassen von Paris. Sie sind voller lachender, schwatzender, sich drängender, sich streitender einfacher Menschen, die auf ihre Weise glücklich sind. Sie verkaufen ihre Waren, sie scherzen, sie tanzen, und ich fahre mitten durch sie hindurch – in der Kutsche des Königs.
Kroll: Sie müssen eine sehr begabte Frau sein.
sie: Weshalb?
Kroll: Die Mätressen der Könige waren es. Sie waren schön, klug und verfügten über ein beträchtliches erotisches

	Raffinement. An Ihnen erkenne ich vorerst nur Ihre Schönheit.
sie:	Den Rest trauen Sie mir nicht zu?
Kroll:	Ich weiß nichts über Sie.
sie:	Aber Sie sind doch ein erfahrener Mann. Ich möchte annehmen, daß Sie fühlen, wie ich bin.
Kroll:	Ich fühle gar nichts.
sie:	Dann schließen Sie die Augen. Vielleicht sehen Sie mich dann besser.
Kroll:	(mit geschlossenen Augen) Jaaa ... Ich sehe, daß Sie den Luxus lieben.
sie:	Das hätten Sie auch mit offenen Augen sehen können.
Kroll:	Ich glaube, ich sehe jetzt mehr. Ich glaube, ich sehe Ihre Leidenschaft.
sie:	Und was noch?
Kroll:	Sie sind imstande, sich einem Mann unterzuordnen. Sie können fügsam sein.
sie:	Das sehen Sie richtig.
Kroll:	(immer noch mit geschlossenen Augen) Und im Bett? Wie sind Sie da?
sie:	Sehen Sie es nicht?
Kroll:	Nein.
sie:	Da bin ich nicht nur fügsam. Manchmal mache ich auch gefügig.
Kroll:	(öffnet die Augen) Wie machen Sie das?
sie:	(lächelnd, lockend) Durch vorübergehende Verweigerung.
Kroll:	Ah, jetzt bemerke ich, daß Sie auch eine kluge Frau sind. Erstreckt sich Ihre Verweigerung über lange Zeiträume?
sie:	Zeit ist relativ. Eine Minute hat sechzig Sekunden, und die können sehr lange dauern.
Kroll:	Beschreiben Sie mir genauer, was Sie mit Verweigerung meinen.
sie:	Ich verweigere erst, nachdem ich etwas gegeben habe.

Kroll: Das verstehe ich nicht.
sie: Wir besprechen ein pikantes Thema, dabei kennen wir uns noch gar nicht.
Kroll: Verweigern Sie mir jetzt die Antwort?
sie: Würden Sie mich kennen, dann wüßten Sie, daß ich am Ende immer gebe. Dann gebe ich alles. Jedenfalls wenn es sich lohnt.
(Der Zimmerkellner kommt und serviert den Kamillentee. Dabei streift sein Knabenblick die Beine meiner Besucherin. Er errötet. Wir schweigen. Diesmal geht er nicht mit einem wissenden, sondern mit einem trotzigen Lächeln.)
sie: Ich sagte: Wenn es sich lohnt. Damit meine ich: Wenn der Mann es wert ist. Damit Sie mich nicht mißverstehen.
Kroll: Ich warte noch auf Ihre Antwort.
sie: Na gut. Mit vorübergehender Verweigerung meine ich, daß ich den Mann, den ich liebe, immer nur schrittweise ins Paradies lasse. Ich öffne die Tür nicht so weit wie andere Frauen. Ich locke ihn an die Tür, immer näher, immer näher. Aber ganz öffne ich sie erst, wenn er nahe daran ist, die Besinnung zu verlieren.
Kroll: Und Sie selbst? Behalten Sie die Ihre?
sie: Jetzt sind Sie indiskret. Sie wollen wissen, ob ich orgasmusfähig bin.
Kroll: Ja.
sie: Schließen Sie die Augen noch einmal.
Kroll: Nein. Ich würde es auch dann nicht sehen.
sie: Also gut. Dann sehen Sie mir in die Augen. (Ich sehe ihr in die Augen, sie funkeln spitzbübisch.) Ich bin durchaus imstande, den süßen Tod zu sterben.
Kroll: Aber?
sie: Kein Aber.
Kroll: Doch, ich spüre ein Aber. Ich sehe es auch. Ich sehe es hinter Ihrer Stirn. Sie runzeln die Stirn.

sie: Muß man Ihnen alles erklären?
Kroll: Ja. Alles.
sie: Es hängt natürlich auch von dem Mann ab, dem ich mich hingebe.
Kroll: Natürlich. Muß er reich sein?
sie: Das ist in der Liebe sehr nützlich.
Kroll: Und was noch? Wie muß er aussehen?
sie: Das ist nebensächlich. Bis auf eine Kleinigkeit allerdings.
Kroll: Welche wäre das?
sie: (lachend) Er sollte möglichst nicht behaart sein.

Die meisten Frauen beteuerten, nicht mein annoncierter Millionärsstatus habe sie zu ihrem Brief bewogen, sondern »der eigentliche Anzeigentext« und der durch ihn so eindrucksvoll entschleierte »Mensch dahinter«. Eine gebürtige Österreicherin mit einem riesigen weißen Plastikschmetterling auf dem lachsroten Wollpullover, wissenschaftliche Mitarbeiterin in einem medizinischen Verlag, erklärte gar, die »marktschreierische Titelzeile« meiner Anzeige habe sie »zutiefst abgestoßen«. Nach solcherlei Bekundungen stieß ich wie ein beutegieriger Habicht auf die jeweilige Sprecherin herab:

»Ich warte auf die Frau, die mir in aller ehrlichen Unbefangenheit sagt, daß sie mir schrieb, weil sie in der Anzeige gelesen hat, daß ich Millionär bin.«

Diese Bemerkung verursachte bisweilen beträchtliche Verwirrung. Auf der Suche nach einer überzeugenden Art, sich selbst zu widersprechen, senkte die Österreicherin die Augen. Sie schlug die Beine übereinander. Dann stieß sie die Luft durch die Nase und griff zur Kaffeetasse.

»Nun ja«, antwortete sie mit spröder Stimme, die jedoch schnell an Festigkeit gewann, »ich will nicht sagen, daß es das nicht auch war. Ich meine, nun ja, mit Geld kann man einiges kaufen. Also, Geld ist wirklich ein Faktor. Hätte mich die Überschrift über Ihrer Anzeige sehr – also ich meine, zu sehr –

abgestoßen, dann hätte ich sie überhaupt nicht weitergelesen. Doch so sehr hat sie mich eigentlich gar nicht abgestoßen.«

Mit einer gewissen Häme genoß ich auch die Reaktion, wenn ich im Gespräch an gänzlich unpassender Stelle plötzlich erklärte, hinsichtlich meines Alters in der Anzeige gelogen zu haben:

»Ach, übrigens, ich bin gar nicht 56. In Wahrheit bin ich schon 60. Das klingt sehr alt, nicht wahr? Ich ging davon aus, daß die inserierte Wahrheit abschreckender wirkt als die erlebte. Stimmt das? Sehen Sie mich an. Bin ich Ihnen nicht zu alt?«

Aber nein, durchaus nicht, meinten ausnahmslos alle Frauen. Sie sagten es mit Wärme, fast mütterlich, und die meisten wirkten dabei erleichtert, irgendwie entspannt, so als hätte ich ihnen einen Wettbewerbsvorteil eingeräumt. Es fiel ihnen auch nicht schwer, ihre Nachsicht zu begründen:

»Sie sehen doch so jung aus«, sagten erwartungsgemäß die meisten.

»Nun, ich bin, also ehrlich gesagt, auch ein paar Jahre älter als ich Ihnen schrieb«, räumten zwei Frauen ein, 49 statt 44 die eine, 42 statt 39 die andere.

»Was nützt mir ein zehn Jahre jüngerer Mann, wenn ich ihn nicht lieben kann?« sagte eine zarte 34jährige promovierte Medizinerin, die in der Krebsforschung arbeitet, leise.

»Ich fühlte mich schon immer zu wesentlich älteren Männern hingezogen«, erklärte eine 23jährige Architekturstudentin, die in London und München unter der Aufsicht betagter Prinzipale in Galerien gejobbt hat.

»Ältere Männer verstehen die Frauen besser; das hat mich ein unvergeßliches Erlebnis mit – entre nous – meinem ehemaligen Hochschulprofessor gelehrt«, gab eine vollbusige, im übrigen etwas kratzbürstige 40jährige Industriedesignerin zum besten, die früher als Miedermodell gearbeitet hat.

»Ältere Männer sind so erotisch«, flötete die Dorfsirene, die sich mit dem Aktfoto empfohlen hatte.

Alle 22 Frauen, die mir in meinem Hotelzimmerprunk ihre

Aufwartung machten, gaben unzweideutig zu erkennen, daß ihnen daran lag, unsere Bekanntschaft fortzusetzen und womöglich zu vertiefen, vorausgesetzt natürlich, ich dächte ebenso. Manch eine schien sich dessen schon in der klammen Minute gewiß zu sein, in der sie an Sabines Seite durch die Tür meines Salons trat und mich zum erstenmal sah.

Ich hatte mit Bekanntschaftsanzeigen kaum Erfahrung. Aber ich hatte mir vorgestellt, daß über die Fortsetzung einer Bekanntschaft, die über ein Zeitungsinserat zustande kommt, jeder der Beteiligten entscheidet, der Inserent und der Briefschreiber. Ja oder nein zu sagen, hatte ich erwartet, stände beiden frei. Doch ich erlebte es anders: Die Entscheidung wurde allein von mir erwartet. Es war, als wären all diese Frauen mit dem Ja im Herzen geboren worden und als wären sie nun ihrem Schicksal begegnet; es war, als stände für sie zweifelsfrei fest, daß sie einen Mann wie mich nur lieben können. Ihre Skepsis, reifen Frauen wesenseigen, war gezügelt, ihre Bereitschaft zu später Hingabe voll entfaltet.

Nun bin ich auf dem Markt der Liebe zwar kein Ladenhüter, aber es war doch das erste Mal, daß ich von 22 ansehnlichen, wesentlich jüngeren ledigen Frauen, die nacheinander in mein Leben traten, als Liebespartner zumindest in Erwägung gezogen wurde. Seitdem frage ich mich, wie oft ich wohl zurückgewiesen worden wäre, hätten die Frauen in mir den Mann erkannt, der ich bin. Doch dem vermeintlichen Millionär mochte keine einen Korb geben.

Damit will ich keineswegs sagen, meine Bewerberinnen hätten aus Habgier geschmackliche Konzessionen erwogen. Die Wahrheit ist: Ich gefiel ihnen. Ich gefiel ihnen nicht als Mann, sondern als Traumprinz. Von nackter Geldgier waren die Frauen, die zu mir kamen, weil eine vage Verheißung von Luxus sie gelockt hatte, spürbar nicht geleitet, sondern von ihrer ungestillten Sehnsucht nach einer opulenten Romanze.

Sie hatten mit Männern, die anders schillern als ein Millionär, ihre Erfahrungen gemacht und kamen mit genarbten

Herzen. Die meisten hatten zu glauben aufgehört, daß es in einer Männerseele etwas Ersprießliches oder auch nur Verläßliches geben könnte. Nun kamen sie zu mir, dem »Millionär«, weil er wenigstens materiell gewähren konnte, was emotional von ihren bisherigen Männern vielfach nur gelobt oder beteuert worden war: Fürsorge. Die romantische Zuversicht dieser Frauen, die in der Mehrzahl das halbe Leben gelebt hatten, war entzaubert. Die Romantik erfahrener Frauen ist ein Liebestraum mit Orientierung.

Die meiner Einschätzung nach empfindsamste unter meinen Besucherinnen war eine 40jährige gebürtige Bulgarin, eine belesene Frau ohne Beruf, die in ihrer Heimat mit einem erfolglosen Künstler eine erfolglose Ehe geführt hatte. Nachdem sie vor einigen Jahren in die Bundesrepublik emigriert war, lernte sie einen sehr reichen Mann kennen, der sie faszinierte. Er war Waffenschieber von internationalem Kaliber. Sie habe »einen lebenslangen Zugang zur Kultur«, sagte sie glaubhaft. Gleichermaßen glaubhaft war ihre pazifistische Lebenseinstellung. Sie verabscheute den Krieg, die Gewalt, den Hunger in der Dritten Welt, sogar die Jagd. Dennoch wurde sie des Waffenschiebers Geliebte. Sie erlag seiner erotischen Anziehung, die, wie sie heute weiß, ein Magnetismus des Zwielichts war, der Reiz einer verschwenderischen Demimonde, somit aber auch des Geldes und der mit Geld bezahlbaren Lüste. Wenn er von seinen Geschäftsreisen zu ihr zurückkehrte, kündigte er sich telefonisch aus seinem Learjet an. Ein eigentlich nebensächlicher Vorgang wie dieser, den sie der Erwähnung für wert befand, hat sicherlich seine eigene, sehr spezifische Sinnlichkeit.

»Ich war verrückt nach ihm«, sagte sie, während wir im »Bistro« des Hotels zu Abend aßen.

Ich bestellte zwei einfache Vorgerichte, die aus Salat und kalten Schalentieren bestanden, dazu einen italienischen Weißwein.

»Es gelingt mir eben nicht«, sagte sie, »einen Menschen nur wegen seines möglicherweise edlen Charakters zu lieben. Ich habe meine Träume, und die streben nach Erfüllung. Ich glaube, daß alle Frauen so empfinden – bis sie einen Kompromiß schließen; die meisten jedenfalls. Vielleicht haben sie dann keine Träume mehr.«

»Haben Ihre Träume irgend etwas mit dem Geld des Mannes zu tun, den Sie lieben?« fragte ich.

»Auch«, sagte sie. »Früher hätte ich das nicht von mir geglaubt. Ich müßte es jetzt auch nicht zugeben, aber es führt ja zu nichts, wenn man sich verleugnet. Dennoch denke ich, daß ich mich nicht in den Waffenhändler verliebt habe, weil er reich war, sondern weil er die Eigenschaften hatte, durch die er reich geworden ist: Er war ein tatkräftiger, unbeirrbarer Mann, charmant, weltläufig – und vollkommen gewissenlos.«

»Mit welchen Waffen handelte er eigentlich?«

»Mit allem, was tötet. Auch mit U-Booten – ›Schiffchen‹ nannte er sie, und wenn er von ihnen sprach, beschrieb seine flache rechte Hand eine genüßliche wellenförmige Bewegung. In solchen Momenten haßte ich ihn.«

»Aber Ihre Liebe war stärker.«

»Meine Abhängigkeit war stärker.«

»Lieben Sie den Luxus?«

»O ja. Aber nicht ganz grundlos. Wissen Sie, mein geschiedener Mann konnte mich und unsere beiden Töchter nicht immer ernähren.«

Ich hätte sie das nicht fragen müssen. Ihre Sprache war cool, aber ihre Stimme vibrierte. Ihre mokkafarbenen Augen vermittelten einen Eindruck von Zielstrebigkeit und verstecktem Feuer. Sie war klein. Ihr schmächtiger Körper und ihr schmales Gesicht ließen ihren Mund noch üppiger erscheinen, als er war. Dieser vollkommen geschnittene, schwellend gewölbte Mund unter der schmalen slawischen Sattelnase beherrschte ihre Erscheinung. Ein Kuß auf Beinen, hatte ich gedacht, als sie heute nachmittag zu mir kam.

»Sie sind so zart«, sagte ich unvermittelt. Da lachte sie.

»Sie wollten sagen: an mir ist nichts dran!«

»Aber nein«, log ich, obwohl mir genau das durch den Kopf gegangen war.

Sie lachte immer noch, spöttisch und nicht ohne Selbstgefühl.

»Ach, ihr Männer«, sagte sie.

Beim Nachtisch kam sie sachlich auf das Thema zurück:

»Ich weiß, daß Sie mich für ein körperlich ungenügend entwickeltes Persönchen halten. Aber ich darf Ihnen sagen, daß ich eine sehr schöne, feste Brust habe. Doch ich fand es unangebracht, mich so ordinär anzuziehen, daß Sie es bemerken konnten.« Sie zupfte am Kragen ihres hochgeschlossenen weißen Kleides. Derart herausgefordert erlaubte ich mir die Frage:

»Haben Sie auch einen schönen Hintern?«

»Ich denke, ja. Sie sollten ihn sehen.«

»Ich würde ihn gern sehen. Ich würde überhaupt gern sehen, wie Sie unter Ihrem Kommunionskleid aussehen. Könnten Sie sich dazu entschließen, es für mich abzulegen?«

»Ich habe mich bereits entschlossen«, sagte sie nüchtern.

Es war kurz vor Mitternacht. Wir fuhren mit dem Lift, der das »Bistro« mit den Hoteletagen verbindet, in den zweiten Stock und gingen zu meiner Suite. Auf dem kurzen Weg dorthin musterte mich die Bulgarin mit ihrem unergründlichen Blick. Sie war nicht ängstlich; sie war ganz sie selbst, zielstrebig und gesammelt.

»Möchten Sie ein Gläschen Champagner?« fragte ich, nachdem ich die Tür des Salons hinter uns geschlossen hatte.

»Deshalb bin ich nicht hier«, antwortete sie.

»Nein«, sagte ich einfältig, »natürlich nicht. Aber wollen Sie sich nicht setzen?«

Sie schüttelte den Kopf. Dabei sah sie mich gewissermaßen von oben herab an, obwohl sie viel kleiner war als ich. Es war keinerlei Flirt zwischen uns. Das Schweigen, das nun anbrach, war lastend. Es brannte nur eine Stehlampe. In ihrem Licht knöpfte sich die Bulgarin so zielstrebig, als stände sie vor ihrem Arzt, das Kleid auf und ließ es auf den Teppich gleiten. Dann zog sie ihr Unterhemd über den Kopf und schüttelte ihr Haar. Als sie den Kopf hob, sah ich im gelben Lampenlicht die marmorweißen Brüste einer slawischen Aphrodite.

»Wunderschön«, sagte ich beeindruckt.

Sie drehte sich einige Male um ihre Achse. Dabei lächelte sie nicht einmal. Aber ich sah den Triumph in ihren Augen, ein narzistisches Hochgefühl. Ich roch ihr Parfum und einen Hauch von süßem Schweiß. Und ich spürte, daß diese zerbrechliche Frau genau wußte, was sie wollte.

»Jetzt Sie!« sagte sie unvermittelt.

»Wie bitte?«

»Jetzt will ich Ihre Brust sehen.«

Ich dachte, ich hätte mich verhört. Ich lachte verlegen, rieb mir das Kinn und starrte sie an. Ihr Blick war tiefernst und ließ mich nicht los. Ich wußte, ich allein, daß ich mir meine aufkeimende Begierde auf sie nicht gestatten durfte. Für sie aber war es der Moment, in dem eine Frau die Macht ergreift.

Ich legte mein Sakko und meine Krawatte ab und zog mein Hemd aus. Sie betrachtete meinen nackten Oberkörper mit der demütigenden Miene eines Theaterdirektors, der eine Rolle zu besetzen hat. Und ich stand einfach da, entwaffnet und stumm.

Nach langen, schweigsamen Sekunden beugte sie sich vor und knöpfte ihre Strümpfe vom Halter. Sie setzte sich auf das Sofa, auf dem sie heute schon einmal gesessen hatte, und streifte die Strümpfe ab. Dann stand sie wieder auf und zog sich mit der obszönen Gebärde, von der diese Verrichtung beim Striptease begleitet wird, das Höschen aus. Den Strumpfhalter behielt sie an. Sie richtete sich gerade auf, sah mich herausfordernd, irgendwie trotzig an und drehte sich in einer vollendeten, von wirbelnden Strumpfhalterstrapsen umkreisten Pirouette herum. Ihre Haut war glatt und bleich. Diesmal sagte ich nichts. Ich mußte nichts sagen. Sie wußte, daß sie schön war. Ich nickte nur und schluckte trocken. Aber diesmal lächelte sie. Dabei preßte sie die Hände in einem Anflug jäher, unerwünschter Verwirrtheit auf ihre Scham.

»Und jetzt Sie«, flüsterte sie.

Ich hatte es erwartet. Ich zog mich aus. Als ich entblößt vor ihr stand, mußten wir beide kichern. Das Pragmatische des Vorgangs hatte auch sie verlegen gemacht. Ich hatte das Gefühl, nackt auf der Straße zu stehen. Ich hätte mich anziehen können. Statt dessen hob ich die Hände. Ich wollte ihren Arm ergreifen, mehr um mich, als um sie festzuhalten. Doch sie entzog ihn mir.

»Anziehen!« sagte sie mit Bestimmtheit. »Jetzt ziehen wir uns beide wieder an.«

Ohne sich abermals zu setzen, zog sie sich mit einer anmutigen Neigung ihres zierlichen Körpers die Strümpfe an. Ich ging ins Badezimmer und schlüpfte in meinen Kimono. Als ich in den Salon zurückkam, war die Bulgarin wieder in ihrem Kleid. Die Sachlichkeit ihres Ausdrucks, seine betretene Kühle waren verschwunden. Jetzt glühte ihr Gesicht im Lampenlicht. Sie sagte, wieder erstaunlich bestimmt:

»Ich trinke noch ein Gläschen Champagner mit Ihnen.«

Dann trat sie dicht an mich heran und küßte mich.

»Sie hatten mir zeigen wollen, wie schön Sie sind«, sagte ich, während ich in der Mini-Bar die Champagnerflasche suchte. »Aber warum mußte das heute abend sein?«

»Weil Sie mir eine zweite Gelegenheit nicht gegeben hätten«, antwortete sie.

Sie war die Jägerin und ich das Wild. Auch wenn ich der Millionär gewesen wäre, für den sie mich hielt, hätte es nichts, gar nichts gegeben, was ich ihr übelnehmen konnte. Sie trank ihr Glas leer, gab mir ihre Telefonnummer, küßte mich noch einmal und ging. Nachdem sie mich verlassen hatte, war meine Hochstaplersuite so leer wie ein Rahmen ohne Bild.

Tags darauf saß ich wieder in meiner Dachstuhlwohnung über den roten Ziegeln des Münchner Stadtmuseums am Schreibtisch. Am Handgelenk spürte ich das Gewicht meiner Uhr aus Stahl. Und den Kaffee kochte ich mir selbst.

Hatte ich etwas gelernt? Waren 22 Frauen für die Mehrheit ihres Geschlechts repräsentativ? Zumindest waren sie es für die im ewigen Spiel der erotischen Anknüpfung chancenreichen. Ihr Mut ist größer. Doch den Traum von einem Mann, der ihnen die Welt kauft, träumen auch die Feigen, die ihm nie begegnen werden.

Anhang

Auszüge aus Briefen, die der »Millionär« erhielt, nachdem er ein Bekanntschaftsinserat in der »Süddeutschen Zeitung« aufgegeben hatte:

»Lieber Kunstfreund!
Ihrem Ruf folge ich mit meiner Antwort. Nicht die Überschrift Ihrer Anzeige, sondern die hinter den Zeilen zu vermutende Persönlichkeit hat mich angesprochen. Zugegeben, der legendäre Dalí hat mit Recht gesagt, es sei besser, reich als arm zu sein ...«

»Sehr geehrter Herr,
in Ihrer Anzeige hat mich jede Zeile angesprochen, bis auf die fettgedruckte Titelzeile. Die hat mir fast ›den Wind aus den Segeln genommen‹, Ihnen überhaupt zu schreiben. Nun, ich versuch's trotzdem, auch wenn Sie, wie ich vermute, körbeweise Zuschriften erhalten werden und mein Briefchen untergeht ...«

»Sehr geehrter Mr. Unbekannt! (noch)
sollte es doch Ausnahmen geben? Habe Ihre Anzeige gelesen und dachte, wir sollten uns kennenlernen. Normalerweise sind Männer wie Sie vergeben, ebenso Frauen wie ich ...«

»Lieber mehrfacher Millionär,
obwohl ich Ihrer Anzeige gegenüber Vorbehalte habe, kann ich dennoch nicht ausschließen, daß dahinter eine interessante Persönlichkeit steckt. Gehe daher das Risiko ein, Ihnen mein Bild zu überreichen ...«

»Sehr geehrter Herr, lieber Unbekannter!
Wie schön, einen so erfolgreichen, auslandserfahrenen Mann, dem es gelungen ist, sich einen mehr als soliden finanziellen Hintergrund zu schaffen, in Deutschland, in München, vielleicht bald in meiner Nähe zu haben. An erster Stelle steht bei mir der Mensch, der Mann, seine Gesinnung, seine Lebenseinstellung, seine körperliche Erscheinung und sein Einfühlungsvermögen in die Gefühle, körperlichen Wünsche und seelischen Bedürfnisse einer Frau. Ich will aber nicht leugnen, daß ich es sehr schätze, neben dem körperlichen Verwöhntwerden auch eine gewisse Großzügigkeit durch materielle Geschenke und andere Annehmlichkeiten zu erfahren. Ich würde die Zuwendungen sehr bewußt erleben und diesem Mann – also Ihnen – nicht in Form von Dank, sondern von überzeugter Zuneigung all das schenken, was mir als Frau in großer Fülle gegeben wurde ...«

»Ihre Anzeige in der SZ.
Sie sind mehrfacher Millionär. Das paßt gut! Ich nämlich habe keine Million, weder die erste noch eine ›paritätische‹. Sie könnten mich auch sonst interessieren ...«

»An Dich!
Deine Anzeige klingt verlockend, und ich hätte Lust, Dich kennenzulernen ...«

»Lieber ›Millionär‹,
Ihr Anzeigentext ist wirklich ansprechend und sensibel – aber die headline ist so reißerisch, daß Sie vermutlich Ihr ›letztes Lebensdrittel‹ mit der Beantwortung von Zuschriften beschäftigt sein werden. Sollten Sie dennoch die Kraft haben, zum Telefonhörer zu greifen ...«

»Evtl. habe ich eine Schwäche für schrecklich eingebildete ›Mehrfach-Millionäre‹ ...«

»Hallo,
... Mir widerstrebt der ›Millionär‹, jedoch gefällt mir der Leitfaden in Ihrer Anzeige ...«

»Lieber mehrfacher Millionär,
ich finde Ihre Annonce süß, so daß ich Ihnen einfach schreiben muß. Die Damen werden entzückt sein über Ihre fett gedruckte Überschrift, denn ausgerechnet ›Millionäre‹ sind hier sehr gefragt ...«

»DEAR MISTER AESTHETE, welcome in Germany!
Willkommen in München. Und vielleicht auch bei Inga? Vorausgesetzt, dieses Bild einer Frau bezaubert Sie, vermag Ihre ganze Zärtlichkeit und wahre Liebe zu wecken. Dann würde ich gerne zu Ihrer Glücksgöttin avancieren ...«

»Lieber ›Frauenkenner‹!
Mit Millionen zu protzen finde ich zwar nicht besonders einfallsreich, dennoch möchte ich gerne wissen, wer sich dahinter versteckt. Meine Telefonnummer ...«

»Hallo, lieber Millionär,
ich schreibe Ihnen, obwohl ich Ihre Anzeige eigentlich nicht so toll fand, denn ich habe immer gesagt, über Geld spricht man nicht, das hat man. Bitte, nicht bös sein, aber ich sag immer gleich, was ich denke...«

»Lieber unbekannter Herr,
ich schreibe Ihnen trotz des ›vielfachen Millionärs‹ – als Überschrift fand ich das nicht so gut u. ich frage mich, was Sie sich wohl dabei gedacht haben? Ich habe nichts gegen äußeren Reichtum, finde jedoch den inneren Reichtum viel wesentlicher...«

»Betr.: Corriger la fortune,
was veranlaßt einen Menschen mit vielen Qualitäten, wie Sie sie angeben, eine Annonce mit ›Mehrfacher Millionär‹ anzufangen? Eigentlich müßten Sie bei jeder Zuschrift sehr mißtrauisch werden. Ich suche keinen Millionär, und Geld macht nicht glücklich. Aber ich würde lügen, wenn ich sagte, daß Geld mich stört oder beunruhigt...«

5. Kapitel

Die Angst vor der Liebe
*Exkurs über zwei Aspekte des Mißtrauens
zwischen den Geschlechtern*

Seit die Bewohner des Abendlandes den Irrgarten der Liebe entdeckten, ist sie ihnen ein Rätsel. Seitdem versuchen sie, sich das Empfinden zu erklären, das sie verwirrt, verstrickt, beglückt und zerstört. Der mutmaßlich erste unter den Denkern des Abendlandes, der mit öffentlicher Wirkung über die Liebe nachdachte, war um 700 v. Chr. der griechische Dichter Hesiod. Hesiod war Schafhirte aus Askra in Böotien. Zu Füßen des Helikon, im »Tal der Musen«, war er von den Musen »berufen« worden. Er beschrieb Eros als den erstgeborenen und »schönsten der unsterblichen Götter«, der Götter und Menschen um den Verstand bringt. In der von Hesiod beeinflußten griechischen Naturphilosophie war die Liebe eine alles verbindende, alles durchdringende kosmische Macht, die jegliches Entstehen bewirkt.

Seitdem ist das Phänomen Liebe von den Dichtern und Philosophen, von Anthropologen, Theologen, Ethologen und Psychologen immer wieder anders gedeutet, abweichend definiert, neu erklärt worden. Die schillernde Wirklichkeit der Liebe wurde von Platon anders interpretiert als von Thomas von Aquin. Liebe war für Rousseau etwas gänzlich anderes als für Freud. Zum Phänomen Liebe gab es nie einen historisch konstanten, allseits gebilligten Konsens. Dem Phänomen Liebe wurde nie eine gültige Form zuerkannt. Es war immer dunkel und rätselhaft, der Mutmaßung näher als dem

Wissen, eher dem Wahn zugeordnet als der Wahrheit, eher den Moden gehorsam als der Moral. Liebe wurde individuell erlebt – aber nach der jeweils gültigen Philosophie und den von ihr geprägten gesellschaftlichen Moden und Konventionen kollektiv begriffen und zeitgemäß erstrebt.

Die Dinge der Liebe waren zu keiner Zeit nur eine Angelegenheit des individuellen Gefühls. Liebe war immer auch geprägt von den Interessen der herrschenden Macht, also der von ihr erlassenen Gesetze, der von ihr proklamierten Ideale, der von ihr gewährten oder verweigerten Freiheiten, der von ihr begünstigten Konventionen und der von ihr geprägten Stile. Die Macht spricht uns ins Herz. Mit der aufdringlichen Wisperstimme des Zeitgeistes, die kaum einer zu hören zugibt und die dennoch jeden überredet, reguliert sie die Gefühle des Individuums. Seine Liebe sucht, einmal erwacht, das begehrte Gegenüber, doch der Vollzug, die Liebe, sogar die Umstände ihres Erlöschens sind an der aktuellen Mode und der herrschenden Moral orientiert, also vom Zeitgeist reglementiert. Der Mensch glaubt, die privatesten seiner Entschlüsse, seine amourösen Willensakte, gebäre er souverän. In Wahrheit ist seine Erotik im Netz gesellschaftlicher Wertvorstellungen gefangen.

Obwohl die Liebe in vergleichsweise hohem Maße ein individueller Zustand ist, haben unter den Individuen in der Geschichte der Menschheit immer nur wenige geliebt wie ihnen ums Herz war. Taten sie es, dann liefen sie Gefahr, an ihrer sozial unbotmäßigen Leidenschaft zu sterben: wie Romeo und Julia, wie Hero und Leander. Dann zerstörten sie einander wie Achilles und Penthesilea. Oder sie verbluteten im Kugelhagel der Ordnungsmacht wie Bonny und Clyde. Die dramatische Liebesdichtung war meist auch ein Menetekel der Macht: Liebe, wie und – das vor allem – wen zu lieben dir geboten – oder stirb!

Es gibt keine ewige Gültigkeit der Liebe. Es gibt nur die aktuelle, von der Mode befristete gesellschaftliche Norm der

Liebe. Die Norm befruchtet das Gefühl, stilisiert die Leidenschaft, bestimmt über die Schwärmerei, die Verzückung, die Intensität, sogar den Sex. Da Liebe anarchisch ist, wurde sie von allen Gesellschaften gezügelt, mit Verboten belegt, von Leitbildern ermuntert und auf soziale Nützlichkeit verpflichtet: durch die Paragraphen des Rechts, von den Hymnen der Poesie, den Enzykliken der Kirchen, den Traktaten der Philosophie und den Regeln der Etikette. Zwar wandelten sich Gesetze, Denkschulen, Stile und Moden. Und mit ihnen änderten sich die Normen, nach denen die Menschen einander liebten. Niemals aber wurde den Individuen von der Gesellschaft das Recht zugestanden, über die Umstände, die Konditionen und Objekte der Liebe unabhängig, unvoreingenommen, also souverän zu verfügen. Die Liebesbereitschaft des Individuums ist mit der Art verkettet, in der die Gesellschaft denkt und bewertet, idealisiert oder diskriminiert.

Der demgemäß zur Anpassung genötigte Mensch liebt, wie oder wen zu lieben ihm die Gesellschaft gestattet oder empfiehlt. Die Knabenliebe im griechischen Altertum, die Gattenliebe im antiken Rom, die keusche Minne im Mittelalter, das amouröse Laisser-faire des Rokoko, die schwärmerische Romantik der Viktorianer, die krude Promiskuität der Gegenwart waren/sind Optionen, wenn nicht Regulative des jeweils herrschenden Zeitgeistes. Ähnlichem Wandel waren/sind die Differenzierungen in Stände, Ränge, Kasten, Klassen oder Rassen unterworfen, deren Angehörige zu lieben dem Menschen geraten oder verwehrt war, empfohlen oder verleidet ist. Wen zu lieben ihm die Gesellschaft untersagt, den kann er auch in seinem intimsten Innern nicht lieben. Nicht in der Lauterkeit seines unbefleckten Herzens entzündet sich die Liebe, sondern im Koordinatensystem der Klischees, nach dem Index der Bedeutungen und Werte, unter dem betörenden Himmel der Reklamen. Das ist auch heute so. Gerade heute.

Ein Beispiel: Solange die Liebe zwischen der älteren Frau

und dem jüngeren Mann verpönt war, wurde sie auch nicht gelebt. Sie war ein Tabu, das die Seelen der Menschen gefangenhielt. Sie wurde von beiden potentiellen Kontrahenten als lebensfeindlich und geschmacklos, ja als unappetitlich verworfen; sie wurde nicht einmal für möglich gehalten. Also wurde sie auch nicht empfunden. Seit diese gestern noch unstatthafte Liebe von der Gesellschaft jedoch gebilligt wird, seit sie »à la mode« ist, verlieben sich jüngere Männer glühenden Herzens in reifere Frauen und reifere Frauen in jüngere Männer. Die nunmehr sanktionierte, fortan erstrebte Paarung der diametralen Lebensalter stieg zum weithin befolgten Leitbild auf, als welkende weibliche Stars zwischen Hollywood und Cinecittà als Opinion-leader begannen, Männer im Alter ihrer Söhne zu heiraten.

Das Beispiel könnte den Schluß nahelegen, daß die moderne Gesellschaft Fesseln abstreift, statt neue anzulegen. Doch in Wahrheit ist unsere Gesellschaft in bezug auf die Liebe nicht duldsamer, nicht liberaler als irgendeine zuvor. Die Liebe zwischen der Feministin und dem Polizeibeamten ist im Berliner Sponti-Bezirk Kreuzberg ebenso disqualifiziert wie in der großbürgerlichen Noblesse des Grunewalds jene zwischen dem Maurer und der Rechtsanwältin. Hinter den Schranken der erotischen Disqualifikation verzehrt sich der türkische Gastarbeiter neben dem deutschen Gelegenheitsarbeiter und dem afrikanischen Asylanten nach der nie erreichten Beauty Queen. Oberhalb der eigenen Klasse erblüht einem Mann selten eine Liebe. Niemand vermag dieser Norm zu entrinnen, ohne beträchtliches Ungemach auf sich zu lenken. Das Anerkenntnis der Norm ist der Beauté aus dem Villenviertel als Hochmut ins Gesicht geschrieben und dem Immigranten aus dem Getto qualvoll ins Herz gebrannt. Aber beide respektieren das Raster erotischer Klassen so instinktiv, als wäre es die Straßenverkehrsordnung.

Doch ist dies der Exkurs über die Angst vor der Liebe. Also geht es hier nicht um das erotisch Trennende, das zwischen den Klassen ist. Soziale Liebesschranken beunruhigen nicht, solange sie respektiert werden. Schranken, Klassen, Kasten sind das gesellschaftliche Gewisse. Angst macht den Menschen das Ungewisse, das unterschwellig in den Sozietäten Gärende, das Ungedachte und dennoch schmerzhaft zu Bedenkende, das nie Bezweifelte, aber plötzlich zu Bezweifelnde, der Zwiespalt, der daraus erwächst, die beklemmende Mutmaßung, der Verdacht. Ich habe die Klassen der Liebe erwähnt, um am Offensichtlichen deutlich zu machen, wie unduldsam die Gesellschaft auf unsere Erotik einwirkt, wie sie unsere Gefühle formt, unsere Liebe gängelt und welch normative Kraft ihr eigen ist. Auch das Ungewisse, formlos noch Aufkeimende kommt aus der Gesellschaft, auch das Unentschiedene wird von ihr heraufbeschworen: die unfertige neue Norm. Was ist richtig? Was ist falsch? Woran kann ich mich halten? Und vor allem: Was ist für mich von Nachteil? Wie eine Luftspiegelung über dem Meer verdichten sich modische oder avantgardistische Denkansätze zu trügerischer Gewißheit: diffuse Bilder, vage Tendenzen, dennoch mächtig werdend, dennoch Normen stiftend – Orientierungschiffren, die manchen in die Irre führen. Sie machen angst, weil sie noch ungefüge sind – Strömung, aber noch kein Gesetz. Wir leiden daran, daß wir nicht wissen, was die Liebe ist. Blind suchen wir das Glück.

Die Liebe muß aktuell erklärt werden. Das bedeutet: Die Tendenz muß ins Licht treten, die Strömung ihren Pol finden.

Unter der Ägide des bürgerlich-romantischen Liebesideals ängstigen sich die Menschen vor der Liebe nicht, weil ihnen das Ideal Gewißheit gab. Zwar hoffen wir noch immer auf die Verheißungen dieses Ideals, doch wir vertrauen ihm nicht mehr. Zu selten ist die Liebe in der kapitalistischen Wettbewerbsgesellschaft das Naturereignis, das den ahnungsvoll Hoffenden überwältigt wie ein heißer Gewittersturm. Zu selten ist unsere Liebe ein fiebriger Affekt. Der von Prosper Mérimée und Georges Bizet im Geiste Rousseaus beschworene Schicksalszirkel aus Liebe und Tod, in dem die Zigeunerin Carmen mit brennendem Herzen untergeht, beschreibt ein erloschenes Feuer. »Carmen« erlebte als Film des spanischen Regisseurs Carlos Saura kurz vor der Jahrtausendwende eine Renaissance und lockte uns ein süßes Sehnen in die Brust. Doch so wehmütig unsere Sehnsüchte sein mögen – sie sind dem Nehmen geweiht, nicht dem Geben; sie sind unersättlich und sättigen niemanden. Unsere Liebe sind sie nicht.

». . . man möchte sagen«, schrieb Sigmund Freud, »die Absicht, daß der Mensch ›glücklich‹ sei, ist im Plan der ›Schöpfung‹ nicht enthalten.« Liebesglück war für den Begründer der Psychoanalyse »episodisch« und entsprang »der eher plötzlichen Befriedigung hoch aufgestauter Bedürfnisse«. Ist der Orgasmus das Glück? Manch einer glaubt es und wünscht sich wie die Aranda, Aborigines in den Wäldern Australiens, die unendliche Kopulation.

Unsere Liebe ist nicht von der Art, die uns unversehens widerfährt, sondern die Liebe, die wir wagen. Liebe widerfährt dem, der sie will. Unsere Liebe ist nicht grenzenlos, sondern in unseren Herzen bänglich abgesteckt – von unserer erfahrungsbedingten Skepsis, vom Kalkül, von unserem Lebenswillen, von unserer Lebensnot. Unsere Liebe ist nur so groß wie das Opfer, zu dem wir bereit sind. Unsere Liebe ist nicht ewig, aber sie erschließt uns eine Ewigkeit im Augenblick. Unsere Liebe führt uns selten in die Sicherheit der Treue und des ausschließlichen Gefühls, aber oft in die Sackgasse des Verdachts oder ins Abenteuer der Versuchung. Unsere Liebe spendet Lust, aber wir müssen ein hohes Maß an Unlust riskieren. Da die meisten von uns in ihrem Leben mehr als einmal lieben, müssen sie auch häufiger leiden. Seit wir jedoch gewohnt sind, körperlichen Schmerz mit chemischen Mitteln zu bekämpfen, wollen wir auch den seelischen nicht mehr erdulden. Deshalb erscheint die Liebe vielen Menschen als Gefahr. Deshalb haben sie Angst vor der Liebe. Deshalb verzichten so viele Menschen auf sie.

Nach vier Jahrzehnten feministischer Revolte werden sich die Geschlechter des Trennenden bewußt, das zwischen ihnen ist. Zwar führte die Emanzipation der Frau dazu, daß Frauen und Männer einander ähnlicher sind als je zuvor, doch war die Kluft zwischen ihnen noch nie so tief. Jede Liebe ist ein Brückenschlag über diese Kluft und insofern ein vom Einsturz bedrohtes Wagnis. Die kapitalistische Wettbewerbsgesellschaft hat der Liebe den Tauschcharakter verliehen, an dem sie so oft verkümmert, kaum daß sie keimt. Und die sogenannte »sexuelle Revolution« hat die Lust entseelt und die Liebe materialisiert.

Und dennoch gibt es sie, die Liebe. Der Blauen Blume der Romantik ist sie nicht mehr ähnlich. Die neue Liebe blüht schlichter, vielleicht blasser, unserer bedrohten Erde näher. Sie ist dem überlebten Ideal entrückt, dem Traum entrissen. Sie ist unbehaust, irdisch, preisgegeben, realitätsnah, ganz und gar modern. Es ist die Liebe, die zu lieben uns gegeben ist. Aber so viele Menschen, vielleicht sogar die meisten, haben Angst vor ihr, weil sie diese Liebe nicht lieben und die von ihr ausgehenden Gefahren nicht bestehen wollen.

»And it's time, time, time that you love!« singt der amerikanische Songwriter Tom Waits, ein Humanist der Popkultur. Sein beschwörender Gesang klingt wie die Mahnung eines Rufers in der Wüste.

Unsere Zivilisation, die wir auch deshalb als fortschrittlich verstehen, hat uns eine vielfältig sprießende, mannigfach verzweigte, hundertfach verästelte, jedem Geständnis offene, kein Tabu fürchtende, grandiose *scientia sexualis* beschert. Aber mit der klassischen Tradition der *ars erotica* hat sie gebrochen. Im mächtigen Verein mit der Medizin, der Biologie, der Psychologie, der Psychiatrie, der Soziologie, der Ethnologie, der Verhaltensforschung bis hin zur Rechtswissenschaft haben die Sexualwissenschaften die verborgensten Geheimnisse unserer Sexualität ans Licht gezerrt und gewogen, gezählt, gemessen, benannt, registriert und katalogisiert. Doch eine unserer Zeit gemäße Kunst der Erotik vermochten sie uns nicht zu geben. So sind wir sexuell aufgeklärte, liebestechnisch unterwiesene, vermeintlich kundige, in Wahrheit unwissende, die Liebe bezweifelnde, der Erotik entfremdete Zeitgenossen. Wir wissen alles über den Sex und wenig über die Liebe.

»Man sagt häufig, wir seien unfähig gewesen, uns neue Lüste zu ersinnen«, schrieb der französische Philosoph Michel Foucault (1926–1984) im ersten Band seiner Reihe »Sexualität und Wahrheit«. »Wir haben zumindest eine neue Lust erfunden: die Lust an der Wahrheit der Lust, die Lust, sie zu wissen, sie auszukleiden, sie zu enthüllen, sich von ihrem Anblick faszinieren zu lassen, sie zu sagen, andere mit ihr zu fangen und zu fesseln, sie im verborgenen mitzuteilen, sie listig aufzuspüren; die spezifische Lust am wahren Diskurs über die Lust. Weder in dem von der Medizin versprochenen Ideal einer gesunden Sexualität noch in der humanistischen Träumerei von einer vollkommenen, allseits entfalteten Sexualität und erst recht nicht in den Gesängen vom Orgasmus und den guten Gefühlen der Bioenergetik braucht man indessen nach den wichtigsten Elementen einer Kunst der Erotik zu suchen, die an unser Wissen über die Sexualität geknüpft ist.«

Eine Kunst der Erotik haben uns auch die Autoren der sexuellen Unterweisungsliteratur nicht gelehrt: In der Sturzflut ihrer Fibeln und Traktate, die seit dem Beginn der sexuellen Revolution, also seit den sechziger Jahren dieses Jahrhunderts, über uns hereinbrach, erstickten die schlichten, naturbedingt naiven, kreativen erotischen Instinkte des Menschen. In diesen Büchern fanden sich verblüffende Strategielehren für den intimen Stellungskrieg der Leiber, aber keine Orientierungshilfen für die zärtliche Kommunikation der Seelen. Die Autoren dieser Bücher kartographierten die Oberfläche des menschlichen Körpers wie einen Vermessungsplan. Sie taxierten und topographierten seine Epidermis nach den Graden ihrer Reizbarkeit, seine taktilen Sensoren nach den Formaten ihrer Empfänglichkeit, seine Drüsen nach den Volumen ihrer sekretorischen Reflexe, seine Organe und Extremitäten nach den Dimensionen ihrer Erregbarkeit; sie lokalisierten »Zonen«, »Punkte«, »Hügel« und »Höfe«. Aber das Geheimnis der Sexualität lüfteten sie nicht:

»Wenn man die Wahrheit des Sexes durch die Technik des Geständnisses hervorzerren muß«, schrieb Michel Foucault im Abenddämmerlicht der sexuellen Revolution, »so nicht allein deshalb, weil sie schwierig auszusagen oder mit den Verboten des Anstands belegt ist, sondern weil das Funktionieren des Sexes selbst dunkel ist; weil das Entschlüpfen zu seiner Natur gehört und weil seine Energie und seine Mechanismen sich entziehen, weil seine Kausalmacht zu einem Teil im geheimen arbeitet.«

Nicht einmal die Angst vor der Sexualität haben die Protagonisten der sexuellen Revolution uns nehmen können. Da sie den Nießbrauch des Sexes, den Profit der Lust und den Triumph des Orgasmus mit der Ideologie der Leistung verknüpften, haben sie neue Ängste gezeugt: Versagensängste, Potenzsorgen, Frigiditätskomplexe. Gewiß, sie haben das Recht des Menschen auf sexuelle Selbstbestimmung konstituiert. Und manches, was sie unter dem stolzen Banner ihrer Revolte enthüllt, trotzig bebildert und rebellisch beschrieben haben, führte zu befreienden Gewißheiten, zu einer neuen Souveränität des Menschen. Wer forschend, schreibend, bildnerisch gestaltend oder auch nur praktizierend in einem virilen Lebensalter an dieser Revolte teilgenommen hat, erinnert sich heute an eine wunderbare Zeit. Für die Akteure der sexuellen Revolution, in der Mehrzahl Männer, war sie sicherlich eine Sternstunde ihres Lebens. Aber es muß gefragt werden, ob die Gewinne den Verlust aufwiegen. Denn die nun waltende, postrevolutionäre Manie, alles zu sagen und alles zu zeigen, hat uns auch um unsere Neugierde gebracht: Sie hat unsere einst suchenden, zaghaft aufspürenden, jubelnd erkennenden Sinne geblendet und unsere erotische Phantasie entthront. Vor allem aber hat die sexuelle Revolution – und das ist das Bedenklichste, was über sie gesagt werden muß – die Sexualität von der Liebe getrennt.

In versunkenen Epochen wurde die Kunst der Erotik von kenntnisreichen Meistern an auserwählte Schüler weitergegeben. Aber sie war auch ein Thema der Poesie. Ähnlich wie Catull und Vergil hat der römische Dichter Ovid (43 v. Chr. bis 17 n. Chr.) in seiner »Ars amatoria« den Schmerz besungen, der die Liebe bedroht und die Erotik würzt. Im altindischen »Kamasutra« des Brahmanen Mallanaga Vatsyayana, der im vierten Jahrhundert nach Christus lebte, ist die Erotik neben dem religiösen Streben eines der höchsten hinduistischen Lebensziele. Der niederländische Humanist und Theologe Erasmus von Rotterdam (1466–1536), der an die humanistische Tradition der Antike anknüpfte, unterwies seine Schüler noch in der Wahl einer guten Prostituierten. Das Ziel all dieser Belehrungen war jedoch nicht die seelenferne Triebentladung durch den Orgasmus, sondern eine geistig und seelisch zu leistende Verfeinerung der erotischen Ekstase.

Der Begriff Erotik ist vieldeutig, aber er bezeichnet mehr als der biotechnische Terminus Sex. Er umschließt die geschlechtliche Anziehung und die sinnliche Lust ebenso wie die passionierte Gewandtheit des Geistes und das Entzücken der Seele. Der griechische Philosoph Platon (428–348 v. Chr.) sah drei Stufen erotischen Strebens: die Liebe zum schönen Leib, die Liebe zur schönen Seele und die Sicht des Schönen selbst, nämlich des zutiefst Wahren und Guten. Noch viele Jahrhunderte später erschien auch bei seinem Landsmann Plotin (ca. 205–270 v. Chr.) Eros in der Rolle des Erlösers. Nach Michel Foucault entdeckt der Mensch im erotischen Begehren die Wahrheit seines Seins. Erotik ist in alledem erhabener als Sexualität. Erotik ist sublim. Erotik ist human. Erotik ist die umfassende Gestalt der Liebe. Als die sexuelle Revolution die Sexualität befreite, hat sie die Erotik entmündigt. Der befreite Sklave unterwarf die Königin.

Die Künder der sexuellen Revolution wollten, als sie die

Exerzitien des Sexes von den Regungen des Eros schieden, die Utopie des bürgerlich-romantischen Liebesideals entlarven. Sie standen gegen das Ideal, weil es eine repressive Macht ausübte, der es zu entrinnen galt. Für sie war die romantische Liebe als Begriff ein Symptom und als Phänomen eine Erfindung der puritanischen Sexualmoral des neunzehnten Jahrhunderts. Deshalb isolierten sie den Sex, indem sie ihn nobilitierten. Sie verliehen ihm autonome Majestät. Doch der nun autonome, geadelte, isolierte Sex war seiner Rolle als erhabene Majestät keineswegs gewachsen. Die Apostel der neuen Freiheit hatten keine neue Freiheit begründet, sondern eine jahrtausendelang gewährte oder geduldete, schließlich jedoch geknebelte entfesselt.

Die Apologeten der sexuellen Revolution waren neumodisch und lärmend zu den französischen Sensualisten des achtzehnten Jahrhunderts heimgekehrt, zu den unkeuschen Mentoren Casanovas, zu Claude Adrien Helvétius (1715–1777), zu Julien Offray de La Mettrie (1709–1751), die im Menschen eine von seinen Trieben gelenkte Maschine sahen. Die Evangelisten der sexuellen Befreiung dachten kaum anders als der Priester und Philosoph Étienne Bonnot de Condillac (1714 bis 1780), der den Gedanken absurd fand, daß ein Mann seine eigene Frau lieben könnte. Die Väter der sexuellen Revolution dachten es nur anders; sie dachten es in der emphatischen Terminologie ihrer Gelehrsamkeitszünfte. Worte wie »Lustgewinn«, »Triebverzicht«, »Orgasmusfähigkeit«, »sexuelle Emanzipation« hatten Konjunktur. Sex war für die Rebellen gleich Liebe und Orgasmus gleich Glück. Eine neue Spezies, ja, eine ganz neue Typologie Mensch betrat die Bühne: der »Single«, der »Swinger«, der »Softy«, das »Lustobjekt«, die »aggressive« Frau, das »offene« Ehepaar, das »sexuelle« Kind. Und sie spielten neue oder neu entdeckte Spiele: den »Gruppensex«, die »Triole«, den »Spontansex«, den »Analsex«, den »Telefonsex«, den »Quicky«. Die Rebellen dachten den Sex zunehmend in biotechnischen Begriffen; sie verliehen ihm den Marktwert, den er heute hat; sie lösten ihn aus nahezu jedem ethischen Bezug. Man rühmte, was man dachte, unter der monumentalen Patenschaft Sigmund Freuds, und mit den Einsichten seiner Schüler machte man glaubhaft, was man rühmte.

Das hatte sonderbare Folgen: Mit der Isolation des Sexes durch seine Bestallung zum Alleinherrscher der Psyche stützten die Sexualrebellen unabsichtlich die Herrschaft des bürgerlich-romantischen Liebesideals, die sie doch eigentlich hatten stürzen wollen. Denn nicht nur die Vordenker der sexuellen Revolution, auch die toten Troubadoure des romantischen Ideals hatten die Sexualität von der Liebe getrennt, freilich aus ganz und gar gegensätzlichen Gründen: Um die Liebe aus dem Rationalismus der Aufklärung und der Geringschätzung durch die Sensualisten zu erlösen, gaben Rousseau, seine Trabanten und Epigonen der Liebe die Keuschheit zurück. Der niederländische Philosoph Frans Hemsterhuis (1721–1790) pries die durchdringende Vereinigungskraft der Liebe, trennte aber mit kompromißloser Schärfe die körperliche von der seelischen Verschmelzung, die physische von der psychischen Beziehung. Und für Rousseau lag die wahre Glückseligkeit »in der Vereinigung der Herzen«. Wenn der amerikanische Philosoph Wilhelm Reich (1897–1957) als Vordenker der sexuellen Befreiung zwei Jahrhunderte später die »freie Sexualität« fordert, weil für ihn »der Kern des Lebensglücks das sexuelle Glück« ist, dann meint er zwar etwas gänzlich anderes als Hemsterhuis und Rousseau, doch hinsichtlich der Sexualität bewirkt er dasselbe: Die Trennung des Sexes von der Liebe, seine Isolation nunmehr in der Rechtmäßigkeit.

Die Idealisten der Romantik sprachen die Liebe heilig und dem körperlichen Liebesakt die Glorie ab. Der Sex wurde in die Klausur der Ehe verbannt und von Bürgertum und Kirche auf seine Fortpflanzungsfunktion beschränkt.

Die Sexualrebellen glorifizierten den Sex, weil er für sie die Liebe war. Doch von ihr zu sprechen wurde unmodern. Man war jetzt »cool«, unverblümt, unverstellt, man sprach von seinen »Bedürfnissen« und benannte sie rundheraus und obszön:

»Laß uns ficken!«

Doch je starrsinniger man die Liebe verschwieg und den Sex benannte, desto eindeutiger meinte man auch nur noch ihn – den alles durchdringenden, alles berührenden, permissiven Sex, Beherrscher des Universums. Die Moralisten des neunzehnten Jahrhunderts hatten den Sex im verbotenen isoliert, die Libertins des zwanzigsten Jahrhunderts taten es im erlaubten.

Deshalb neigen wir in ungebrochener Kontinuität seit nunmehr zweihundert Jahren zu der Überzeugung, daß Liebe und Sexualität zwei verschiedene Triebphänomene sind – heilig, edel, erhaben, wenn auch kaum noch glaubhaft, wenn auch selten erfahrbar die Liebe, profan, animalisch, wenn auch nicht mehr unfein, wenn auch legitimiert der Sex. Es bedarf schon eines besonders gnädigen Zufalls, glauben viele von uns, wenn Liebe und Sex in beglückender Einheit zusammenfinden. Die Angst vor der Liebe wurzelt – unter anderem – in dieser Disparität. Denn die Isolation des Sexes hindert uns daran, im sexuellen Begehren den Keim der Liebe zu erkennen. Die meisten freisinnigen, »emanzipierten«, also modernen Menschen, die mit einem One-night stand einen Akt isolierter Sexualität erfahren, ja genossen haben, kämen gar nicht mehr auf den Gedanken, daß sie der Liebe begegnet sein könnten: Blinde in Arkadien.

Ich behaupte nicht, daß in jedem sexuellen Begehren auch Liebe enthalten ist. Aber ich behaupte, daß sexuelles Begehren eine frühe, zudem spezifische, ja kategorische Manifestation der Liebe ist. Kurz: Sex ohne Liebe ist möglich, erotische Liebe ohne Sex ist es nicht. Es ist nur viel leichter, eindimensional an den isolierten permissiven Sex zu glauben. Er ist einfach da. Liebe aber muß geleistet werden. Es waren vor allem die Männer, die sich auf die neue Ideologie des befreiten Sexes einließen. »Swinging«, Partnertausch also und Gruppensex, wurde in modisch liberalen Kreisen auf grelle, mitunter demonstrative Art gesellschaftsfähig. Männer lebten (und leben) diese Ideologie überaus willig, aber an der feministischen Klage, daß allein sie von der sexuellen Befreiung profitierten, habe ich meine Zweifel. Soweit der isolierte permissive Sex genießbar war, haben auch die Frauen ihn genossen. In dem Maße aber, in dem er die Liebe unglaubhaft machte, haben beide Geschlechter sie entbehrt und darunter auch gelitten.

Im Jahre 1983 berichtete ich als Reporter in der deutschen Ausgabe des »Playboy« über den Swingerclub »Plato's Retreat« in New York. Dort fanden sich amerikanische Paare, die einander in der Mehrzahl noch nie begegnet waren, zum Gruppensex. Nirgendwo auf der Welt kann die Not sexuell befreiter Triebschicksale, kann die Seelenferne des von der Liebe isolierten, permissiven Sexes und die Entbehrung authentischer Erotik bedrückender deutlich geworden sein als in diesem Club (der das Aufkommen der Seuche Aids nicht überlebte und heute geschlossen ist). In »Plato's Retreat« (Platons Zuflucht) schlief jede mit jedem. Dort funktionierten die Menschen nach einer eigentümlich strengen, ernüchternd armseligen Norm, eher von Manien gesteuert denn von Leidenschaften überwältigt. Wann immer ich ein Paar beobachtete, das sich fremd umschlang, wann immer sich meine Wahrnehmung in einer blindlings zusammengewürfelten, reflexhaft agierenden, vielgliedrig verschränkten Menschengruppe verfing, waren die Mienen der Beteiligten maskenhaft ernst und die Münder tonlos.

Ich beobachtete makabre Séancen. Ich sah, wie die Männer sich beim Liebesakt offenen Auges befleißigten, meist bemerkenswert ausdauernd und gleichbleibend schnell. Ich sah, wie die Frauen ihnen willfährig entgegenkamen, eher bemüht denn beteiligt. Aber ich erinnere mich nicht, eine impulsgesteuerte Zärtlichkeit beobachtet zu haben, eine von innerer Anteilnahme getriebene, gelöste Berührung, die das Bewußtsein betäubt und den Blick betört.

»May we join you?« war die rituelle Höflichkeitsfloskel paarweiser Annäherung. »Dürfen wir uns euch anschließen?« Oder auch: »May we share you?« »Dürfen wir euch aufteilen?« Das Ebenmaß eines Menschen, der Reiz seiner Persönlichkeit, seine erotische Lockung, sein Charme, der aufs Gesicht, sein Witz, der aufs Gehör wirkt, wurden, so schien es, nicht vorausgesetzt, kaum wahrgenommen. Unter den Klanggewittern der Rockmusik, im flachen Wasser geheizter Pools, aus denen heiße Dämpfe aufstiegen, in den brodelnden Jacuzzis, auf der großen, schwarzen Marmortanzfläche, auf den Rängen einer Empore, in den tausendfach befleckten, milchig beleuchteten »Mattenräumen« lenkte ein dumpfer Magnetismus der Genitale das Geschehen. Nirgends ein Flirt. Selten ein Kuß.

»May we join you?«

Ein Kopfnicken.

Ein Lidersenken.

Partnertausch.

Mitte der siebziger Jahre hatte der New Yorker Journalist Don Hughes in der Subkultur-Postille »Screw« die Zahl der amerikanischen Swinger auf sechs bis acht Millionen veranschlagt: »Und es werden immer mehr«, schrieb er, »denn das junge Amerika entledigt sich seiner Tabus.« Larry Levenson, ehemals Limonadenverkäufer in Coney Island, hatte »Plato's Retreat« im Juni 1976 eröffnet. Im ersten Jahr seines Bestehens von anfangs ahnungslosen, später entrüsteten Hauswirten achtmal gekündigt, hatte der Club im September 1977 jene Adresse gefunden, unter der er in der ganzen Welt berühmt wurde: Nahe dem Broadway, an der 74. Straße West, haben Larry Levenson und sein Partner, der Abbruch-Unternehmer Mike Ross, für 100 000 Dollar Jahresmiete die gekachelten Kellerfluchten des ehrwürdigen »Ansonia-Hotels« übernommen. Einen unziemlicheren Ort hätten sie in Manhattan kaum finden können. Denn der siebzehnstöckige Art-nouveau-Bau, errichtet im Jahr 1904, war in seinen besseren Tagen das exquisiteste Apartmenthotel der Neuen Welt gewesen. Rachmaninow, Toscanini, Strawinsky, Caruso, Flo Ziegfeld und Theodore Dreiser hatten dort gewohnt. Und auf dem palmendekorierten Podium des Dachgartenrestaurants hatten Symphonie-Orchester konzertiert.

Jetzt war es still geworden auf dem Dach, das Hotel war heruntergekommen, aber es war immer noch von Persönlichkeiten bewohnt, die einst in der Metropolitan Opera oder den Auditorien des Vaudeville gefeiert worden waren. Für sie waren die Kellerséancen unter ihren Füßen eine amerikanische Tragödie. Sie lebten in einem Land, in dem Gummifabrikanten für Kondome nicht werben durften und »unnatürlicher«, also oraler oder analer, Sex in der Hälfte aller Bundesstaaten mit Strafe bedroht war – in Georgia mit zwanzig Jahren Gefängnis. Die Veteranen des »Ansonia« protestierten so beharrlich gegen die Kellermieter, daß der Hotelbesitzer sie nach drei Jahren mit einer hohen Abfindung zum Auszug bewog.

Die 34. Straße West, ihr finsteres vierstöckiges Haus Nummer 509, in dem »Plato's Retreat« seine letzte Zuflucht fand, hatte mit dem noblen Verfall des bisherigen Domizils keinerlei Ähnlichkeit. Es war von Werkstattgebäuden und verwahrlosten, puertoricanisch bewohnten Mietskasernen umgeben. Nach Einbruch der Dunkelheit war die Straße so finster wie der nächtliche Hudson River, vor dessen verwaisten Piers sie endet. Doch die Klubräume waren größer als im »Ansonia«, und der Zulauf schwoll immer noch an. In manchen Nächten zelebrierten an die tausend Menschen, zumeist Angehörige der gehobenen Mittelschicht New Yorks, auf 2136 Quadratmetern Discodiele, Planschbecken und Matratzenpfuhl ihr Bekenntnis zum befreiten Sex.

Es wurde niemand gezwungen, sich zu entkleiden. Paare, die es nicht taten, blieben unbehelligt. Manche hatten sich abschnittsweise entblößt: Männer im T-Shirt, Frauen im Mieder, im übrigen nackt, Pathos der Genitale. Doch die meisten waren gänzlich unbekleidet. Ihre Akte beschränkten sich auf

Fellatio, Cunnilingus und einige Variationen der Penetration. Ihr Bemühen galt ersichtlich dem Ziel, selbst »gut« zu sein. Man war sich der Zuschauer bewußt; hier wurde der Geschlechtsverkehr nicht ausgeübt, sondern aufgeführt. Die Empfindungen, die ihn begleiteten, fanden wenig Ausdruck; ich hörte selten ein Seufzen und nie einen Schrei. In den Gesichtern, die ich aus diskreter Distanz erforschte, vermißte ich den Kitzel der Anzüglichkeit, das Gepräge der Verworfenheit, die Entrücktheit der Ausschweifung, die Verzückung der Wollust, die Angstlust des Lasters, die Süße der Sünde. Es war, als sei Sex zwar erlaubt, das mimische Bekenntnis dazu aber verboten. Nicht einmal Gerüche konnten sich entfalten: eine starke Klimaanlage saugte sie ab. Es gab keine alkoholischen Getränke; die stumme Perversion vollzog sich nüchtern.

Ich will von Richard und Mary Jane erzählen, von einem Ehepaar mittleren Alters, das in einem Vorort im Norden Manhattans lebte. »You're gonna get your fingers burned«, sang Lenny Zakatek vom Plattenteller, als meine Begleiterin und ich in einem der Mattenräume mit den beiden Swingern ins Gespräch kamen. Sie waren nackt. Mary Jane ließ sich von drei Männern gleichzeitig »befriedigen«; die Männer engagierten sich mit gewichtigem Eifer. Einer penetrierte sie, die anderen spielten mit den an der Penetration unbeteiligten Zonen ihres Körpers, wobei größte Sorgfalt auf Analogie der körperlichen Zuwendung gerichtet wurde: Mary Jane war augenscheinlich bemüht, jede Berührung in qualitativ gleichwertiger Weise zu erwidern. Eine Ökonomie der Ausgewogenheit lenkte die Gruppe; niemand wollte sich etwas schenken lassen, niemand als Egoist erscheinen. Es schien, als wollten die Akteure unter allen Umständen Machtpositionen und Unterwerfungen vermeiden. Die Szene ergab ein pornographisches Panorama, sie war schamlos, jedoch kaum lasziv; sie war nicht sinnlich, nicht schwelgerisch, sie entbehrte der Pikanterie und war deshalb obszön. Eine ferne, schon wieder prüde, paradoxe, doch mächtige Moral schien die Beteiligten zu steuern – ein sexualhygienisches Prinzip. Hier ging es nicht um Polarität, sondern um Kongruenz, um die Gleichrangigkeit der Empfindungen und die Gleichzeitigkeit der Klimax. Hier ging es nicht um Lust, sondern um Demokratie.

Richard lag daneben, den Kopf in die rechte Hand gestützt. Seine Linke lag wie ein verlorener, unliebsamer Trost auf dem Bauch seiner Frau; es war eine Geste rätselhafter Ergriffenheit. Richard war weit und breit der einzige Mensch, der lächelte – das brandige Lächeln eines Soldaten im Feuer. Und so enthüllte er uns den Zwiespalt seiner Gefühle. Er war ein attraktiver Mann mit dunklem Haar, das sich eisgrau zu verfärben begann. Im diffusen Licht, das auf diese verzweifelte Szene fiel, sah er aus wie Omar Sharif. Er sah meine Begleiterin an und sagte:

»Mary Jane sagt immer, ich sähe aus wie Omar Sharif.«

»Sprichst du von mir?« fragte Mary Jane, ohne den Kopf zu wenden. Dabei wischte sie mit einer blinden Gebärde Richards Hand von ihrem Bauch.

»Mary Jane ist eine wundervolle Frau«, sagte Richard.

Dann kehrte er ihr den Rücken zu und beschrieb uns mit überraschend bildhaften Worten das Haus, das er mit ihr bewohnte – ein zweistöckiges Haus mit Garten, Swimmingpool und Motorboot am Ufer des Hudson River. Er erwähnte auch die uralten Platanen und Sykomoren, deren Kronen im Wind über der Veranda rascheln und im heißen New Yorker Sommer Schatten spenden. Und er sagte:

»Mary Jane ist die einzige Frau, die mich versteht. Und ich bin, denke ich, der einzige Mann, der sie versteht. Wißt ihr, ich bin ein hoher Beamter der Bundesregierung, aber ein liberaler Mann. Ich glaube, daß jeder Mensch, ob verheiratet oder nicht, das Recht hat, über sich selbst zu bestimmen.«

»Seit wann seid ihr verheiratet?« fragte ich.

»Seit sieben Jahren.«

»Kinder?«

»Nein, aus dieser Ehe nicht. Mary Jane ist meine zweite Frau.«

»Seit wann besucht ihr diesen Club?«

»Seit drei Jahren.«

»Wer gab dazu den Anstoß?«

»Mary Jane. O ja. Es sind immer häufiger die Frauen, die ihre Männer zum Swinging ermuntern. Ihr dürft nicht glauben, daß es an mir lag, ich meine, ich kann sie durchaus befriedigen. Aber ihr müßt sehen, daß die moderne amerikanische Frau sehr aggressiv ist.« Er schwieg eine Weile. Dann sagte er mit der hellen Miene eines Menschen, der ohne Anstrengung positiv denkt: »Doch, das ist völlig okay.«

Richard lächelte sein großes, herzliches amerikanisches Lächeln. Der Mann hatte, während wir mit ihm sprachen, keine Sekunde aufgehört zu lächeln.

Dann saß Mary Jane plötzlich neben uns, ein blonder, etwas übergewichtiger Krauskopf mit schillernder Aura und den weichen Konturen einer Fruchtbarkeitsgöttin. Sie tätschelte ihrem Mann, ohne ihn dabei anzusehen, mit einer trägen Gebärde die Hand, so als wollte sie ihn wissen lassen, daß sie noch in seinem Leben war. Die Füße der beiden berührten einander, sie flüsterten. Richard nickte wortlos. Dann erklärte er ihr, wer wir waren.

»Hey! Ich bin Mary Jane!« rief Mary Jane im Tonfall eines Menschen, der ein Bekenntnis ablegt. »Ihr seid aus Deutschland? Erzählt, gibt es das auch bei euch? Swinging?«

»Ja«, sagte ich, »aber nicht so öffentlich.«

»Nun ja, man ist hier ein bißchen auf dem Präsentierteller. Aber privacy ist langweilig. Und wer will schon an Langeweile sterben. Besucht uns doch mal in unserem Haus. Wirklich, ihr müßt uns besuchen!« Und lachend fügte sie hinzu: »Just for relationship.«

Nur zum Plaudern.

Ein Elysium der Lüste ist unter dem Regime des isolierten permissiven Sexes nicht entdeckt worden. Swingerklubs waren keine Gärten der Erotik. Aber dem, der sich von ihnen locken ließ, gaben sie demütigend zu erkennen, mit welch unbarmherziger Konsequenz die Trennung zwischen Sex und Liebe vollstreckt wurde. Das ernüchterte auch die Mehrheit jener, die das Innere solcher Klubs nie betreten hatten: Die Wirkung des allseits erlaubten, alles überwölbenden Sexes war breit gestreut; sie teilte sich durch die Medien und die Moden mit und durchdrang die abendländische Menschheit bis hin zum keuschesten Individuum auf vielfältig verwirrende Weise. Es war die Identität des Sexes selbst, die dabei verarmte. Sex war auf das mechanische Funktionieren der menschlichen Organstruktur reduziert.

»In der Kunst der Erotik«, schrieb Michel Foucault, »wird die Wahrheit aus der Lust selber gezogen, sie wird als Praktik begriffen und als Erfahrung gesammelt. Nicht im Hinblick auf ein absolutes Gesetz des Erlaubten und Verbotenen und nicht unter Bezugnahme auf ein Nützlichkeitskriterium wird die Lust gesehen, sondern zunächst und zuallererst in bezug auf sich selbst ist sie als Lust zu erkennen, also in ihrer Intensität, ihrer spezifischen Qualität, ihrer Dauer und ihren Ausstrahlungen im Körper und in der Seele. Besser: dieses Wissen muß mit Gleichmaß wieder in die sexuelle Praktik eingegossen werden, um sie gleichsam von innen zu gestalten und ihre Wirkungen auszudehnen.«

Der Sex verarmt, die Schule der Erotik geschlossen, die Erotik demgemäß verkümmert – welche Chance kann die Liebe da noch haben? Andererseits: Immer noch haben wir Angst vor der Liebe. Welchen Quellen entspringt diese Angst? Behaupte ich das Richtige, wenn ich sage, die Isolation des Sexes, seine Beschränkung auf sensuelle Nützlichkeit, seine Übertreibung hätten die Angst vor der Liebe in uns entfacht? Läge es nicht nahe, gänzlich anders zu reagieren und dem Sex seine entleerte Macht streitig zu machen? Sex stillt keine

Seelendürste. Wäre es da nicht folgerichtig, wenn es zu einer Fluchtbewegung käme: weg vom entseelten Sex, hin zum vormodernen Märchenreich der Liebe, unserem verlorenen Paradies?

Diese Fluchtwelle gibt es tatsächlich, aber die Flüchtigen sind orientierungslos, somnambul, wenig zuversichtlich; sie streben von etwas fort, aber nirgendwo hin. Die Fluchtwelle setzte in den späten siebziger Jahren ein. Und wenn die Zeichen nicht trügen (der Erfolg des spanischen Filmes »Carmen«, der die Cineasten überraschte, die Renaissance der Nachkriegsmoden, die nostalgische Wertschätzung überlebter Lebensstile, etwa jener der zwanziger Jahre, die statistische Zunahme jugendlicher Eheschließungen), dann schwillt sie fortdauernd an. Das Märchenland der Liebe scheint verwunschen; es ist fern und verhangen, die ersehnten Gestade sind unerreicht. Einzelne kommen an. Die Massen sind entmutigt; sie haben nur ihre wehmütige Sehnsucht und zweifeln an ihrem Ziel. Die Sehnsucht nach Liebe, hohläugig und zehrend, ist nicht die Liebe selbst. Die Liebe selbst muß gewagt werden.

Der isolierte permissive, zudem propagandistisch überreizte Sex hat die Liebe unglaubhaft gemacht. Deshalb haben die Menschen Angst vor der Liebe. Sie mißtrauen dem Unglaubhaften. Sie sehnen sich nach Liebe, aber sie haben mit ihrer Zuversicht auch die Ehrfurcht vor ihr verloren. »Die sexuelle Begierde strebt nach Vereinigung und ist keineswegs nur ein körperliches Verlangen, keineswegs nur die Lösung einer körperlichen Spannung«, schrieb Erich Fromm Jahrzehnte vor dem Beginn der sexuellen Revolution. Doch unter dem Regime des isolierten permissiven Sexes mag niemand mehr so recht daran glauben, daß sich im sexuellen Begehren eines Menschen die Liebe zu erkennen gibt. Ebensowenig ist man geneigt, den Keim der Liebe im Schoß des eigenen Begehrens wahrzunehmen.

Die Frauen hatten das Liebesversprechen im Gelüst des

Mannes schon immer bezweifelt. Doch ihren Zweifeln war eine ebenbürtige Hoffnung beigemischt, eben jene herzklopfende Zuversicht, die dem erotischen Wagnis vorangeht. Das Mißtrauen der Frauen war wohlwollend; um die Liebe zu gewinnen, wagten sie die Lust.

Das ist nun anders. Der Zweifel mutierte zur Gewißheit, die Hoffnung zum Verzicht, das Wohlwollen zum geneigten Phlegma. In der dünnen, prosaischen Luft des erbötigen, wohlfeilen Sexes erstarb den Männern der Liebesschwur auf der Zunge. Das frivole, beunruhigende, bedrohliche, gleichwohl erquikkende Drama der Verführung, in dem Frauen nicht nur die Opfer und Männer nicht nur die Täter waren, ist vom Spielplan abgesetzt. Die abendländische Kultur ist verarmt, seit sie ihrem fruchtbarsten Skandal den Applaus versagt. Unsere Welt wäre, lebte er heute, die Hölle des Don Juan. Das bündige Ritual einer Annäherung unter Teenagern, Twens oder den gereiften Kindern der sexuellen Revolte ist unmißverständlich, bar jeder Vieldeutigkeit, also kein Anlaß zum Mißtrauen, aber auch kein Ansporn zur Zuversicht. Das postrevolutionäre Ritual der sexuellen Annäherung lockt nicht ins Ungewisse, tändelt nicht hin zur Eventualität der Liebe, es verweist aufs Programm. Man ahnt nicht, man weiß, was geschehen wird. An der Balzetikette bemessen, die dort zur Regel wurde, ist jeder Szenetreff und jede Diskothek ein Swingerklub:

May I join you?

Ein Kopfnicken.

Ein Lidersenken.

Sex.

Etwas seltsam Puritanisches umgibt den isolierten permissiven Sex. Die despotische Bedeutung, die ihm beigemessen wird und der kaum noch jemand zu widersprechen wagt, die rigorose »Ehrlichkeit«, die ihm als Moral auferlegt wurde, die Kargheit seiner Umgangsstile, die daraus resultiert, die aseptische Hygiene, der er unterworfen ist, die Prämissen der Leistung, denen er zu genügen hat, die Pathologie seiner

Funktionsstörungen, die ihn zu einem Fall der Medizin, der Psychologie und der Forschung werden ließ, die Entzauberung seiner Mysterien durch eine auf Bühnen, in Bädern und den Medien allgegenwärtigen Nacktheit, die Unduldsamkeit gegenüber denen, die ihm nicht huldigen, die Geringschätzung jener, die sich ihm versagen, schließlich die Gesetze, die ihn legitimieren, ihn aber auch abgrenzen, etwa gegen den Inzest oder die Päderastie – dies alles umhüllt ihn mit einem Mantel patriarchaler Strenge. Der isolierte permissive Sex hat sich uns zur Pflicht gemacht. Kein Zweifel: Er ist zum Fürchten. Die Angst vor der Liebe ist in Teilen eine Angst vor der spröden Entschiedenheit des postrevolutionären Sexes. Eingesponnen in ein dichtmaschiges Netz von Regeln und Tabus steht der isolierte permissive Sex seinem ganzen Wesen nach gegen die Liebe. Denn Liebe bedeutet Anarchie.

In ihrem Buch »The limits of Sex«, erschienen 1983, identifiziert die britische Journalistin Celia Haddon den permissiven Sex als »neue Orthodoxie«. Im sexuellen Begehren sei der Keim der Liebe, sagte ich und ahne doch, daß mir wenige glauben. Celia Haddon beschreibt den Sex, in dem nichts keimen kann – den Sex ohne Begehren: »Männer und Frauen machen Sex, um den neuen Regeln der Gesellschaft zu genügen, um gegen die alten zu verstoßen, um mit ihrer Potenz zu prahlen, um einem neuen Snobismus zu huldigen oder um am Ritual der sexuellen Befreiung teilzunehmen.«

Ich wiederhole: Im sexuellen Begehren regt sich die Liebe. Und ergänze: ... sofern das Begehren personenbezogen, also auf einen bestimmten, als einzigartig erlebten, in subjektiver Wahrnehmung herausragenden Menschen gerichtet ist. Die Leidenschaft, die sich an der Gottähnlichkeit des begehrten anderen entzündet, ist ein Ganzes. Das Verlangen des Körpers und das Streben der Seele, der Kitzel der Wollust und der Biß der Betörung, Geilheit und Anbetung, Begehrlichkeit und Hingabe sind Nuancen desselben Erregungszustandes; sie sind *ein* Affekt, *ein* Entzücken, *ein* Erleben.

Doch der isolierte permissive Sex ist allein auf sich selbst gerichtet. Es entspricht der neuen Orthodoxie, den Sex und sein doktrinäres Ziel, den Orgasmus, ohne Ansehen der Person, ohne Wertschätzung des Gegenübers herbeizuführen. Viele Menschen üben Sex nicht mehr aus triebhaftem, unbezähmbarem Interesse an einer begehrten Person aus. Beim isolierten permissiven Sex ist die Persönlichkeit des Partners nahezu beliebig; ihr Wert ergibt sich aus seiner sexuellen Willfährigkeit, sein Rang aus der Opulenz seiner sexuellen Erfahrung, sein Reiz aus der Auffälligkeit seines körpereigenen sexuellen Signalements. Der nicht personenbezogene Sex verdinglicht den Körper und entfremdet die Seele, eine Art mutueller Masturbation. Beim nicht objektbezogenen Sex gibt sich die neue Orthodoxie freudlos zu erkennen: Wenn ihre emotionale Askese die ewig Sehnsüchtigen ernüchtert. Wenn ihre technische Beflissenheit die vielmals Gesättigten langweilt. Wenn ihre Konsumentengesinnung die fortdauernd Hungrigen beleidigt.

Als die Verführung zum Vorschlag verkam, als das Geflüster des Begehrens einsilbig und das Lächeln der Betörung eindeutig wurde, begann die Vertreibung der Liebe aus der Wirklichkeit des Sexes. Die Liebe hat ihr Gesicht verloren und damit ihren Zauber. Selbst wenn sie empfunden wird, erscheint sie unglaubwürdig. Durch Beteuerungen macht sie sich lächerlich. Gegenüber der Liebe, die kein Gesicht mehr hat und nicht mehr zu bezaubern vermag, sind die Menschen Pessimisten.

Als glaubhaft erscheint ihnen allein das nicht personenbezogene sexuelle Trachten. Die ungeschminkte Geilheit ist unzweifelhaft. Als identifizierbar gilt der ernüchterten Menschheit nur der isolierte permissive Sex. Im Grunde ist jede Frau, wenn sie von einem Mann »angemacht« wird, davon überzeugt, daß eigentlich nicht sie gemeint ist. Sie weiß, zumindest ahnt sie: Es ist der Doktrin vom befreiten Sex gemäß, daß sie, die sexuell »emanzipierte« Frau, als unverwechselbares

Wesen nicht gemeint ist, sowenig sie selbst gehalten ist, das Objekt ihres Begehrens wahrhaft zu meinen. Deshalb werden auch Männer sexuell benutzt. Wenn es den Menschen jedoch nahezu gleichgültig ist, mit wem sie schlafen, dann kann (Celia Haddon) »Liebe machen keine Liebe machen«. Dann kann Carmen nicht entbrennen und Lulu nicht entflammen. Dann kann der Liebessehnsüchtige sich vor der Liebe nur noch fürchten.

Die Angst vor der Liebe ist (erstens) auch die Angst vor dem nicht personenbezogenen Sex, vor einem Sex, der die Beteiligten nicht meint. Beide Ängste bedingen einander, machen einander erst möglich.

Der isolierte permissive Sex ist seit nahezu einer Generation in der abendländischen Gesellschaft etabliert. Er herrscht über die Erotik einer unbestimmten Mehrheit unter den sexuell Vitalen. Wir kennen den Prozentsatz dieser Mehrheit nicht, aber sie ist groß genug, auch der verschreckten Minderheit ein Leitbild des erotischen Umgangs zu vermitteln, ein demokratisch legitimiertes, vulgäres, ruhestörendes Muster des modernen Lebens. Kein Zweifel, daß die Männer diesem Vorbild bereitwilliger nacheifern als die Frauen, daß sie sich dem Regime der neuen Orthodoxie fügsamer unterwerfen; es ist der jahrtausendealten Zielstrebigkeit ihrer Triebstruktur gemäß. Eine von Eltern und Lehrern auf das bürgerlich-romantische Liebesideal verpflichtete Männergeneration verlernte, den Sex in bezug auf die Liebe zu denken. Die Männer trugen ihre Begeisterung über den befreiten Sex mit trunkenem Pathos unter die Menschen. Von der Liebe sprachen sie nur noch in sexuellen Begriffen, ihre sexuellen Erlebnisse flochten sie – lärmenden Bekenntnissen gleich – in ihre Vita, als seien sie Meilensteine in einer großartigen Karriere.

Gewiß haben Frauen an den orgiastischen Séancen und turbulenten Geselligkeiten des »befreiten« Sexes teilgenommen, vielfach mit Genuß. Aber sie waren auf ihrer eigenen Entdeckungsreise. Diese verführbaren, verführerischen, frivolen, neugierigen, vielfach intelligenten, aber auch tapferen, also achtenswerten Frauen, denen man das seichte Etikett »sexuell aggressiv« oder das seichtere der »Nymphomanin« anhängte, wähnten sich auf einer pikanten Exkursion zur Emanzipation von der ihnen aufgezwungenen Rolle. Ihre Teilnahme an den Exaltationen des isolierten permissiven Sexes war im weitesten Sinne feministisch. Diese Frauen dachten, die Welt verändern zu können, indem sie von ihren Körpern anders Gebrauch machten als zuvor; in den Betten ihrer flüchtigen, heftigen Abenteuer konstituierten sie ihre »Selbstbestimmung«, vollbrachten sie ihre »Selbstverwirklichung« – erstrebten sie ihre Freiheit.

Wie die Männer hatten sie mittlerweile einen frei gewählten, vielfach einträglichen Job, ein von eigenem Geld gekauftes Auto, eine eigene Kreditkarte, nun wollten sie auch den autark bestimmten Orgasmus. Die Frauenbewegung bestärkte sie in diesem Streben, weil sie im isolierten permissiven Sex der Frauen eine gegen das Patriarchat erhobene Waffe sah. Die älteste überhaupt: Die Suprematie des Mannes wurde schon immer von der Potenz des Rivalen erschüttert. Doch in ihrem verborgensten Innern hofften die Frauen, in der Scheinanarchie des befreiten Sexes die Anarchie der Liebe zu finden. Die Mehrheit der sexuell »befreiten« Frauen suchte ein anderes Glück als die Mehrheit der Männer. Und die Frauen entbehrten es heftiger, als sie es nicht fanden.

Beide Geschlechter kennen die Sehnsucht nach der Liebe. Beide Geschlechter lähmt die Angst vor der Liebe. Aber die Liebe der Männer ist eine andere als die der Frauen. Also ist auch die Angst der Männer eine andere als die der Frauen. »Männer haben zu gewissen Zeiten ihres Lebens leidenschaftliche Liebhaber sein können«, schrieb Simone de Beauvoir vor einem halben Jahrhundert, »es gibt aber keinen einzigen unter ihnen, den man als einen ›großen Liebenden‹ ansprechen könnte. Selbst in ihrem heftigsten Überschwang geben sie sich nie völlig auf.«

Doch das ließe sich mittlerweile auch von vielen Frauen sagen: Sie sind nicht mehr bereit, sich in der Liebe aufzugeben. Und welche unter ihnen wäre eine »große Liebende«, eine sich immer noch Opfernde also? Die Angst der Männer vor der Liebe ist die Angst vor der neuen Autonomie der Frau. Die Angst der Frauen vor der Liebe ist, die Liebe nicht zu bekommen. Die Verschiedenartigkeit der Ängste ergibt sich aus der tradiert unterschiedlichen Triebgerichtetheit, aber auch aus der drastischen Wirkung des Feminismus auf die heterosexuelle Liebe.

Die Angst vor der Liebe ist (zweitens) die vom Feminismus geschürte und gehegte Angst vor der Andersartigkeit des anderen Geschlechts.

Als die weltweit Frieden suchende, an der sexuellen Revolution fröhlich beteiligte, politisch aber wenig wirksame Bewegung der Beatniks und Blumenkinder ihren Zenit zu überschreiten begann, im Jahre 1969, schrieb eine junge New Yorkerin, die mit ihrer runden Nickelbrille und dem schwarzen Zottelhaar aussah wie direkt von einer Hippieveranstaltung eingeflogen, einen Satz, der den Krieg zwischen den Geschlechtern eröffnete: »Männer können nicht lieben.«

Shulamith Firestone, 1945 in Ottawa geboren, in St. Louis aufgewachsen, dann nach New York verzogen, hatte sich beim Aufbau des »Women's Liberation Movement«, der Frauenbefreiungsbewegung in den USA, engagiert und ein Buch geschrieben, mit dem sie zu einer der einflußreichsten Ideologinnen dieser Bewegung wurde: »The Dialectic of Sex«, deutscher Titel: »Frauenbefreiung und sexuelle Revolution«. Das Buch war voller Haß gegen die Männer. Es war eine flammende Streitschrift, von der amerikanischen Frauenrechtlerin Gloria Steinem ebenso bewundert wie von der deutschen Feministin Alice Schwarzer. Von nun an stand der Mann am Pranger des Feminismus. Fortan verstand sich die Frauenbewegung als revolutionär.

»Männer können nicht lieben«, schrieb Shulamith Firestone, »und wenn sie lieben, dann ›verlieben‹ sie sich gewöhnlich in ihr eigenes projiziertes Bild.« Und: »Gäbe es ein anderes, umfassenderes Wort als Revolution, wir würden es benutzen.«

Es gab dieses Wort, und es wurde benutzt: Krieg.

Der Geschlechterkrieg riß zwischen Frau und Mann einen Graben auf, der bis heute nicht überbrückt ist. Er nötigte beiden Geschlechtern eine zunehmend frostige Distanz ab. Selbst der isolierte permissive Sex konnte diesen Graben nur schwer überwinden. Auch jene Frauen, die sich dem Feminismus nicht anschließen mochten, begannen die Männer unwillkürlich durch die Brille von Women's Lib zu sehen. Und die Männer waren zunehmend verunsichert. Die einen versuchten sich in der Rolle des Softie. Die anderen stärkten sich in der Pose des Macho. Beiden aber mißlang die Kommunikation mit den Frauen bis hin zur Sprachlosigkeit.

Daß Männer über ihre Gefühle nicht sprechen können, wurde zu einer von Feministinnen aufgespürten, dann als Lehrsatz verfügten, stereotyp getrommelten Binse. Auch manch ein Mann schloß sich dem Trend an und beklagte den Kommunikationsstil seines Geschlechts im Umgang mit der Geliebten und anderen Frauen, seine verbale, mithin, so hieß es, emotionale Impotenz. Kaum ein Autor hat die unsäglichen Mühen beschrieben, die Männer unter dem Gewölk partnerschaftlichen Argwohns auf sich nahmen, um die Nebel zu durchdringen und das eigene sprachlose Herz zu öffnen. Sie quälten sich gegen ihre Natur. Was immer sie sagten – es war daneben. Was immer sie mitteilten – es war nicht willkommen. Der weibliche Erwartungsraum war unter dem Einfluß der sexuellen Revolution und des Feminismus so gigantisch erweitert, daß die Männer ihn nicht mehr zu füllen vermochten. Liebe? Ein Un-Wort, gegen das sich die Zunge sträubte. Sex? Eine Metapher für höchstes Risiko. Erotik? Ein beerdigter Euphemismus.

Die Revolte der weiblichen Intelligenzija löste gelähmte Zungen. Vierzehn von sechzehn Frauen äußerten sich in Alice Schwarzers Kampfschrift »Der kleine Unterschied und seine großen Folgen« (1975) und beklagten die Penetration: Der Phallus, eine Waffe. Der sexuelle Mann, ein Frevler. Das von suggestiven Fragen und Demagogien durchaus nicht freie Büchlein fand erstaunlich kritiklose Akzeptanz weit über den feministischen Zirkel hinaus. In der von Alice Schwarzer herausgegebenen Zeitschrift »Emma« sekundierte ihr die österreichische Schriftstellerin Elfriede Jelinek: »Sexualität ist Gewalt. Aber das wissen nur die Frauen, das wissen die Männer nicht.« Vom Feminismus ermuntert trugen immer mehr Frauen ihre individuellen, ganz und gar persönlichen, subjektiven Erfahrungen auf den Markt: gedemütigte Ehefrauen, sitzengelassene Mätressen, ausgebeutete Lustobjekte, vergewaltigte Spaziergängerinnen, mißhandelte Kindsmütter, in früher Kindheit mißbrauchte Töchter. Bis aus der Summe aller individuell berechtigten Klagen der Eindruck eines allgegenwärtigen Zustands entstand: der Mann, ein Gewalttäter. Demzufolge war den Männern mitunter zumute, als wären der Vagina der Frauen Haifischzähne gewachsen.

Immer häufiger aber entbehrten sie die Liebe, diese zuinnerst diskreditierte, bitter belachte, unzeitgemäße Regung, in der eigenen leeren Brust.

Können Männer tatsächlich nicht lieben? Oberflächlich betrachtet bietet das maskuline Geschlecht eindrucksvolle Indizien für die These der Shulamith Firestone. Feministinnen fragen beispielsweise, weshalb Männer in einer sexuell permissiven Gesellschaft immer noch ins Bordell gehen. Es ließe sich antworten, daß es nur die sogenannten »Verklemmten« tun, die physisch Benachteiligten, die seelisch Unterentwickelten, die Räudigen und Abstoßenden, Männer also, die nicht darauf vertrauen, daß sie ein Ebenbild Gottes sind, Männer, denen es vom Schicksal nicht gegeben ist, in der ablaufenden Flut weiblicher Verfügbarkeit mit Glück zu fischen. Ist es so? Nein, so ist es nicht. Wahr ist vielmehr, daß *alle* Männer zu Huren gehen, und damit meine ich: nicht weniger als neun von zehn.

Mutmaßlich weltweit sind neunzig Prozent der Männer Freier. Zumindest war das so in der Zeit vor Aids. Doch die Einschränkung bedarf des Vorbehalts, denn auch 1990 flogen 200 000 deutsche Männer nach Thailand, wo sie von 30 000 aidsinfizierten Prostituierten erwartet wurden. Hier der Beweis für die Hurenhörigkeit des Mannes:

Im Jahr 1980, dem Jahr eins des Aidszeitalters in der Bundesrepublik Deutschland, lebten in der Freien und Hansestadt Hamburg 1,7 Millionen Menschen und unter ihnen – nach polizeilicher Schätzung – 6000 bis 8000 Huren unterschiedlicher Preisklassen. In der Baisse eines abgeblühten Alters gaben sich die billigsten dieser Geschöpfe ihren Kunden für 30 Mark hin, die jüngeren taten es für 50 und eine kleine, durch Attraktivität, Vitalität und Schläue herausgehobene Minderheit gegen beträchtlich höheres Entgelt. Die Mehrzahl dieser Frauen empfing ihre Klientel in den Bordellen des ehemals von Matrosen, Festmachern und Schauerleuten bevölkerten Hafenviertels St. Pauli. Doch Matrosen kamen in den letzten drei Jahrzehnten nur noch selten. Seit dem Aufkommen neuer, in ihrer Wirtschaftlichkeit verbesserter Schiffstypen, also seit der Erfindung des Bulkcarriers und des Containers, waren die Liegezeiten dieser Frachtschiffe von einst mehreren Tagen auf wenige Stunden geschrumpft. Den Seeleuten war der Landgang inklusive Bordellbesuch kaum noch möglich; heute wird ihnen beides oft verboten. Doch St. Pauli verödete deshalb keineswegs. Jetzt rekrutierte sich das abendliche Gedränge auf der »sündigsten Meile der Welt« aus Einheimischen und Touristen.

Huren haben Kosten. Um sie zu decken, brauchen sie eine Mindestzahl von Freiern, und zwar Tag für Tag. Für die Nutzung ihrer Bordellzimmer als Arbeitsplatz müssen sie Miete zahlen, Tag für Tag. Für den Nießbrauch ihrer kleinen, meist armselig möbliert, von ihnen selbst aber mit frivolen Bildern oder einer Blütenlese enttäuschter Kindheitsträume dekorierten Kammern an der Reeperbahn, der berühmten Großen Freiheit und der inzwischen ebenso bekannten Herbertstraße, mußten die Hamburger Huren 1980 eine Tagesmiete von durchschnittlich 180 Mark aufbringen. Das bedeutet, daß diejenigen, die für ihre Hingabe nur 30 Mark erzielten, täglich sechsmal entlohnt werden mußten, nur um ihre Miete bezahlen zu können. Aber auch ihre zumindest auf dem Strich effizienteren Schicksalsgefährtinnen, die es auf 50 Mark pro Freier brachten, taten es täglich allein viermal für die Miete.

Die Bordellpächter, also die Bosse der Huren, aber auch deren Manager, die sogenannten Wirtschafter, waren brutale Ausbeuter; sie trieben die Mieten mit unnachsichtigem, bisweilen handgreiflichem Nachdruck ein. Nicht allein die Mieten jedoch: Die Bordellunternehmer hatten drakonische »Hausordnungen« verfügt. In fast allen Häusern mußten die Huren (Bordelljargon) von ihrer »Kuppe« 100 Mark »Block machen«, das bedeutet, daß sie von ihrem Tagesverdienst einen Anteil von 100 Mark abzweigen mußten, den sie in der sogenannten Bordellkantine auszugeben hatten – für ein Schinkenbrot, das sie zwischen zwei Freiern hinunterschlangen, oder für die Präservative, die sie ihnen applizierten. Und die Bosse nahmen Wucherpreise: Sechs Mark kostete ein Päckchen Papierservietten. Zudem kassierten sie aus nichtigen Anlässen »Geldstrafen«. Ein Frankfurter Bordellwirt beispielsweise, ein mehrmals wegen Körperverletzung vorbestrafter ehemaliger Boxer, nahm den Huren seines Hauses zehn Mark »Ordnungsstrafe« ab, wenn sie sein sensibles Gehör mit einem Türenknall genierten.

Also brauchte eine Hamburger Hure je nach ihrer Preisklasse vier bis sechs Freier für die Miete, zwei bis drei für den Zwangsumtausch in der Bordellkantine und manchmal einen Liebeslohn darüber hinaus für die über sie verhängten Strafen.

Wollte sie zu Bettstatt, Block und Buße das Brot und zum Brot die Butter verdienen, wollte sie ihren Bedarf an Dessous und Strapsen, an Kosmetik und Kleidern finanzieren, hatte sie überdies einen Zuhälter oder ein in fremde Obhut gegebenes Kind (oder gar beides) zu alimentieren, dann mußte sie im Tagesdurchschnitt schon acht- bis zehnmal für ihre Leistung entlohnt worden sein. Viele Huren aber gaben sich in einer einzigen Tages- oder Nachtschicht einer weit größeren Zahl getriebener, bedürftiger und demgemäß anstrengender Besucher preis. Manche Hure brachte es auf 15, ja auf 20 Konsumenten ihrer Leiblichkeit und – falls sie das zuließ – ihres strapazierten Innenlebens.

Freilich gehörten zu den 6000 bis 8000 Hamburger Prostituierten auch die etwa 500 Straßenhuren, die keine Tagesmiete bezahlen mußten, weil sie zu ihrer Klientel ins Auto stiegen. Darüber hinaus gab es an die 500 Kneipenhuren, die ihrem Job in Stundenhotels nachgingen, wo die Freier das Zimmer bezahlten. Und für eine kleinere Dunkelziffer von sogenannten »Modellen«, »Hostessen« oder »Callgirls« wurden, wenn sie nicht im eigenen Heim empfingen, die örtlichen Arrangements in den Wohnungen ihrer Freier oder in dafür geeigneten Hotels der Stadt getroffen. Aber nur sie – die mit 300 bis 1000 Mark pro Begegnung hochdotierte Elite des Gewerbes, die einen Zuhälter nicht duldete (und einen Mörder manchmal nicht erkannte), kamen in einer Tagesschicht mit einem einzigen Kunden aus.

Alles in allem dürfen wir annehmen, daß im Jahr 1980 an die 6000 Hamburger Huren im Tagesdurchschnitt von jeweils acht Männern besucht, benutzt und bezahlt wurden. Das bedeutet, daß 6000 Hamburger Huren achtmal pro Tag den Akt der käuflichen Liebe ausübten, es bedeutet somit, daß er täglich insgesamt 48 000mal zustande kam. Wenn man von den Sonn- und Feiertagen absieht, an denen der verheiratete Durchschnittsfreier bei seiner Familie und die Hure bei ihrem Kind, ihrem Zuhälter oder ihrem Pudel bleibt, dann muß sich der bezahlte Sündenfall an den knapp 300 verbleibenden Tagen des Jahres 14,4millionenmal ereignet haben.

Wie viele Männer waren an ihm beteiligt?

Es ist zu berücksichtigen, daß von den 1,7 Millionen Einwohnern der Hansestadt nur etwa 850 000 männlich und von diesen nur etwa 400 000 geschlechtsreife, ausreichend potente Männer waren. Es ist weiter zu bedenken, daß eine ähnliche Zahl erwachsener, viriler, potenter Männer in der ländlichen Umgebung Hamburgs zu Hause war. Und es ist schließlich anzunehmen, daß die blühende Stadt an der Elbe im gegebenen Zeitraum von einer runden Million erwachsener, viriler, potenter männlicher Touristen, Handelsvertreter und Geschäftsleute besucht wurde. (Wobei ungezählt in Rechnung zu stellen ist, daß auch die Hamburger Männer reisen und daß es auch in anderen Städten Bordelle gibt.) Wenn man diese Bedingungen würdigt, dann kommt man zu dem Resultat, daß einer Gesamtzahl von 14,4 Millionen bezahlter Schäferstündchen des Jahres 1980 im Einzugsbereich der Freien und Hansestadt Hamburg ein Maximum von zwei Millionen potentieller Freier gegenüberstand.

Selbst wenn diese Zahl zu grob gegriffen ist, selbst wenn jeder dieser Männer als »Stammfreier« mehrmals zu einer Hure gegangen sein sollte, scheint mir doch der Beweis erbracht, daß so gut wie *alle* Männer Hurenfreier sind, viele davon sicher nur selten.

Weshalb gehen Männer zu Huren?

Darüber gibt es keine verläßlichen Erkenntnisse, keine demographischen Analysen, keine glaubhaften Männerbefragungen. »O Gott! Gib mir eine Hure, immer und ewig!« flehte der amerikanische Schriftsteller Henry Miller, literarischer Wegbereiter der sexuellen Revolution, in seinem Buch »Lachen, Liebe, Nächte«. Doch warum sein Wunsch nach käuflicher Liebe so groß war, das gab er nicht preis.

Die von Männern, also Freiern, geschriebene Literatur der Moderne hat uns mit frivolem Freimut mitgeteilt, was Männer treiben, wenn sie Freier sind. Was sie aber treibt, haben sie verschwiegen. Der spanische Maler Pablo Picasso war als junger Mann in den Bordellen des Barrio Chino von Barcelona, dann in den »maisons closes« seines Pariser Exils ein häufiger Gast. Er hat Huren gemalt: »Les Demoiselles d'Avignon« (1907) – fünf Prostituierte, nackt, preisgegeben, aber nicht verführerisch, vielmehr abschreckend und maskenhaft blaß. Man könnte interpretieren, daß sich in den Mienen der fünf Fräulein von Avignon ihre Erfahrungen mit dem Freier spiegeln. Ihn selbst aber sieht man nicht. Das Selbstbildnis als Freier war den meisten Künstlern kein Sujet.

Aber die Huren waren es. Seit die französischen Naturalisten Honoré de Balzac und Émile Zola das Thema aufgriffen, war die Prostitution in der abendländischen Literatur ein Stoff von höchster Faszination. Wenigen gesellschaftlichen Phänomenen haben die Literaten des Industriezeitalters ein ähnlich begieriges, lüsternes, voyeuristisches Interesse gewidmet. Die Heroinen ihrer ausschweifenden Epik aber waren allein die Huren, ihre Schicksale, ihre Sehnsüchte, ihr materielles Elend, ihre verkümmerte Mütterlichkeit, ihr gedemütigter Stolz, ihre Verletzlichkeit – und immer wieder das Mysterium ihrer Motive. Der Freier kommt in dieser Prosa nur als Anhängsel seines Phallus vor. Er ist eine Randfigur, ein sprachloses Schattenwesen, eine Kreatur mit Unterleib, doch ohne Psyche und Gesicht. Kein Wort – allenfalls eine vage Andeutung – über *seine* abgründigen Sehnsüchte.

Ein wenig genauer kommt er nur bei Henry Miller vor, unter anderem im »Wendekreis des Krebses«:

»Den Boulevard entlangschlendernd, hatte ich sie mit dem merkwürdigen Trippelschritt einer Hure, den schiefgetretenen Absätzen, dem billigen Schmuck und der teigigen Gesichtsfarbe ihrer Sorte, die durch das Rouge nur unterstrichen wird, auf mich zukommen sehen. Es war nicht schwer, mit ihr einig zu werden. Wir saßen in der Ecke des kleinen ›tabac‹, das ›L'Éléphant‹ heißt, und besprachen es rasch. Ein paar

Minuten später waren wir in einem Fünf-Franc-Zimmer in der Rue Amelot, die Vorhänge zugezogen und die Bettdecke zurückgeschlagen. Sie überhastete die Dinge nicht, Germaine. Sie saß auf dem Bidet, seifte sich ab und unterhielt sich mit mir freundlich über dies und jenes. Ihr gefielen die Kniehosen, die ich trug. Très chic! fand sie. Das waren sie einmal, aber sie waren hinten durchgesessen.«

Henry Miller verliert keinen Gedanken an die Gefühle, die in ihm aufstiegen, als er der Hure ansichtig wurde, kein Wort über die Empfindungen, die ihre Nähe in ihm auslösten oder die ihre Worte in ihm weckten, während sie schwatzend auf dem Bidet saß. Auch seine nüchterne, eher abschätzige Beschreibung ihres Äußeren deckt sein Inneres nicht auf; es verbirgt sich dahinter. Das einzige, was der Autor als Ansporn zum Hurenkauf gelten läßt, gibt er einige Zeilen vorher preis, nämlich den Umstand, daß er gerade über einiges Geld verfügt:

». . . die paar Francs, die meine Frau zusammengekratzt hatte, um sie mir telegrafisch zu senden, klimperten in meiner Tasche.«

Das finanzielle Opfer seiner Frau genügt dem Hungerleider in Paris als Motiv zum Hurenkauf. Welcher Regung seines Trieblebens oder seiner Seele der jähe Impuls entsprang, vertraut er uns nicht an. Er ist ein Mann. Und Männer gehen zu Huren. Punktum.

Der französische Schriftsteller Victor Hugo, der es noch als Achtzigjähriger tat, mochte die Quellen seiner senilen Hurenneigung nicht einmal dem eigenen Tagebuch anvertrauen. Er verschlüsselte seine Notizen mit einem altruistischen Kode:

»10. Sept. Unterstützung für Mairat rue Frochot 3. N. 5 Francs.« Oder: »17. Sept. Unterstützung für Berthet pros. 9 b Pigalle n 2 Francs.«

Im Klartext war der alte Mann am 10. September für fünf Francs mit Marie und am 17. September für zwei Francs mit Berthe intim, und beide »pros.« waren dabei »N« beziehungsweise »n«: nackte Huren nämlich. Weshalb er bei ihnen war? Das verheimlicht der Schöpfer des Glöckners von Notre-Dame seinen Aufzeichnungen, also wohl sich selbst.

Wissen Männer nicht, warum sie zu Huren gehen? Und wenn sie schon eingestehen, daß sie es tun, schämen sie sich dann ihrer Beweggründe? Oder entspricht das kollektive Schweigen der so oft beklagten Sprachlosigkeit des Mannes in bezug auf seine Gefühle?

Auch ich hätte als junger Mann nicht sagen können, warum ich zu Huren ging. Sie erschienen mir als unabweisbares Faszinosum: verheißungsvoll lockend und gefährlich. Ich ging zu ihnen, beinahe ohne meine Schritte selbst zu lenken. Erst in der Retrospektive mag mir die Erklärung vielleicht gelingen:

Jedesmal, wenn ich beschloß, eine Hure aufzusuchen, klopfte mir das Herz bis zum Hals. In dem Augenblick, in dem ich mich zum Hurenkauf entschloß, stieg eine seltsame, irrationale Angst in mir auf. Ein unbeschreibliches, dumpfes Vorgefühl drückte mir gegen die Kehle und beunruhigte mich. Mein Herzschlag dröhnte in meinen Ohren. Ich errötete vor Angst und Scham, wenn ich mich einer Hure näherte, um mich nach dem Preis zu erkundigen. Und dennoch tat ich es.

Ich weiß nicht, was mich ängstigte. War es der Ausdruck in den Augen der Hure, der manchmal keck, manchmal verzweifelt, bisweilen abgestorben und meist anzüglich war? War es der obskure Ort, an dem sie mir begegnete, die lauernde Bedrohlichkeit eines Bordells in fremder Stadt und dunkler Straße? War es die Flüsterstimme meiner evangelisch genormten Scham? Ich weiß es nicht. Mutmaßlich war es das alles zusammen. Ich erinnere mich nur an das Dröhnen meiner Herzschläge.

Doch mein anfänglich noch wankender Entschluß erwies sich in der Nähe des Bordells stets als unabänderlich. Ich wurde in den Orkus hineingezogen, den ich fürchtete. Um in den Himmel der bezahlten Liebe zu gelangen, mußte ich durch die Hölle meiner Angst. Hätte man mir damals gesagt, daß ich als Hurenfreier ein Ausbeuter weiblichen Elends sei – ich hätte es nicht verstanden. Ich selbst fühlte mich gedemütigt. Ich mißtraute dem Lächeln der Huren, ihren wortreichen Verheißungen, ihrem Locken. Ich fühlte mich ihrer heimlichen Verachtung ausgesetzt, auch wenn sie freundlich waren. Ich verachtete mich selbst. Ich schämte mich. Doch all das konnte mich nicht beirren. Mein zwielichtiger Eifer, dieses fiebrige nächtliche Getriebensein waren stärker als meine Angst und heißer als meine Scham.

Welcher Art war dieses Getriebensein? Damals habe ich mich das nie gefragt. Es war einfach da. Nach Mitternacht begann es in mir aufzusteigen, und ich hielt es für Geilheit. Doch das war es nur zum Teil. Sicherlich glauben die meisten Männer, daß sie aus Geilheit zu Huren gehen. Dabei wissen die meisten aus Erfahrung, wie armselig Sex mit einer Hure gewöhnlich ist. Würden sie masturbieren, hätten sie, sofern sie über Phantasie und ein gewisses Können verfügen, den vergleichsweise größeren sensuellen Gewinn. Und sie müßten nicht bezahlen. Aber sie wollen mehr als einen Orgasmus. Sie wollen die Frau, ihre Nähe, ihre unbeteiligte Zärtlichkeit, ihre faszinierende Andersartigkeit. Sie wollen die Hure. Ich wollte die Hure. In solchen Nächten fühlte ich mich den Huren näher als meiner eigenen Frau.

Wie die meisten Freier war ich verheiratet. So geschah es immer in einer fremden Stadt – und stets im fahlen Morgenlicht. Wenn ich aus beruflichen Gründen in fremde Städte reisen mußte, vergeudete ich meine Nächte in schrillen Kneipen. Ich trieb mich herum. Manchmal fühlte ich mich wie Orpheus in der Unterwelt. Anders jedoch als der thrakische Sänger, der sich nach Eurydike nicht umsehen durfte und es dennoch tat, sah ich nicht auf meine Frau zurück. Anders als er suchte ich nicht sie. Ich suchte ein Gegenbild zu ihr.

Ich suchte eine Frau, die mir keinen Respekt abnötigte, keine Verpflichtungen auferlegte und keine Fesseln anzulegen suchte, eine Fremde zudem, die eine Fremde bleiben würde.

Nicht, daß ich bei Anbruch der Nacht erwartet hätte, diese Frau in einer Hure zu finden. Doch wenn ich in Kneipen und Bars eine andere nicht gefunden hatte, wenn um mich herum eine fremde Stadt erwachte und der anbrechende Morgen zu duften begann, dann blieb nur noch die Hure. Dann war ein höchst larmoyantes Gefühl von Einsamkeit in mir, so als hätte sich mir jedes Glück versagt. Jeder Freier weiß, daß er bei einer Hure das Glück nicht findet, und dennoch ist es ein heftiges Glücksverlangen, irgendeines, das ihn zu ihr treibt.

Obgleich dies alles viele Jahre zurückliegt, erinnere ich mich noch an die Huren, an manches ihrer Worte, an die Atmosphäre ihres Lächelns, an prägnante Einzelheiten ihres Verhaltens, an bewegende Momente ihrer käuflichen Opferbereitschaft, an ihre bleichen, geschminkten Gesichter. Wenn ich meine Angst und mein anfängliches Mißtrauen überwunden hatte, wenn ich eine Weile im Zimmer einer Hure war, fühlte ich mich meist ganz wohl bei ihr. Sie wäre »die andere Frau« vielleicht gewesen, die ich unter der Morgendämmerung so sehnsüchtig phantasierte, hätte ich sie nicht bezahlen müssen. Doch irgendwie – in den Grenzen, die das Geschäftliche unseren Gefühlen zog – war sie es dann doch. Die Hure schuf einen Freiraum um mich herum, den es woanders nicht für mich gab, den ich auch nicht ausschöpfte, aber deutlich empfand: Ich wußte, ich hätte herrisch auftreten, ich hätte winseln oder schreien können, ich hätte furzen und sogar stinken dürfen – die Hure hätte nur gesagt: Wasch dich! Bei ihr mußte ich nicht vielversprechend sein und auch keine Karriere machen. Ich konnte ganz und gar ich selbst sein. Sie setzte mir keinen Widerstand entgegen, solange ich bezahlte und sie nicht beleidigte oder auf andere Art verletzte.

Nur das Ficken deprimierte mich. An meine viel zu kurze, flache sexuelle Lust habe ich keine Erinnerung mehr, als sei sie von Anfang an nebensächlich gewesen. Dennoch: Ich habe manch eine Frau, deren Körper und Zärtlichkeit ich eine Nacht lang unbezahlt wirklich genoß, vergessen. Doch an

»meine« Huren erinnere ich mich genau. Mag sein, daß ich die kaltschnäuzigen unter ihnen aus meiner Erinnerung verdrängt habe. Die, an die ich mich erinnere, waren vulgär, professionell und mütterlich zugleich. Das Glück waren sie nicht. Aber sie waren die abgezählte Münze wert, die sie sich erbaten, einfach weil es sie gab.

Der deutsche Schriftsteller Wolf Wondratschek – unter den einäugigen Literaten der Bordellszene ein König – schrieb 1980 in der deutschen Ausgabe des »Playboy«:

»Ich bin ein ganz normaler Freier ... Ich will eine Hure auf die gleiche Weise, wie ich eine Frau will. Ich will auch die Frauen nie ganz – auch die nicht, die ich eifersüchtig liebe.«

Weshalb gehen Männer zu Huren?

Weil es Huren gibt.

Gar nicht so wenige Frauen täten es den Männern mutmaßlich gleich, gäbe es ein Bordell auch für sie. Doch das Bordell ist nun mal ein Privileg, das der Mann den Frauen gegenüber hat. Jedenfalls kann seine Hurenhörigkeit den feministischen Vorwurf, der Mann sei zur Liebe nicht fähig, kaum stützen. Eine Hure aufzusuchen ist nicht seine Art zu »lieben«, sondern zu rebellieren oder an der Liebe zu zweifeln oder zu leiden oder sich seiner Männlichkeit zu versichern. Der Besuch bei einer Hure ist keine Ersatzliebe. Es sei denn, er liebt eine bestimmte Hure tatsächlich. Manch einer kommt von einer solchen Frau, die er aus der schillernden Phalanx eines Bordellsortiments ausgemustert hat, nicht mehr los. Jede Hure kennt einen Mann dieser Art – ihren »Stammkunden«, der ein schmales Glück bei ihr findet, wenn er sie zwischen einem Freier, der vor ihm kam und einem, der nach ihm kommt, immer wieder aufsucht.

Der Freier bietet keinen einnehmenden Anblick, wenn man ihm in der abweisenden Szenerie des Hurenstrichs begegnet. Dort ist er düster und verschlossen. Nirgendwo sonst, es sei denn auf dem Schlachtfeld, tritt seine Männlichkeit so grobkörnig zutage – seine Furcht, seine von ihm selbst verleugnete

Empfindlichkeit, sein gnadenloser Siegeswille, seine Grausamkeit und seine vieldeutige, tölpelhafte, ungeschlachte Scham. Gewiß sucht er im Bordell nicht die Liebe. Aber manch einen treibt die Entbehrung von Liebe. Und manch einem weist die Angst vor der Liebe den Weg in die Unverbindlichkeit des Bordells.

Viele Huren verachten ihre Freier. Aber nur wenige würden Shulamith Firestones provozierenden Satz, demzufolge »Männer nicht lieben können«, als Resümee ihrer wahrlich oft trostlosen Erfahrungen unterschreiben. Die milde Geringschätzung, die eine Hure für die abgründige Seite ihrer Klientel vielfach empfindet, gibt sich in den Benennungen zu erkennen, mit der sie die jeweilige Freierspezies etikettiert: Im Jargon der Huren gibt es den generösen »Spender« und den verwirrten »Spinner«, den geilen »Busenfreier« und den fixierten »Pofreier«, den anspruchsvollen »Perversen« und den großmäuligen »Spruchfreier«, aber auch den »Liebeskasper«. Das ist jener, der die Huren mit dem Überschwang seines allzu sehnsüchtigen Herzens belästigt. In diesen Kennzeichnungen verrät sich nicht nur das Naserümpfen, mit dem sie bisweilen ausgesprochen werden, sondern auch eine ironisch lächelnde Toleranz. Sie ähnelt dem Mitgefühl einer Mutter für ihren mißratenen Sohn, auf den sie trotz allem ihre Hoffnung setzt.

Shulamith Firestone machte ihren apodiktischen Befund über die Liebesunfähigkeit der Männer 1969 publik. Mit ihm diffamierte sie nicht nur die Männer, sondern die Liebe selbst. Denn darüber hinaus proklamierte sie kühn, Liebe sei »der Schlüssel zur Unterdrückung der Frau«. Ohne sich explizit auf eines der Geschlechter zu beziehen, schrieb sie: »Liebe ist der Gipfel des Egoismus: das Selbst versucht, sich durch die Absorption eines anderen Wesens zu bereichern.« Und weltweit reflektierten Frauen diese Schmähung, als wäre eine Liebe ohne die Triebfeder des Egoismus, auch des eigenen, überhaupt möglich. Die Liebe war angeklagt. Der Liebe war nicht mehr zu trauen. Die Frauen und die Männer begannen einander zu verlieren, weil sie der erotischen Liebe nicht mehr zugestehen, weil sie nicht mehr wagen wollten, was eine ihrer wesentlichen Essenzen ist: das Besitzergreifende.

Das liegt – im Jahr 1991 – fast zwei Jahrzehnte zurück. Wir bezeichnen den Zeitabschnitt, in dem wir heute leben, als postfeministisch. Doch der militante, auf die Aushöhlung der schöpferischen und damit auch egoistischen Liebe zielende Feminismus schwelt noch. Gewiß, die Fackel der Feministinnen ist erloschen, sie selbst – und Millionen Frauen, die in der feministischen Botschaft eine Wahrheit für sich selbst suchten – sind erschöpft. Die Kämpfe flauten ab, als den Frauen politisch und juristisch die Rechte (wenn auch nicht überall die ökonomischen und gesellschaftlichen Realitäten) gewährt wurden, über die der Mann seit Jahrtausenden verfügt. Zumindest in den Industrienationen das Recht auf Gleichstellung der Frau erkämpft zu haben ist das historische Verdienst der Frauenbewegung. Das Vertrauen in die Liebe erschüttert zu haben ist ihr Makel.

Der radikale Flügel dieser Bewegung gab sich mit dem politischen Erfolg nicht zufrieden; er wollte den biologischen Triumph. Zwar ging es politisch noch um Vollendung, um die Verwirklichung der erstrittenen Rechte, doch dieser Kampf wird mittlerweile von einer eindrucksvollen Zahl selbstbewußter Frauen in den Institutionen ausgefochten. Die unversöhnliche Guerilla an der Speerspitze des Feminismus hatte mehr gewollt, Radikaleres gefordert. Und ihre Opfer waren vor allem Frauen: Manch eine entsagte der heterosexuellen Lust und erfuhr die Qual der Entbehrung. So extreme Blüten die feministische Phantasie trieb, wenn es galt, die Liebe zu diffamieren, so unempfindlich war sie gegenüber den Defiziten, die sie in der Frauenseele hervorrief: Späne vom feministischen Hobel. Die Frauen sollten sich der Sexualität des Mannes nicht nur verweigern, sie sollten sie bekämpfen. Shulamith Firestone: ». . . genau wie am Ende einer sozialistischen Revolution nicht nur die Abschaffung von ökonomischen Klassen*privilegien,* sondern die Aufhebung der *Klassenunterschiede* selbst steht, so muß die feministische Revolution, im Gegensatz zur ersten feministischen Bewegung, nicht einfach auf die Beseitigung männlicher *Privilegien,* sondern der Geschlechts*unterschiede* selbst zielen: genitale Unterschiede zwischen den Geschlechtern hätten dann keine gesellschaftliche Bedeutung mehr. Die Reproduktion der Art allein durch ein Geschlecht zugunsten beider Geschlechter würde durch künstliche Fortpflanzung ersetzt werden . . .« Doch Shulamith Firestone ging weiter; sie schrieb: »Das Kindergebären könnte von der Technologie übernommen werden.« Das war nicht als Utopie gemeint, etwa mit dem Ziel, auf das biologische Schicksal der Frau provokativ hinzuweisen, um für sie ökonomische oder soziale Zugeständnisse zu erwirken. Es war auch keine Marotte einer verstiegenen Einzelkämpferin. Es war gemeint, wie es geschrieben war, und es wurde zum Programm des radikalen Flügels der Bewegung.

Die Anschauung, derzufolge die weibliche Fähigkeit zur Empfängnis zumindest ein biologisches (und in vielen Fällen auch seelisches!) Privileg sein *kann,* fiel der feministischen Zensur zum Opfer. Mit geradezu diktatorischem Machtwillen wurden abweichende Wünsche, Sehnsüchte und Taten exekutiert.

Eine Frau, die entgegen der herrschenden Proklamation einen Mann liebte, war unreif, unmündig, oft genug eine verblendete Kollaborateurin. Bestimmt aber war sie todunglücklich und nur zu starrsinnig, ihre eigene Qual zu erkennen.

Denn der radikale Feminismus appellierte ja nicht an den Mann, sich zu ändern – er agitierte die Frau, den Mann zu ächten. Die Frauen sollten den Mann aus den heterosexuellen Spielräumen seiner Psyche exkommunizieren. Wo sie die Erotik einer Frau zu gewinnen hofft, wo sie (jawohl, Frau Firestone!) nach dem Besitz ihrer Seele und ihres Körpers strebt, da sollte sie verdursten. Da die Feministinnen den Mann nicht unterwerfen konnten, stellten sie sein Zerrbild an den Pranger, nicht um ihn zu läutern, sondern um die Frauen abzuschrecken. Der radikale Feminismus war besitzergreifender als nur je ein Mann: Der Feminismus wollte die Frauen für sich. Nicht Aufklärung war das Ziel seiner Agitation, sondern Machtergreifung. Er kannte keinen Kommunismus und keinen Kapitalismus, keine Erste, Zweite oder Dritte Welt. In ihm gab es nur zwei Welten: die helle der Frau und die dunkle des Mannes. Sie sollten – wie Licht und Schatten – für immer voneinander geschieden sein.

Der feministische Angriff auf die sexuelle Selbstgewißheit der Frauen wie der Männer war zumindest ein Angriff auf die Polarität der Geschlechter, wenn nicht gar auf die weibliche Lust. Die Offensive gegen die Liebe wurde ungleich feindseliger, gehässiger, gnadenloser geführt als die Attacken gegen die gesellschaftliche Bevorzugung des Mannes. Die militanten Feministinnen trugen den Geschlechterkrieg ins Bett – das Büro eroberten sie mit Argumenten.

Als »kriegführende Partei« besetzten die meisten Männer im Geschlechterkrieg eine lasche Verteidigungsposition. Auf die fundamentale Kränkung, die ihnen widerfuhr, reagierten sie mit ungläubigem, bestürztem, manchmal freilich auch geheucheltem Erstaunen. Wenn ihnen das Schreckgespenst des Gewalttäters Mann vorgehalten wurde, die Fratze des Ausbeuters weiblicher Sexualität, das penetrierende Tier, der aggressive »Phallokrat«, der gefühlsarme Grobian, der sprachlose Klotz, dann lauschte manch einer lange in sich hinein. Denn er ahnte ja das Tier in sich, seine Neigung zum brutalen Übergriff, seine Lust am zugefügten, freilich auch selbst erlittenen Schmerz. Und er kannte seinen ruhelosen Blick auf die Beine oder die Brüste fremder Frauen, seine Hurenhörigkeit selbst nur zu gut. Auch der Sprachlosigkeit seiner Gefühle war er sich bewußt. Die Introspektion war fällig. Daß sie stattfand, war – immerhin – das Verdienst der Frauenbewegung.

Der Mann wußte also, daß die feministische Attacke mit Wahrheiten aufgeladen war, denen sich schwerlich widerstreiten ließ. Er lauschte betroffen in sich hinein und legte ein weiches, linkisches Lächeln auf, wenn er seine Bedrängnis unter den skeptischen oder gar abschätzigen Blicken einer kritischen Frau zu verbergen suchte. Wahrhaft angeschlagen aber zeigte er sich, als das Vokabular der feministischen Kampagne seine partnerschaftlichen Debatten zu färben begann.

Die Frauen brauchten Shulamith Firestones Buch und die Pamphlete, die ihm folgten oder vorausgegangen waren, gar nicht zu lesen, um sich für ihre privaten Wortgefechte dialektisch – und das heißt wirkungsvoller denn je – zu munitionieren. Der Feminismus dominierte die Medien, auch die trivialen. Und die Männer, die diese Medien machten, wagten noch nicht einmal die Defensive. Sie waren Demokraten und – so absurd, so töricht sich das Klischee in diesem Zusammenhang auch ausnehmen mag – Kavaliere. Es gab allerhand Streit zwischen Feministinnen unterschiedlicher Denkungsart. Aber es gab keine Feminismuskritik, keine Feminismusschelte von männlicher Seite.

Die belesenen unter den Frauen hatten dieses oder jenes, dem kein männliches Wesen widersprach, gelesen. Alle Frauen hatten dieses oder jenes gehört, was sich, von Männern unbestritten, als Wahrheit empfahl. Jetzt floß es in ihre Rede. Oder – im Sprechstil des Feminismus – sie »thematisierten« es. Das Gelesene oder Gehörte wurde in ihren privaten Verstimmungen, in ihrer partnerschaftlichen Zwietracht Alibi und Beweis. Die meisten Frauen waren keine Feministinnen. Aber die intelligenten, die wachen, am Wandel des Zeitgeistes interessierten unter ihnen stritten jetzt mit den Argumenten des Feminismus.

Die Männer erschreckte weniger das Gesagte, das, wenn es besonders schlimm kam, in die Sprache der Soziologen gekleidet war; weniger die Worte verwundeten sie als der Gestus (und oft wohl auch die Anmaßung), mit der die Anklage vorgetragen wurde, das unüberbrückbare Schweigen, in das die Frauen sich hüllten, und das gepanzerte gute Gewissen, hinter dem sie sich verbarrikadierten. Die Männer verstanden nicht viel, vielleicht versuchten sie zu verstehen, und manchmal war ihnen, als hätten sie verstanden, doch am Ende waren sie leer. Klar war nur eines: Den Mund, der Feuer spuckte und Galle spie, mochten sie nicht mehr küssen. Die Hand, die dabei wie eine Sichel die Luft durchschnitt, mochten sie nicht mehr streicheln. Natürlich umschlangen und liebkosten sie noch den Leib, zu dem dieser Mund und diese Hand gehörten, aber sie fanden die Gewißheit des Lebens nicht mehr, die einst von ihm ausging. Seit der Feminismus über den Betten der Liebe schwebte wie ein ungerufenes Gespenst, war jeder Liebesakt ein Lebewohl.

Der Geschlechterkrieg gipfelte in dem feministischen Unterfangen, den Eros zu töten. Mit der Proklamation des allein klitoral möglichen Orgasmus, die im übrigen eine Propagandalüge war, verwiesen die Feministinnen die Frauen auf die eigenen Geschlechtsorgane und den erprobten Mittelfinger. Das war männerfeindlich gezielt, aber frauenfeindlich getroffen.

Denn die meisten Frauen brauchten für die Lust immer noch den Mann. Nur trauten sie ihm nicht mehr. Er war ihnen auf eine zuvor ungeahnte Weise unheimlich geworden. Und der von solcher Animosität entmutigte Mann fühlte sich jetzt unter seinesgleichen wohler: am Stammtisch, im Sportverein oder auch in einer »Männergruppe«, die der eigenen »Emanzipation« dienen sollte, also dem tieftraurigen, verzweifelt lächerlichen Versuch, zu werden wie eine Frau.

Auch diese Etappe des Geschlechterkrieges, die für beide Arten unbekömmlichste, ist Geschichte. Der furiose feministische Angriff auf die menschliche Natur schlug fehl. Doch es war kein Waffenstillstand, der ihn entschärfte. Es war kein

Sieg, der ihm ein Ende setzte. Es kam noch nicht einmal zu einem Vergleich. Es wurde zwar Frieden geschlossen, aber der kam wie der Kater nach dem Rausch, schlecht gelaunt und hohl, aufgestanden aus dem Krankenlager der Blessierten. Der feministische Versuch, in einer Kulturrevolution ohnegleichen Männer unter die Botmäßigkeit männerfeindlich indoktrinierter Frauen zu zwingen, ist mißlungen. Es waren die Frauen, die sich diesem Ansinnen mit der Hellsichtigkeit, die dem existentiell Bedrohten zuwächst, verweigerten.

Zwar hatten viele sich bemüht, dem Mann mehr Sensibilität, mehr Gefühle abzuringen. Doch der aus Prinzip nachgebige, aus Konfliktscheu gehemmte Softie, der als Resultat dieser Bemühung auftrat, konnte sie nicht bezaubern. Zwar gab es auch den geläuterten Macho, der ihrer Empfindsamkeit mit mehr Selbstkontrolle und ihrem Hilfsbedürfnis mit dem Spülen von Geschirr entgegenkam. Doch unter der geglätteten Oberfläche war er immer noch der alte. Den zärtlichen, rücksichtsvollen, hilfsbereiten, erotisch instinktbegabten, seiner selbst gewissen und deshalb erotisch anziehenden Mann hat es immer gegeben. Mag sein, daß er künftig in größerer Zahl vorkommt und daß dieser Gewinn ein Verdienst der Frauenbewegung ist. Doch der Kerl im Mann, die Summe seiner Webfehler und Triebe, seiner Ecken und Kanten, konnte nur für eine heute noch unabsehbare Frist beschwichtigt werden. Für immer zähmen und in Demut domestizieren läßt er sich nicht.

Der Aggressor Mann ist entmutigt und sein Opfer um den Traum gebracht. Die Dressur des sexuell aggressiven Mannes, der seinem Trieb folgt wie einem stets sprudelnden Kraftquell, erwies sich als fatal: Sie läßt Symptome einer Kastration erkennen. Der Geschlechterkrieg wurde zu Lasten seiner Libido geführt, das heißt zum Nachteil der heterosexuellen Lust und damit der Liebe. Nach dem Krieg kam die Ernüchterung. Trostlose Kumpelhaftigkeit überdeckt heute zwischen Frau und Mann die Unlust am erotischen Geplänkel. Der Feminismus hatte dem Mann die Schuld zugewiesen, durch Machtmißbrauch an der Sexualität der Frau gesündigt zu haben. Nun scheint es mancher Frau, als habe sich der Mann mit seiner Sündhaftigkeit auch der Sache begeben, um die es ihr insgeheim immer noch geht: seiner ehemals ungebändigten sexuellen Triebhaftigkeit.

Die Identitätskrise ist vielfältig: Kaum ein Mann möchte wirklich ein Softie sein, mit Sicherheit keiner ein Chauvi. Viele Männer wären – zumindest gelegentlich – gern Machos. Die wenigsten aber besitzen Format genug, dieser Rolle gerecht zu werden. Auch steht der Machismo erst am Beginn seiner Rehabilitation. Das Prestige des Mannes ist erschüttert, seine Sexualität verdächtig, manch eine Frau bezweifelt seine Daseinsberechtigung überhaupt. Wie kann er entkommen? Nicht der Hauch einer Perspektive ist ihm zugebilligt, nimmt man die ihm geltenden literarischen Angriffe wörtlich. Das mußte ihn abkühlen. Sein sexuelles Interesse am anderen Geschlecht ist deshalb nicht geschmälert, aber von Vorsicht gesteuert, von Kleinmut eingeengt. Den Mann lähmt die Angst vor der latenten Präsenz vormals unzulässiger, weiblicher Ansprüche, seine nagende Beklemmung vor der Dringlichkeit ihrer Anliegen: vor ihrer grollenden Bitte um Einfühlung. Vor ihrem Verlangen nach erotischer Kennerschaft. Vor ihrer ermüdenden Forderung nach emotionaler Mitteilsamkeit. Vor den Manifestationen ihrer opulenten, wahrscheinlich größeren sexuellen Potenz – einem gelüfteten Geheimnis, in das sie sich von den Gurus der sexuellen wie der feministischen Revolution einweihen ließ.

Das männliche Individuum ist so potent, wie seine Seele stark ist – die aber wurde im Geschlechterkrieg geschwächt. Früher waren die geforderte Einfühlsamkeit und das erwünschte erotische Raffinement eine Kunst, die von Mund zu Mund, von Hand zu Hand, von Haut zu Haut weitergegeben wurde. Heute sucht der Mann danach vielleicht auf der Couch des Psychiaters oder in den Kursen der Sexualhygiene. Doch wie soll er über die Unaussprechlichkeit der Liebe reden, die er für eine Frau empfindet? Lyrisch? Prosaisch? In Gleichnissen? Flüsternd? Säuselnd? Raunend? Lachend oder ernst? Glühend oder cool? Oder auf eine stumme Art beredt? Wie soll er ihr sagen, daß er die Liebe nicht immer gleichförmig empfindet, daß ihre Temperatur schwankend ist, daß es dunkle und helle Tage, kalte und heiße Nächte, strömende und stehende Zeiten gibt? Und wie soll er ihr die Traurigkeit seines Herzens übermitteln, die ihn manchmal heimsucht, die sich so geheimnisvoll und vage gibt wie ein von Lemuren bevölkerter Traum? Wie kann er etwas erklären, das er sich selber nicht erklären kann? Dem in der Liebe naturgemäß einsilbigen Mann hat auch der feministische Schock die Zunge nicht gelöst.

Alle Revolutionen, die einen neuen Menschen schaffen wollten, sind in diesem Bemühen gescheitert, so auch die feministische. Wie die bolschewistische Revolution den aus politischer Einsicht leistungsmotivierten Proletarier, wie die Französische den mündigen Bruder der Entrechteten nicht zu formen vermochte, so ist auch der feministischen das sexuell autarke Geschlecht mißglückt. Am neuen Mann war die Kulturrevolution der Frauen vordergründig nicht so sehr interessiert. Aber hat sie eine »neue Frau« geschaffen? Hat sie die Frau geschaffen, die das sterile Paradoxon einer nichtgenitalen Geburt erstrebt? Hat sie die Frau gezeugt, die den eigenen Organismus oder das eigene Geschlecht heftiger ersehnt als den Mann? Hat sie die Frau hervorgebracht, die ihre romantischen Träume in den Willen zur Macht ummünzt? Hat sie die Sehnsucht nach Liebe in den Frauenseelen ausgebrannt? Nein.

Zwar hat die Frauenpresse irgendwann begonnen, die »neue Frau« zu propagieren. Doch was ist in bezug auf Liebe und Sexualität neu an ihr? Die »neue Frau« ist nur insoweit neu, als ihr Bewußtsein von den Mustern rebellischer Überzeugungen schattiert ist. Der Mann wurde zu einer widersinnigen Dimension ihres Lebens: heftig begehrt und arg bezweifelt gleichermaßen. Die zwanzigjährige Denunziation der männlichen Psyche hat im Bewußtsein der Frau einen paralysierenden Verdacht keimen lassen. Ein diffuser, seines Gegenstandes keineswegs sicherer und dennoch quälender Argwohn ist zurückgeblieben, ein ungewolltes Lauern. Außerdem ist sich die Frau ihrer Sexualität bewußter. Manch eine trägt die Gewißheit der eigenen Potenz in ihrem Blick und schüchtert damit die Männer ein. Vielleicht läßt sie sich seltener als zuvor mit einem Mann ein, aber sicherlich öfter als zuvor für eine kurz bemessene Frist. Sie hat Jobs erobert, die ihr einst verschlossen waren. Sie ist in das Management der Gesellschaft vorgedrungen. Ihr werden mehr Freiheiten zugestanden als jemals zuvor.

Ist sie deshalb eine »neue Frau«? Ist sie ehrgeiziger, lebendiger, zielstrebiger, heißer oder kälter, wilder oder maßvoller, sentimentaler oder nüchterner als Kleopatra, Messalina oder die Zarin Katharina von Rußland? Ist sie »männlicher« als jene? Ist es nicht erwiesen, zumindest vorstellbar, daß unter dem Regime dieser Herrscherinnen Tausende unbekannter Kleopatras, Messalinas, Katharinas lebten, die regsam waren wie sie? Ebenso lebenssüchtig? Genauso vom Gären der eigenen Leidenschaft beunruhigt? Und gleichermaßen gewillt, diese Leidenschaft zu leben? Sind die Kleopatras in der Straßenbahn, die Messalinas in der Disco, die Katharinas in den Büros wirklich anders? Ist die »neue Frau« kritischer als George Sand?

Die Frau von heute hat keineswegs andere, keine »neuen« Instinkte. Geändert haben sich die Umstände, unter denen sie ihre Instinkte auslebt. Neu ist die Öffentlichkeit, die ihr dabei zusieht. Neu sind die Leitbilder, an denen sie sich orientiert. Neu sind die Stile, Moden und Konventionen der Gesellschaft, die Einfluß auf ihr Lebensschicksal nehmen. Als »neue Frau« ist die Frau von heute eine euphorische Allegorie des Zeitgeistes, eine Medienlaune. Ihre emotionale Empfänglichkeit mag gewarnt sein, aber ihre tiefe Sehnsucht nach Liebe schwelt unter der Asche des feministischen Strohfeuers. Ihr Verlangen nach sexueller Verschmelzung ist nicht getilgt. Ihr zehrendes Bedürfnis nach Überwindung der »Abgetrenntheit« ist geblieben. Und soweit sie vital und tapfer ist, versucht sie weiterhin, dieses Bedürfnis zu stillen.

»Ein absolutes Scheitern bei diesem Versuch«, schrieb der Psychoanalytiker Erich Fromm, »führt zum Wahnsinn.«

Gescheitert ist der feministische Versuch, dem Wahnsinn Heimat und Autorität zu geben.

So hat die Liebe eine Chance. Jenseits jeder dialektischen Verzeichnung sind die Geschlechter einander wieder – oder weiterhin – Mysterien. Da es im Krieg der Geschlechter nicht ums Verstehen ging, sondern um Suprematie und Subordination, da die Widersacher gar nicht wissen wollten, wie der andere ist, da sie ihn antizipierten, wie sie ihn haben wollten, haben sie sich einander auch nicht erklärt. Gewiß, die Frauen haben zu einer neuen Sichtweise der eigenen Identität gefunden und die Männer die ihre noch nicht ermittelt. Ihre Identität als Geschlecht, die Ausformung ihrer Lebensart, das zivilisatorische Eigenbild, das sie von sich haben, mögen Frauen und Männer einander ja erklären können. Aber ob sie einander im Sinne eines radikalen Verstehens genau genug beschreiben können, was sie zueinander lockt oder voneinander treibt, was sie beglückt oder betrübt und was sie im eigenen Selbst zutiefst bewegt, das bleibt zweifelhaft. Es scheint, als unterliege die Distanz zwischen den Geschlechtern einer höheren Bürgschaft, als läge es im Wesen der Schöpfung, daß sie immer wieder erneut aufeinander zugehen müssen, damit sie einander immer wieder finden können. Die Wahrnehmung des anderen in seinem Selbst wird eine Gnade des Augenblicks bleiben. Doch es wird der Worte kaum bedürfen, wenn zwei einander liebend nahekommen und intensiv begreifen.

In ihrem erotischen und gesellschaftlichen Verhalten wurden die Frauen den Männern ähnlicher. Und dennoch sind sie einander so fern wie nie. Dennoch sind sie vom Pfad der Liebe abgekommen. Sie suchen die kongeniale Partnerschaft und fürchten die Mächte der Vereinigung. Sie ersehnen die Symbiose und wollen doch die Unabhängigkeit. Vor vier Jahrzehnten schrieb Erich Fromm:

»Die Polarität der Geschlechter ist im Verschwinden begriffen, und damit verschwindet auch die erotische Liebe, die auf dieser Polarität beruht.« Und: »Vereinigung durch Konformität vollzieht sich weder intensiv noch heftig; sie erfolgt ruhig, routinemäßig und bringt es eben deshalb oft nicht fertig, die Angst vor dem Abgetrenntsein zu mildern.«

Die Angst vor der Liebe ist auch die Angst vor der erotischen Routine. Es gilt also, neu zu entdecken, was uns von der Polarität zwischen den Geschlechtern geblieben ist. Männer und Frauen müssen wieder lernen, die Andersartigkeit des Gegenübers zu akzeptieren. Solange beiden das mißlingt, wird zwischen ihnen wenig Neugier, wenig Spannung, wenig Anziehung und wenig Liebe sein.

6. Kapitel

Die Liebe – ein Spiel
Interview mit einer bisexuellen Frau

Ich interviewte Marlen in der Wohnung einer gemeinsamen Freundin. Marlen trank einen leichten italienischen Weißwein, den sie mit Mineralwasser mischte. An diesem Tag sah ich sie zum drittenmal. Wir waren per du, obwohl sie eine Frau ist, die man lange siezt. Es war eine elektrisierende Schwingung zwischen uns, ich empfand eine gegenseitige körperlose Anziehung. Schon einige Tage zuvor, an dem Abend, an dem ich Marlen kennenlernte, hatten wir über ihre bisexuellen Neigungen gesprochen. Mich hatte die Unbefangenheit beeindruckt, mit der sie sich über die Androgynie ihrer Erotik ausließ. Ich meinte einen Menschen getroffen zu haben, der auf der Suche nach Originalität und selbstbestimmter Lebensweise eine äußerste Grenze erreicht hatte. Mich interessierte, wie ein solcher Mensch die Liebe praktiziert. Deshalb bat ich sie um das Interview. Deshalb – aber auch, weil ich sie wiedersehen wollte. Denn ich hatte mich in sie verliebt.

An den beiden ersten Abenden war unsere gemeinsame Freundin dabei. Beim Interview waren wir allein. Nur das Baby unserer gemeinsamen Freundin und Marlens Hund waren im Zimmer – ein blondes Kleinkind, das noch nicht sprechen konnte, und ein wolliger Mischling auf dünnen Beinen, der diesem Kind die Buntstifte zerbiß. Auf meinem Tonband, das ich auch nach der Abschrift nicht gelöscht habe, steigt der aufgeregte Protest des Kindes manchmal über Marlens klare, leise, lockende Stimme hinaus.

Daß ich in Marlen verliebt war, hatte auf die professionelle Distanz, die ich ihr gegenüber während des Interviews zu wahren hatte, keinen Einfluß. Ich stellte meine Fragen mit großer, vielleicht übertriebener Nüchternheit. Andererseits hatte ich als Journalist gelernt, daß sich meine Interviewpartner nur dann entäußern, wenn sie spüren, daß meine menschliche Anteilnahme meiner professionellen Neugier ebenbürtig ist. Nur dann vertraut mir der Befragte. Nur dann bekennt er sich, während er nach Antworten sucht, zu weit abgelegenen Dimensionen seiner Identität. In einem guten Interview antwortet der Interviewte sich selbst. Marlen antwortete manchmal spontan und oft nach langem Grübeln. Aber sie ließ keine Frage unerwidert.

Marlen zu beschreiben erübrigt sich. Sie wird in ihren Repliken beinahe körperlich sichtbar. Nur so viel sei gesagt: Sie ist groß und schlank, sie hat dunkle Augen und braunes Haar. Marlen ist keine Femme scandaleuse, keine Femme fatale. Sie ist einfach eine authentische Frau.

Kroll: Was ist für dich die Liebe?
Marlen: Meine Liebe ist eine Hinwendung zu einem anderen Menschen, bei der ich, solange die Liebe dauert, einiges von mir preisgebe.
Kroll: Wer war deine erste Liebe?
Marlen: Meine erste Liebe war eine Frau, jedenfalls hielt ich es damals für Liebe. Die Erfahrungen, die ich später machte, haben mich bewogen, diese Wertung in Zweifel zu ziehen. Später liebte ich intensiver.
Kroll: Wie alt warst du damals?
Marlen: 23.
Kroll: Hattest du mit dieser Frau auch zum erstenmal Sex?
Marlen: Ja.
Kroll: Wann hattest du erstmals Sex mit einem Mann?

Marlen: In der Nacht danach. In der Nacht nach dem ersten Sex mit einer Frau. Ich bin sehr behütet aufgewachsen und war nun 23 und zum erstenmal von meinem Elternhaus weg. Und nun habe ich mich, salopp gesagt, ins Leben geschmissen. Ich gehörte zu einer Frauenclique. Wir haben nichts anderes getan, als in den Tag hineinzuleben: Shopping, Disco, alles, was ich noch nie getan hatte, nicht, weil ich es nicht gedurft hatte, sondern weil es mich nicht interessiert hat. Nun aber Bars und Discos. Man hat sich toll unterhalten. Und da hat sich eben eine dieser Frauen in mich verknallt. Und weil ich nicht auf sie reagiert habe, weil ich zu der Zeit gar nicht wußte, wie man das macht, hat sie eine wesentlich ältere, erfahrene Freundin vorgeschickt. Die hat mich nach allen Regeln der Kunst, auch mit Alkohol und Joints, gefügig gemacht. Obwohl: Man macht mich mit Alkohol nicht gefügig, wenn ich nicht will. Die hat mich verführt. Am nächsten Morgen merkte ich, daß meine Neugier erwacht war. Und da habe ich mir noch am selben Tag einen Mann gesucht. Aktiv gesucht. In einer Badeanstalt habe ich mir einen Mann ausgeguckt. Den habe ich aktiv angemacht. Und dann bin ich mit ihm nach Hause gegangen.

Kroll: Da mußt du nach landläufigem Verständnis von Sexualität noch Jungfrau gewesen sein.

Marlen: Nein. Ich hatte meine Jungfräulichkeit beim Sport verloren. Im übrigen fand ich diesen Mann langweilig. Aber das hatte nichts damit zu tun, daß er ein Mann war.

Kroll: Warum hattest du, im Gegensatz zu den meisten Frauen deiner Generation, erst mit 23 den ersten Sex?

Marlen: Das kann ich dir nicht erklären. Ich habe darüber nachgedacht. Und der einzige Grund, den ich fand, ist der, daß mich andere Dinge damals viel mehr interessierten. Ich habe sehr viel gelesen. Das kam von zu Hause. Es gab viel wichtigere Themen, mit denen ich mich beschäftigt habe.

Kroll: Das reicht mir als Erklärung nicht aus. Sex ist schließlich triebgesteuert.

Marlen: Vielleicht hat sich der Trieb bei mir spät entwickelt. Ich wurde zu Hause nicht aufgeklärt. Das Thema Sex war in allen Varianten tabu. Darüber hat man nicht gesprochen. Es wurde sehr viel Wert auf Haltung gelegt. Das kann man einem Kind so vermitteln, daß alles andere unterdrückt wird.

Kroll: Dennoch wußtest du sicher, daß deine Klassenkameradinnen ihre ersten Erfahrungen viel früher gemacht hatten.

Marlen: Gut, meinen ersten Kuß bekam ich mit sechzehn. Von einem Jungen. Das fand ich toll. Es passierte in einer leeren Schulklasse, und er hatte einen Himbeerdrops im Mund. Mein Schulweg führte mich durch einen Wald. Ich hatte auch bestimmt zwölf sogenannte Freundschaftsringe, die einem Mädchen von Jungs gegeben werden. Sie begleiteten mich durch den Wald, zogen irgendwann den Ring aus der Tasche und sagten: Du gehst jetzt mit mir. Dann hat man sich mit zusammengepreßten Lippen einen Kuß gegeben, und das war es dann.

Kroll: Und keiner dieser Jungs wollte dir an die Wäsche?

Marlen: Ein Jahr vor dem Abitur sagte mal einer zu mir, ich sähe so unbefriedigt aus. Ich habe das gar nicht kapiert, wenigstens die ersten Minuten nicht. Und dann fand ich es abstoßend. Also, wenn sexuelles Begehren im Spiel war, dann habe ich es entweder nicht bemerkt oder abgeblockt. Ich hatte Freunde und bin auch händchenhaltend mit ihnen gegangen, aber zu mehr kam es nicht.

Kroll: Hast du dich selbst befriedigt?

Marlen: Nein, ich wußte gar nicht, wie man das macht. Halt, Moment! Nein, das stimmt nicht. Ich glaube, ich war neunzehn, als ich damit anfing.

Kroll: Deine Pubertät, deine erste Blutung kamen ...

Marlen: ... relativ spät. Da war ich sechzehn oder siebzehn.

Kroll: Wie war deine Erziehung?

Marlen: Meine Eltern haben immer versucht, mich mit ihren Argumenten und ihrem Wissen zu überzeugen. Es gab sicher mal Machtkämpfe. Die Mittel für ein angenehmes Leben waren vorhanden. Aber damit wurde nicht geprotzt. Es war eine große Toleranz in meiner Erziehung. Ich habe einen fünf Jahre älteren Bruder. Gelegentlich waren meine Eltern sehr streng, sie haben aber nie Druck auf uns ausgeübt, um uns zu bestimmten Verhaltensweisen zu bewegen. Ich muß hinzufügen, daß ich ein freches Kind war. Um meine Eltern zu ärgern, habe ich 17 Schnaken, die ich vorher gezüchtet hatte, in ihrem Schlafzimmer ausgesetzt.

Kroll: Was sind Schnaken?

Marlen: Das weißt du nicht? Stechmücken. Das war das Freche. Aber dabei war ich immer noch lieb. Das liebe war, daß es männliche Schnaken waren. Die stechen nämlich nicht. Man hat mir meine Frechheiten nicht übelgenommen. Ich konnte die Leute um den Finger wickeln. Wir waren beide Sonnenscheinchen. Und wir waren beide Wunschkinder. Ich hatte eine traumhafte Kindheit.

Kroll: Würdest du dich mal beschreiben? Wie siehst du dich?

Marlen: Ich halte mich für einen sehr ernsten Menschen, der allerdings zeitweise ganz gern ausflippt. Beherrschend ist jedoch meine Ernsthaftigkeit.

Kroll: Hältst du dich für leidenschaftlich?

Marlen: Ja, sehr.
Kroll: Wie alt bist du?
Marlen: Ich werde im Mai 39.
Kroll: Unter welchem Sternbild wurdest du geboren?
Marlen: Stier.
Kroll: Welchen Beruf übst du aus?
Marlen: Ich bin Schmuckdesignerin. Aber meinen Schmuck gibt es nur handsigniert in limitierter Auflage. Übrigens mache ich auch erotischen Schmuck.
Kroll: Haben sich deine Liebespartner, während sie dich kennenlernten, geschlechtsspezifisch unterschiedlich verhalten?
Marlen: Du meinst, in der Art, in der sie mich anmachten?
Kroll: Ja.
Marlen: Ja. Sehr. Beginnen wir mit der männlichen Anmache, die mir – und vielleicht hat damit auch zu tun, daß ich mich Frauen zugewandt habe – zu aufdringlich ist. Und die sehr, sehr oft nach dem immer und ewig gleichen Schema abläuft, etwa mit der Banalität einer Zigarettenofferte. Wenn ich mir das jetzt überlege, dann bin ich immer nur bei den Männern geblieben, die sich mir locker und mit einer gewissen Originalität genähert haben.
Kroll: Wie machen es die Frauen?
Marlen: Unter Frauen gibt es diese direkte, zielstrebige Anmache eigentlich nicht. Es sei denn, es handelt sich um sogenannte »kesse Väter«. Doch mit solchen Frauen habe ich überhaupt nichts zu tun. Die erotische Annäherung zweier Frauen geschieht auf eine ganz subtile Art. Ich rede von Frauen, die, nachdem sie mich kennengelernt haben, lange gar nicht wissen oder die es innerlich noch nicht zulassen, daß sie erotisch von mir angezogen sind.
Kroll: Könnte man sagen, Frauen reagieren aus einem Zustand der Ahnungslosigkeit?

Marlen: Eher im Gegenteil: aus einem Zustand keimender Ahnung. Es kommt aus einem Interesse an mir, das ich mir nicht so richtig erklären kann. Natürlich habe ich einige Frauen gefragt, wie ich auf sie wirke. Sie sagten, ich würde eine gewisse Erotik ausstrahlen, die sie nicht spontan begreifen und die sie auch nicht umsetzen können. Sie wird ihnen erst später bewußt.

Kroll: Sind Männer in ihrem Balzverhalten dringlicher als Frauen?

Marlen: Ja, und aufdringlicher. Sie sind direkter. Darin drückt sich wohl der Erfolgszwang aus, dem sie in ihrem Leben gehorchen müssen.

Kroll: Wer verträgt eher einen Korb?

Marlen: Wenn Männer von mir einen Korb bekommen, den ich übrigens sehr charmant formuliere, dann ziehen sie sich beleidigt zurück. Bei einer Frau ist mir das noch nie passiert. Natürlich habe ich auch Frauen Körbe gegeben. Aber die stecken sie mit einer gewissen Gelassenheit weg, irgendwie verständnisvoll.

Kroll: Was zieht dich an einer Frau an?

Marlen: Mit dieser Frage habe ich mich noch gar nicht richtig beschäftigt. Bei einer Frau zieht mich, glaube ich, in erster Linie ihre Weiblichkeit an, sofern sie ausgeprägt wahrnehmbar ist. Wie ich schon sagte, mag ich die männlich verkleideten Frauen, die sogenannten »kessen Väter«, nicht. Die haben vermutlich irgendwelche psychischen Probleme, die aus ihrer Kindheit herrühren. Bei einer Frau ist es die Frau an sich, die auf mich wirkt, das total Weibliche. Eine Frau muß schön und äußerst gepflegt, also, alles in allem, sehr attraktiv sein. Das macht sie für mich reizvoll.

Kroll: Was zieht dich an einem Mann an?

Marlen: Ein Mann muß gut aussehen und eine sehr männliche Ausstrahlung haben. Ich würde fast sagen, daß ich den Macho bevorzuge. Ich mag den Mann in der klassischen Rolle, den Kavalier, der die Frauen verehrt und sie bewundert, den Eroberer, den Herrscher, den Ritter ohne Furcht und Tadel, den Winnetou mit Hauspersonal in der 400-Quadratmeter-Villa.

Kroll: Gibt es Phasen in deinem Leben, in denen du dich mehr zu einer Frau, und andere, in denen du dich mehr zu einem Mann hingezogen fühlst? Oder kommt es unabhängig vom Geschlecht immer nur auf die Persönlichkeit an?

Marlen: Das verläuft in Phasen. Nach einem Mann habe ich meist eine Frau. Das bedeutet aber nicht, daß ich dann von dem jeweiligen männlichen oder weiblichen Vorgänger die Schnauze voll habe. Sondern... Ja, vielleicht habe ich doch die Schnauze voll. Es kommt dann so eine gewisse Langeweile auf. Ich habe kürzlich eine neue Erfahrung gemacht: Wenn man sich einem Menschen hingibt, dann lernt man ihn ja auch sehr, sehr gut kennen. Und wenn ich mich von der jeweiligen Person getrennt habe, dann habe ich in ihr irgend etwas nicht gefunden. Vielleicht suche ich das dann jeweils im anderen Geschlecht.

Kroll: Könnte es sein, daß es dein Schicksal ist, im Mann immer die Frau und in der Frau immer den Mann zu entbehren?

Marlen: Ja, das ist so.

Kroll: Welche menschlichen Eigenschaften, innere wie äußerliche, schließen eine Annäherung für dich aus?

Marlen: Dumme Menschen kommen für mich nicht in Frage. Zwar kann mancher sich kaschieren, aber nur für die Dauer eines halben Abends. Intoleranz und politischer Fanatismus stoßen mich ab, feministische Politlesben beispielsweise. Außerdem eine aufgesetzte

	Art von Arroganz und extreme Aufdringlichkeit. Ungepflegte Menschen, Körperausdünstungen stoßen mich ab – und manchmal ist es auch der Kleidungsstil.
Kroll:	Reizt es dich, ein Mädchen zu verführen, das noch nie mit einer Frau geschlafen hat?
Marlen:	Spontan habe ich auf diese Frage, wenn sie mir früher gestellt wurde, schon geantwortet: Ich gebe keine Anfängerkurse. Nun ja, ahnungslose Frauen machen es wohl aus Neugier. Doch solche Naivität reizt mich nicht. Jedenfalls nicht für das sexuelle Spiel. Wenn ich auf eine Frau treffe, die ich sehr interessant finde, dann kann so etwas natürlich passieren. Aber nur der Aspekt, daß sie es noch nie getan hat, interessiert mich nicht.
Kroll:	Könnte es dich reizen, einen schwulen Mann zu verführen?
Marlen:	Ein schwuler Mann hat gewisse Interessen, und es reizt mich nicht, ihn umzudrehen. Ich muß die Menschheit nicht verändern.
Kroll:	Unterscheiden sich die Geschlechter in der Art, in der sie flirten?
Marlen:	Männer flirten weniger. Ein Flirt ist für mich ein Annäherungsversuch. Es hängt vom Wesen des Anmachenden ab, wie er sich einem anderen Menschen nähert. Und wenn Frauen aufeinander zugehen, kommt es zu einer ganz subtilen Art des Flirts. Ein Mann geht direkter auf sein Ziel zu. Frauen senden andere Signale als Männer. Ihre Blicke sind beredter, und die Art, in der sie mit den Augen sprechen, ist nuancenreicher. Bei den Frauen geht alles über Augen und Mimik. Es kann sein, daß ein Blick kommt und dann fünf bis zehn Minuten gar nichts. Und dann wieder ein Blick, länger, lockender. Dann kann man sich überlegen, wie man auf diesen Blick ant-

wortet. Das Spektrum weiblicher Signale beim Flirten hat sehr viel mehr Facetten als das der Männer. Eine Frau, die mit einer Frau zu flirten versucht, muß ja auch einfallsreicher sein, weil der Flirt versteckt werden muß, während er stattfindet. Denn wir befinden uns ja meist in einem Kreis von Heterosexuellen, die für unser Spiel kein Verständnis haben. Männer haben dieses Problem nicht. Sie dürfen zudringlicher sein. Die Gestik, die Mimik des Flirtenden verrät ja immer auch seinen Charakter. Männer streben viel eher die Berührung an und versuchen zu greifen oder anzufassen. Sie benutzen das Gespräch, um die Berührung plausibel zu machen: »Ach, glauben Sie mir doch . . .« Und schon kommt die Hand. Männer flirten oberflächlicher.

Kroll: Gibt es Unterschiede im Narzißmus? Flirtet ein Geschlecht narzißtischer als das andere?

Marlen: Wenn du mit deiner Frage meinst, welches Geschlecht eher auf sich bezogen flirtet, dann sind es die Männer. Das hat damit zu tun, daß sie vor den Augen anderer Erfolg haben müssen. Sie kommen auf mich zu, ob das auf einer Party ist oder an der Bar, und sie müssen mich in ein Gespräch verwickeln. Wenn ich weggehe oder mich abwende, dann sind sie erfolglos, und das degradiert sie in den Augen der anderen.

Kroll: Ist aus alldem zu schließen, daß Männer kürzer flirten? Gewissermaßen schneller?

Marlen: Ja. Ich spreche natürlich nur von meinen Erfahrungen. Es gibt Frauen, die sehr aufdringlich sind. Die Nummer, weißt du, die von »kessen Vätern« abgezogen wird. Deren Verhalten ist noch extremer als das männliche, und demgemäß unangenehmer ist es mir. Das Flirten »weiblicher« Frauen ist natürlich auch ein Abchecken. Da kommt so ein Sich-nicht-ganz-

Trauen rüber, die Angst, sich zu früh preiszugeben. Das macht die ganze Sache für mich natürlich hochinteressant. Ich glaube, daß Männer den Flirt gar nicht genießen, daß er für sie nur ein Mittel zum Zweck ist. Für mich ist er ein Genuß in sich. Ich will selten jemanden, der sich mir sofort hingibt, der (oder die) ich gleich in die Tasche stecken kann. Aber dieses versteckte Spielchen (Kommen wir nun zur Sache? Fährt sie auf mich ab?) ist ungeheuer reizvoll. Es erfordert Phantasie.

Kroll: Wie früh läßt der Mann beim Flirt Eindeutigkeit erkennen?

Marlen: Meiner Erfahrung nach, in dem Moment, in dem er das erste Wort an mich richtet. Dagegen ist das Flirten der Frau lange dem Zweifel überantwortet. Allerdings zielt der Flirt immer auf Sex, der einer Frau ebenso wie der eines Mannes. Andererseits, was mich angeht, interessiert mich ein Mensch, wenn ich ihn irgendwo kennenlerne, zuerst einmal vom Kopf her, bevor da im Bett was passiert. Abgesehen natürlich von spontanen One-night stands.

Kroll: Wenn du einen Menschen, Frau oder Mann, begehrst, läßt du ihn dann mehr oder weniger offen wissen, was Sache ist? Oder umgarnst du ihn mit deinen Reizen, damit er es tut?

Marlen: Ich lasse meinen Charme spielen und umgarne ihn. Ich wickle ihn so lange mit meinem Charme ein, bis er nicht mehr von mir wegkann.

Kroll: Bekennst du in der Phase des Kennenlernens deine Neigung für das jeweils andere, nicht gegenwärtige Geschlecht?

Marlen: Das hängt von meiner Stimmung ab. Manchmal ärgere ich die Menschen ganz gern.

Kroll: Aber doch nicht die, die du für dich einnehmen willst.

Marlen: Na gut, entkräften wir den Begriff ärgern. Ich teste gern Reaktionen. Und je nach meiner Laune, nach der aktuellen Phase, mache ich eben ein paar Bemerkungen. Doch in der Regel werde ich, wenn mich ein Mann sehr interessiert, von meinen Geschichten mit Frauen nichts erzählen. Zumindest nicht während der Balzphase.

Kroll: Und wenn du eine Frau kennenlernst? Sprichst du dann über deine Männeraffären?

Marlen: Es spricht sich mit Frauen leichter darüber, weil es normal ist. Es verbindet auch. Gut, wenn ich zu einem Mann über Frauen rede ... Ich hab's früher mal gemacht, um ihn mir vom Leibe zu halten. Das hatte aber stets den gegenteiligen Effekt, daß ich für den Mann nämlich noch reizvoller wurde. In solchen Momenten geht die Phantasie mit ihm durch; dann denkt er an den flotten Dreier. Aber wenn mich ein Mann wirklich ernsthaft interessiert, dann versuche ich natürlich, wenigstens während der ersten Tage, negative Reaktionen zu vermeiden. Etwa: Ach, die hat ja mit Weibern zu tun. Aber wenn ich mir meiner Sache sicher bin, dann sag ich's ihm garantiert.

Kroll: Was treibt dich, wenn du einen neuen Partner suchst?

Marlen: Meine Träume treiben mich. Träume sind dazu da, sie zu realisieren. So lange ich nicht weiß, daß es Champagner gibt, bin ich mit meinem Landwein zufrieden. So lange ich nicht weiß, daß es den phantastischen Liebhaber gibt, der noch nie dagewesene Gefühle in mir wecken kann, bin ich mit dem Rammler zufrieden. Aber nur so lange, bis mir bewußt wird, daß es das nicht sein kann. Das ist der Augenblick, in dem der Traum einsetzt. Irgendwie bin ich immer auf der Suche nach etwas Neuem. Ich denke oft: Das kann es doch nicht gewesen sein. Dann breitet sich eine Unruhe in mir aus, die sich beinahe in körperlichem Unwohlsein äußert. Dann hole ich tief Luft und schließe eine Episode in meinem Leben ab. Ich handle nicht wie die meisten Menschen nach dem Motto: Wenn du dich frei fühlen willst, dann darfst du nicht an der Leine zerren.

Kroll: Kann sich aus einem Gespräch über ein neutrales Thema für dich eine erotische Anziehung entwickeln?

Marlen: Wenn der Gesprächspartner für mich interessant ist und der Grund für das Gespräch wirklich ein neutrales Thema war – ja.

Kroll: Gibt es da Unterschiede zwischen Frauen und Männern?

Marlen: Abgesehen jetzt mal von den Vorstellungen, die ich von einem reizvollen Mann habe... Ich meine, auch wenn er diesen Vorstellungen entspricht, entwickelt sich bei mir eine Beziehung zu einem Mann über den Kopf. Wenn ich ihn vom Kopf her interessant finde, dann entwickelt sich da viel eher was als... Anders ausgedrückt: Es gibt für mich eigentlich weniger eine vom Mann ausgehende, spontane sexuelle Anziehung.

Kroll: Und über welchen Körperteil, wenn nicht über den Kopf, entwickelt sich bei dir etwas mit einer Frau?

Marlen: Es ist, glaube ich, der Bauch. Eine Frau kann meine Sinnlichkeit unmittelbar ansprechen. Ihre Schönheit kann mich berühren.

Kroll: Welche Rolle spielt bei dir in der Liebe das Kalkül?

Marlen: Es kommt auf jeden Fall immer ein Kalkül hinzu.

Kroll: Welche Rolle spielt die soziale Stellung des potentiellen Partners?

Marlen: Eine sehr große. Er muß also zumindest...

Kroll: Er? Also der Mann?

Marlen: Der Partner. Oder die Partnerin. Beide müssen wenigstens auf der Ebene stehen, auf der ich stehe.

Kroll: Erwartest du vom Mann nicht eher, daß er über dir steht?

Marlen: Nein. Das heißt ... doch. Sicher. Was heißt über mir stehen? Es kann einer finanziell über mir stehen oder von seiner Position her. Es ist zwar angenehm, wenn er Geld hat, doch möchte ich mich nicht von einem Mann aushalten lassen. Ich genieße natürlich die Vorzüge seiner Stellung oder seiner finanziellen Unabhängigkeit. Aber ich werde sie nicht für mich ausbeuten. Andererseits: Die Liebe oder das pure Sichhingezogen-Fühlen zu einem Menschen, fern jedem Kalkül, das hat man mit siebzehn. Ich möchte das Wort Liebe in diesem Interview auf ein gelungenes Zusammenspiel sexueller und geistiger Interessen reduzieren. Ich glaube nicht, daß ich mich in einen Maurer verlieben könnte. Natürlich kann auch ein Maurer was im Kopf haben. Aber eine Beziehung von längerer Dauer? Es sind doch keine Bezugspunkte da, weder im Bekanntenkreis noch hinsichtlich der Interessen. Genau dasselbe spielt bei meinen Frauen eine Rolle. Meine Frauen sind ja nicht lesbisch. Die fühlen sich, genau wie ich, von beiden Geschlechtern angezogen. Lesbische Frauen versuchen, diese Mann-Frau-Rollenverteilung nachzuspielen. Und es passiert mir in den einschlägigen Lokalen relativ oft, daß diese kleinen Häschen ankommen und in mir die tolle Frau sehen und ausgehalten werden wollen. Solche Frauen interessieren mich nicht. Die Personen, mit denen ich mich umgebe, sollten finanziell mindestens gleichgestellt sein. Weil: So egoistisch bin ich, daß ich auf Dauer niemanden aushalten werde, nur dafür, daß ich im Bett etwas habe. Es törnt mich, davon abgesehen, auch ab.

Kroll: Du gehst mit einem Mann zum Dinner oder mit einer Frau. Wer bezahlt?

Marlen: Sowohl als auch. Immer im Wechsel. Bei beiden.
Kroll: Kennst du ein Kalkül, das bislang unerwähnt blieb?
Marlen: Sozialer Status spielt eine Rolle. Ich überlege. Mich interessieren generell alle Menschen – und zwar so lange, bis ich weiß, was mit ihnen los ist. Ich sammle Menschen, ihre Erfahrungen, ihre Wertvorstellungen, ihre Anschauungen, die Art und Weise, wie sie ihr Leben selbst gestalten. Ab und zu, leider selten genug, erfahre ich dann etwas, was mich fasziniert, einen neuen Aspekt des Lebens, eine andere Betrachtungsweise in Sachen Weltbild. Also: Dieses Kalkül gilt dem geistigen Profit. Ich bin so brutal, daß ich jemanden, wenn ich von ihm keine Erfahrungen mehr für mich ziehen kann, fallen lasse.
Kroll: Hältst du dich für romantisch?
Marlen: Ja.
Kroll: Welche Rolle spielt das Alter deiner Partner?
Marlen: Wenn die von mir genannten Voraussetzungen gegeben sind und stimmen, keine.
Kroll: Kennst du die Einsamkeit?
Marlen: Die Einsamkeit in ihrer negativen Bedeutung – nein. Ich kenne das Alleinsein, was ich sehr, sehr genießen kann. Aber einsam sein, so daß ich mich alleingelassen und verlassen fühle, das kenne ich nicht. Als Hölle ist mir die Einsamkeit fremd.
Kroll: Gibt es zwischen deinen Gefühlen, die du für eine Frau entwickelst, gegenüber jenen, die einem Mann gelten, Unterschiede?
Marlen: Nein. Allerdings ist meine Beziehung zu einem Mann nie so eng wie zu einer Frau. Gegenüber dem Mann fühle ich mich mehr an Konventionen gebunden. Ihm gegenüber bin ich innerlich unabhängiger. Das strebe ich von vornherein an.
Kroll: Sind die Gefühle, die dir gelten, je nachdem, ob eine Frau oder ein Mann sie empfindet, verschieden?

Marlen: Männer spielen in meinen Beziehungen immer eine andere Rolle als Frauen. Männer haben eben diesen Beschützerinstinkt und sind Kavaliere.

Kroll: Man sagt, Männer sprächen nicht über ihre Gefühle. Können es die Frauen?

Marlen: Männer sprechen nach meiner Erfahrung wesentlich intensiver über ihre Gefühle als Frauen.

Kroll: Liegt das möglicherweise an deiner Auswahl?

Marlen: Es ist ja so: Ich sagte bereits, daß ich bei Männern den Macho bevorzuge. Aber die Machos, mit denen ich zusammen war, die hatten auch Phasen, in denen sie sich fallenließen. In solchen Phasen war ich der starke Mann. Jedenfalls lasse ich mich in einer Beziehung mit einem Mann nicht so gehen wie bei einer Frau. Im Laufe einer Beziehung mit einem Mann dreht sich das Spiel um. Dann werde ich zum Macho, nicht im brutalen Sinn, sondern hinsichtlich meiner inneren Stärke. Ich hatte eine vierjährige Beziehung mit einem Mann, den ich abgöttisch liebte. Ein halbes Jahr nachdem wir uns getrennt hatten, kam es zu einem Gespräch über unsere gemeinsame Vergangenheit. Dieser Mann hatte für mich während der ganzen Zeit die absolute Stärke repräsentiert. Deshalb habe ich ihn wahrscheinlich so geliebt. Und nun sagte er, er habe denselben Eindruck von mir gehabt. Das überraschte mich sehr. Es war eine Beziehung, die von einer außerordentlichen gegenseitigen Achtung beseelt war.

Kroll: Noch einmal: Frauen haben also die größeren Schwierigkeiten, über ihre Gefühle zu sprechen?

Marlen: Vielleicht ist es unter Frauen gar nicht nötig. In einer Beziehung zwischen Frauen herrscht automatisch eine andere Wahrnehmung der Gefühle, weil eine Frau eine Frau ja besser kennt.

Kroll: Sprecht ihr über eure Liebe?

Marlen: Nein. Wir tun es. Das ist alles.
Kroll: Hast du gelegentlich das Bedürfnis, dich an einen anderen Menschen anzulehnen? Und wer, Frau oder Mann, hat dann die wärmere Schulter?
Marlen: Wenn ich mich anlehnen möchte, dann bei einem Mann. Um mich geschützt zu fühlen.
Kroll: Welche Eifersucht ist die stärkere, die männliche oder die weibliche?
Marlen: Sie eskaliert auf beiden Seiten extrem. Da gibt es kaum Unterschiede.
Kroll: Auf wen, Frau oder Mann, kannst du heftiger eifersüchtig sein?
Marlen: Wenn ich mit einer Frau zusammen bin, und sie wird von einem Mann angemacht, interessiert mich das nicht. Weil ich, eingenommen wie ich von mir bin, weiß, daß mir das nichts anhaben kann. Wenn allerdings in einer Beziehung schon ein Bruch da ist, dann kann jeder eindringen, egal ob Mann oder Frau. Und wenn meine Freundin von einer Frau angemacht wird? Also, da stehe ich mit einer gewissen Überheblichkeit drüber, anfangs zumindest. Dann versuche ich mich, falls es ernster werden sollte, so aus der Affäre zu ziehen, daß ich sage: Wer nicht will, hat gehabt. Das ist mein Stolz. Aber es ist mir noch nie passiert, daß sich jemand gegen meinen Willen von mir getrennt hat.
Kroll: Hast du Erfahrungen mit dem Haß in der Liebe?
Marlen: Mit echtem Haß – nein. Es hat sicher Situationen gegeben, in denen ich gesagt habe: Ich hasse sie – oder ihn – für irgend etwas. Aber wenn ich mir das jetzt überlege, war es banal. Der Mann, von dem ich sprach, hat zum Schluß meinen Hund entführt, um mich zurückzugewinnen. Und der Hund wurde, als er bei diesem Mann war, überfahren. Dafür habe ich ihn gehaßt. Er verabscheut Schlangen, und ich habe

ihm eine Blindschleiche ins Bett gelegt. Den Schrei, den er ausstieß, hat man noch in der zweihundert Meter entfernten Nachbarvilla gehört.

Kroll: Erkennst du in einem potentiellen Partner, Frau oder Mann, das Lustobjekt?

Marlen: Der Begriff Objekt stört mich. Er wertet einen Menschen ab. Nein, ich sehe nur einen Menschen, der gewisse Begierden in mir wachruft. Wenn man das Wort Lustobjekt so sieht, dann ja.

Kroll: Betrachtest du dich in der Liebe eher als Subjekt oder als Objekt?

Marlen: Als Subjekt.

Kroll: Respektierst du deinen Partner ebenso als Subjekt wie dich selbst?

Marlen: Ja, genauso.

Kroll: Mit wem hattest du deinen schönsten Orgasmus?

Marlen: Mit einer Frau.

Kroll: Hast du allgemein mit Frauen die intensiveren sexuellen Erlebnisse?

Marlen: Nein. Es kommt bei beiden Geschlechtern auf die Praktiken an, die man entwickelt. Oder inwieweit ich den anderen so auf mich beziehen kann, daß ich ihm die Sachen beibringen kann, die ich haben will. Ich glaube, die Intensität eines Orgasmus kommt bei mir auch sehr vom Kopf her. Sie entspricht der Intensität der Zuwendung oder der Liebe, die in mir ist. Insofern ist der Orgasmus doch weniger ein Resultat der Liebestechnik.

Kroll: Unterscheidest du zwischen Sex und Liebe?

Marlen: Nein. Für mich spielt der Sex in einer Beziehung eine sehr, sehr große Rolle. Eine Beziehung ohne Sex geht bei mir nicht. Und aus dem Sex entwickelt sich noch einiges andere.

Kroll: Das Gefühl der Liebe?

Marlen: Ja.

Kroll: Geht es auch umgekehrt? Kann eine anfänglich körperlose Zuneigung zum Sex führen?

Marlen: Nein. Aus einer Zuwendung zu einem Menschen, den ich aus irgendwelchen Gründen, aufgrund gewisser Verhaltensweisen zwar mag, aber nicht liebe, kann sich bei mir keine sexuelle Beziehung entwickeln. Das steht aber dem nicht entgegen, was ich vorhin sagte, daß ich mich für einen Mann über den Kopf interessiere. Das ist dann nur ein anderer Auslöser für Sex. Es gibt Menschen, die ich gern mag, weil ich eine Art von Mitleid für sie empfinde. Die mag ich, aber sie reizen mich nicht sexuell.

Kroll: Also keine Liebe ohne Sex.

Marlen: Richtig. Die Liebe, dieses starke Gefühl, entwickelt sich bei mir aus dem Sex heraus.

Kroll: Du sagtest, daß du einem Liebespartner beim Sex die Fertigkeiten beibringst, die du von ihm erwartest. Demnach sprichst du über deine Bedürfnisse.

Marlen: Nicht sofort. Wenn man ein- oder zweimal zusammen war und der- oder diejenige Praktiken hat, die ich nun überhaupt nicht genießen kann, dann mag ich mich nicht artikulieren. Aber wenn eine anfängliche Stimmigkeit da ist, wenn sie ausbaufähig scheint, dann rede ich sehr wohl darüber. Bei der Zigarette danach oder beim Dinner, das der Liebe folgt.

Kroll: Wer, Frau oder Mann, sagt denn unbefangener, was sie oder er sich wünscht?

Marlen: Frauen sagen es eher, während Männer nach meiner Erfahrung relativ ungern darüber reden, weil sie sich in ihrer Männlichkeit damit selbst verletzen. Sich sagen zu lassen, was sie im Bett tun sollen, bedeutet für sie, daß sie etwas nicht können. Ihr Stolz verbietet ihnen, darüber zu reden. Jedenfalls den meisten.

Kroll: Demgemäß behutsam mußt du also sein, wenn du einem Mann etwas beibringen willst.

Marlen: Richtig. Man macht es während des Liebesspiels, und zwar weniger verbal als durch Gestik, indem man ihn auf irgend etwas hinführt. Aber eine anschließende Erörterung ist sehr, sehr viel schwieriger. Ich mache das ungern, weil ich dann hinterher gleich wieder trösten muß. Mit Frauen ist es einfacher.
Kroll: Welcher ist dir an einer Frau der liebste Körperteil?
Marlen: Der Mund.
Kroll: Und an einem Mann?
Marlen: So blöd es klingt – die Brust. Und bei beiden die Hände, sofern sie schön sind. Ich bin eine Handfetischistin.
Kroll: Verhältst du dich beim Sex gegenüber einem Mann anders als gegenüber einer Frau?
Marlen: Es kommt dir jetzt sicher darauf an, zu erfahren, wer den führenden Part übernimmt. Das ist sehr unterschiedlich. Ich kann da nicht klassifizieren. Ich kann nicht sagen, daß ich bei einer Frau dominanter bin. Das verändert sich. Und es ist beim Mann genau dasselbe.
Kroll: Aber wenn du sagst, daß du in einer Frau das Weib und in einem Mann den Macho genießt, müßte es dann nicht eine Entsprechung im Sexuellen geben?
Marlen: O nein. Meine Präferenzen haben nichts mit sexuellen Praktiken zu tun. Sicher, wenn mir gerade danach ist, dann möchte ich von einem Mann »genommen« werden. Aber das möchte ich genauso von einer Frau. Wer beim erstenmal die entscheidende Rolle übernimmt, das hängt von der Stimmung ab, oder ob sich der eine oder andere im Moment gerade gut drauf oder schüchtern fühlt. Es hängt auch vom Typ Mann und vom Typ Frau ab. Es ist auch in einer Beziehung so, daß ich diese Rollen gern tausche.
Kroll: Gibt es geschlechtsspezifische Unterschiede hinsichtlich der Dauer des Liebesakts?

Marlen: Ja. Der ist mit Frauen wesentlich länger.
Kroll: Kannst du Zeitangaben machen?
Marlen: Ich kann mit einem Mann drei Stunden zusammen sein, wobei überhaupt keine Rolle spielt, wie potent er ist oder wie oft er kann. Das interessiert mich gar nicht. Ich habe eine Frauenbeziehung hinter mir, da waren wir sechs, sieben, acht Stunden zugange. Da haben wir zwischendrin irgendwie etwas gegessen, aber dieser stimulierende Effekt dauerte die ganze Zeit fort. Er kam von beiden, wobei ... Ich weiß nicht, ob man das generalisieren kann. Es kommt natürlich auch auf die Umstände an, ob man die Möglichkeit dazu hat, welchen Job man hat oder ob sich gerade die Zeit dafür anbietet. Aber ich glaube ganz generell sagen zu können, daß es mit einer Frau länger dauert.
Kroll: Welche Rolle spielt für dich, wenn du einen Mann liebst, seine Potenz?
Marlen: Eigentlich gar keine. Wenn du mit Potenz meinst, wie oft und wie lange er kann und so weiter und so fort. Gut, natürlich freut man sich über ein gewisses Erfolgserlebnis, über seine Orgasmen, besonders, wenn er mehrere hat. Aber mich reizen, glaube ich, mehr sein Körper und das Spiel an sich. Also, den Orgasmus hinauszuzögern und wie man damit umgeht. Das erregt mich.
Kroll: Welche Bedeutung hat für dich der Schwanz des Mannes?
Marlen: Er ist für mich bestimmt nicht der wichtigste Körperteil am Mann. Dazu kenne ich genug Praktiken – ich rede jetzt nur von mir, ob ich ihn brauche oder nicht –, durch die er zu ersetzen ist. Also, du verstehst: Ich rede nicht von Gurken und Bananen. Jedenfalls spielt der Schwanz keine sehr große Rolle.
Kroll: Ich fürchte, ich muß dich um ein Beispiel bitten.

Marlen: O nein, das geht mir zu weit.
Kroll: Läßt du Penetration zu?
Marlen: Ja.
Kroll: Erregt dich der Anblick eines Schwanzes?
Marlen: Nein. Wahrscheinlich deshalb nicht, weil ich Ästhet bin.
Kroll: Findest du ihn häßlich?
Marlen: Ich finde ihn nicht häßlich, aber auch nicht sehr ästhetisch.
Kroll: Findest du die Vulva der Frau ästhetisch?
Marlen: Ich finde sie, glaube ich, deshalb ästhetischer, weil sie verborgener liegt.
Kroll: Aber das öffnest du doch.
Marlen: Eben. Das ist es doch. Ich muß sie enthüllen. Aber der Schwanz springt mir ins Gesicht. Das entspricht der Direktheit der männlichen Anmache, die ich vorhin erwähnte. Ich will jetzt nicht den Eindruck erwecken, daß ich den Schwanz eines Mannes nicht mag. Das ist in keinster Weise so. Gut, es gibt Schwänze, die sind unterschiedlich schön. Ich kenne einen, der ist traumhaft schön. Und es gibt welche, die ich irgendwo überhaupt nicht mag. Aber das hat wenig Bedeutung. Genausogut könnten wir uns über Zehennägel oder die Form der Ohren unterhalten. Der Schwanz ist für mich kein entscheidendes Accessoire der Sexualität, ebensowenig, wie es die Vulva der Frau ist.
Kroll: Welches Geschlecht hat beim Liebesspiel mehr Geduld, und welches ist das spielerische?
Marlen: Da kann ich keine Wertung vornehmen.
Kroll: Nein? Ich hatte mit Sicherheit erwartet, daß der Mann ungeduldiger und die Frau spielerischer ist.
Marlen: Gut, sehen wir mal von den ersten Begegnungen ab, da ist er ungeduldig. Aber man kann einen Mann wirklich so weit bringen, daß er sich über eine sehr

	lange Distanz zurückhält. One-night stands und Quickies, die können zwar mal ganz angenehm sein, aber so gern habe ich sie nicht.
Kroll:	Gibt es One-night stands für dich?
Marlen:	Es gab sehr viele, ja.
Kroll:	Welche Rolle spielte dabei die Liebe?
Marlen:	Überhaupt keine. Es ist ein momentanes Sich-hingezogen-Fühlen zu jemandem. Und es wurde deshalb ein One-night stand, weil der Mensch – ich betone: der Mensch – meine Erwartungen enttäuscht hat. Das müssen nicht unbedingt meine sexuellen Erwartungen sein. Es hat mit dem berühmten Erwachen am nächsten Morgen zu tun. Mit der Ernüchterung danach.
Kroll:	Und in diesem Hingezogensein war nicht einmal der Keim der Liebe verborgen?
Marlen:	Doch, gewiß. Es hat mich irgend etwas interessiert an dem Menschen. Doch dieses Interesse flaute dann ganz schnell ab. Wobei ich sagen muß, daß ich solche One-night stands nie nüchtern gemacht habe.
Kroll:	Hast du geschlechtsspezifische Unterschiede hinsichtlich der erotischen Phantasie bemerkt?
Marlen:	Ich finde Frauen wesentlich phantasievoller. Mit Frauen habe ich solche Phantasien auch sehr, sehr viel intensiver ausgelebt, weil ich die Erfahrung gemacht habe, daß Männer davor Angst haben. Vor dem Ausleben erotischer Phantasien.
Kroll:	Welches Geschlecht ist das zärtlichere?
Marlen:	Keine Wertung.
Kroll:	Welches ist das kundigere?
Marlen:	Würde ich jetzt Mann oder Frau sagen, dann würde ich beiden nicht gerecht werden, weil ich nur von meinen Erfahrungen ausgehen kann. Zwangsläufig kundiger ist natürlich die Frau. Es gibt aber auch Frauen, ebenso wie Männer, die mit ihrem Körper

nicht umgehen können. Es ist keineswegs so, daß jede Frau, die mit einer Frau schläft – um eine Platitüde zu verwenden –, gut im Bett ist. Es gibt Frauen, die, Pardon, im Bett beschissen sind, vielleicht weil sie sich nicht kennen oder nicht lieben oder weil sie Schiß haben. Es gibt Frauen, die im Bett mindestens genauso enttäuschen, wie ein Mann enttäuscht, der irgend etwas nachspielen muß oder der sich an einer Rolle orientiert, die mit seinem wahren Ich nichts zu tun hat.

Kroll: Aber wenn die Phantasie eine Rolle spielt, dann...

Marlen: ... dann habe ich es so erlebt, daß Frauen mehr davon haben.

Kroll: Hat das damit zu tun, daß eine Frau den Körper einer anderen Frau so kennt wie ihren eigenen?

Marlen: Es hat damit zu tun, daß die Phantasien der Frauen einander ähnlicher sind als die Phantasien von Mann und Frau. Und natürlich lebt man's dann ungehemmter aus.

Kroll: Kannst du beim Sex aus einem Mann eine Frau machen?

Marlen: Kann ich. Will ich aber nicht.

Kroll: Auch nicht in dem Sinn, daß er den Phantasievorsprung des anderen Geschlechts einholt?

Marlen: Ich kann ihm natürlich gewisse Geschichten erzählen und sagen: Das spielen wir jetzt. Doch das langweilt mich eher. Da muß auch ein Impuls von der anderen Seite kommen. Zu sagen, wir spielen das jetzt, nein. Das täte ich nicht, weil ich genau weiß, daß ich mehr davon hätte, wenn ich es gleich mit einer Frau machte.

Kroll: Hast du beim Sex schon mal Rollenspiele verabredet? Dein Freund ist der Autofahrer, und du bist die Anhalterin, und nun spielt ihr die Annäherung bis zum Schäferstündchen im Wald?

Marlen: Ja, das habe ich gemacht.
Kroll: Mit Frauen oder Männern.
Marlen: Mit beiden.
Kroll: Liebst du die Angstlust? Die heimliche Liebe hinter dem Rücken des Taxifahrers zum Beispiel? Die Lust, die aus der Angst vor der Entdeckung kommt?
Marlen: Ich muß gestehen, daß ich so etwas noch nicht praktiziert habe. Die Angst vor der Entdeckung produziert mehr Lust, wenn sie zwischen Frau und Frau eine Rolle spielt. Denn mit einem Mann entdeckt zu werden, ist ja gang und gäbe. Das ist mit einer Frau natürlich wesentlich reizvoller. Diese Angstlust kenne ich. Wir haben sie bewußt erzeugt, aber in Maßen.
Kroll: Kennst du die Demonstration gleichgeschlechtlicher Liebe in der Öffentlichkeit? Weil man die Empörung der Umwelt provozieren will?
Marlen: Um Empörung zu provozieren – in keinster Weise. Spießer zu schockieren interessiert mich nicht.
Kroll: Kommt es vor, daß du beim Liebesakt – mit einer Frau oder einem Mann – einen Unbeteiligten phantasierst?
Marlen: Ja.
Kroll: Auch einen des jeweils anderen Geschlechts?
Marlen: Wenn ich mit einer Frau zusammen bin, ist in meiner Phantasie kein Mann dabei. Und wenn ich mit einem Mann schlafe, keine Frau. Aber es kommt selten vor, daß ich mir vorstelle, mein Partner wäre jemand anderes.
Kroll: Bist du mal vergewaltigt worden?
Marlen: Nein.
Kroll: Hast du Vergewaltigungsphantasien?
Marlen: Ja.
Kroll: Du sagtest, daß du beim Sex die Rollen wechselst. Wer spielt wann welche?

Marlen: Ich werde das anhand einiger Beispiele zu erhellen versuchen: Es gibt beispielsweise Frauen, die mich dazu reizen, sie ans Bett zu fesseln und ihnen die Augen zu verbinden. Das setze ich dann auch durch. Derart um jede aktive Beteiligung gebracht, sind ihre Sinne aufs äußerste sensibilisiert. Das setzt natürlich großes Vertrauen voraus. Diese Situation versuche ich sehr gern am Anfang einer Beziehung herbeizuführen. Ich aber kann so etwas mit mir nicht machen lassen, auch nicht von einer Frau. Was ich dagegen ganz gern mag, das ist, wenn eine Frau bei mir die Rolle einer Domina übernimmt. Also nicht mit der Brutalität, wie es in den einschlägigen Etablissements geschieht, sondern sie soll die absolut starke Frau darstellen. Das kann auch mit der entsprechenden Kostümierung geschehen, mit Leder, Korsett und so. Und nun kommen wir wieder auf das eingangs Erörterte zu sprechen: Bei einem Mann reizt mich so etwas überhaupt nicht. Bei einem Mann könnte ich mich – auch wenn ich gesagt habe, ich mag es nicht – vielleicht eher dazu hinreißen lassen, daß er eine Situation herbeiführt, in der ich wehrlos bin. Das hat es zwar noch nie gegeben, aber ich könnte mir das eher vorstellen als bei einer Frau. Die Spiele, die ich mit einem Mann treibe, sind harmloser. Ich habe es erlebt, daß der Mann eine Rolle spielte, in der er erobert werden wollte. Er sitzt an der Bar und wird von einer Frau angemacht, die ihm dann den Hosenschlitz aufmacht. Und diese Frau bin ich.

Kroll: Ein Vorschlag des Mannes?

Marlen: Ein Vorschlag des Mannes, ja.

Kroll: Ein oft von Männern geäußerter Wunsch ist, daß die Partnerin im Restaurant unter dem Kleid kein Höschen trägt.

Marlen: Das lehne ich aus hygienischen Gründen ab. Das mache ich nur, wenn ich eine enge Hose anhabe.
Kroll: Dieser Wunsch eines Mannes gibt ja seinen Wunsch nach der Opferrolle der Frau zu erkennen. Ist es dir möglich, diese Rolle bei einem Mann zu übernehmen?
Marlen: Ja, bedingt. Aber die Grenzen sind relativ eng gezogen.
Kroll: Durch wessen Initiative kommt es überhaupt zum ersten Liebesakt? Durch deine?
Marlen: Um es stattfinden zu lassen, muß man ja zuerst mal in eine Wohnung oder ins Hotel oder sonstwohin gehen, abgesehen von dem Geplänkel, das dem vorausgeht. Dazu muß ich dir sagen, daß ich hellwach bin, wenn ich mit einem Mann in seine Wohnung gehe oder mit einer Frau in die ihre. Es muß dann keineswegs dazu kommen, daß ich mit ihm oder ihr im Bett lande. Ich mache es fast immer so, daß ich mich in die Wohnung von ihm oder ihr mitnehmen lasse, weil es mich interessiert, wie sie leben. Und zum anderen habe ich noch diesen Fluchtgedanken. Wenn ich bei irgend jemandem in der Wohnung bin, kann ich mich leichter aus der Affäre ziehen, als wenn er in meiner Wohnung ist. Man lernt sich auf einer Party kennen, oder man lernt sich in einer Kneipe kennen, dann kommt dieser kribbelnde Übergang, man steigt ins Auto, und es kommt zu einer gewissen Ernüchterung, zu einem Erwachen: Was tust du da eigentlich? Und man sagt sich: Es muß ja wohl doch nicht sein. So interessant ist er oder sie ja auch nicht. Und ich denke: Was habe ich morgen vor? Was muß ich alles erledigen? Wenn ich dann in der fremden Wohnung bin, dann bin ich als Folge meiner Gedanken während der Autofahrt entweder ernüchtert – oder ich bin so stimuliert, daß es passiert.

Kroll: Gut, aber wer ermuntert wen zu dieser Autofahrt?
Marlen: Da gibt es keine Norm. Das kann auch ich sein. Und ich kann es beim Mann wie bei der Frau sein. Du wirst lachen, es gibt viele Männer mit starker männlicher Ausstrahlung, die dabei plötzlich schüchtern werden. Das ist dann der Reiz, der mich erregt. Und wenn ich jemanden haben will, dann gehe ich schon so – wir reden jetzt von ihm – auf ihn ein, daß er mir nicht wegläuft.
Kroll: Genießt du es, wenn ein Mann Angst vor dir hat?
Marlen: Ich wollte spontan nein sagen. Aber ich tendiere wohl doch zum Ja. Ich kann das kaum begründen. Ich denke da gerade an bestimmte Erlebnisse. Aber es hat vielleicht damit zu tun, daß ich Leute gern reize, mit einem Verhalten, das diesen Leuten fremd ist. In dem Moment allerdings, wenn ich diesen Mann entblößt und entblättert habe, wird er für mich schon langweilig. Denn von den Männern, die ich haben will, möchte ich ja erobert werden. Wenn ich einen Mann so weit gebracht habe, daß er Angst vor mir hat, dann interessiert er mich fürs Bett nicht mehr. Ein Mann, mit dem ich ins Bett gehe, muß zumindest in der Anfangsphase der Stärkere sein, unabhängig davon, ob ich den Impuls gebe oder ob er es tut, daß es soweit kommt. Aber wenn einer Angst vor mir hat, dann reizt er mich sexuell nicht mehr.
Kroll: Gibt es geschlechtsspezifische Unterschiede in der Wahl der Worte, mit denen dir jemand die Liebe anträgt?
Marlen: Wir müssen berücksichtigen, daß eine gewisse Vorauswahl schon getroffen wurde. Da gibt es dann, was die Wortwahl vor, während oder danach angeht, keine Unterschiede. Natürlich kommt es auf das jeweilige Spiel an, ob etwas Brutales oder Vulgäres

	gesagt werden kann oder ob die romantische Welle angesagt ist. Aber das ist ein Spiel.
Kroll:	Kennst du auch das wortlose Einverständnis?
Marlen:	Ja. Auf jeden Fall. Mit Männern und mit Frauen.
Kroll:	Wie wichtig sind dir Worte beim Liebesakt?
Marlen:	Die spielen eine eher untergeordnete Rolle. Ich teste gern Reaktionen, die nicht durch Worte wachgerufen werden. Natürlich können Worte reizen, stimulieren. Aber bei mir sind sie zweitrangig.
Kroll:	Hast du je mit Frau und Mann zugleich geschlafen?
Marlen:	Nein. Es hat sich oft angeboten. Früher habe ich es nicht getan, weil ich gesagt habe, ich will bei gleichgeschlechtlichen Aktionen keine Zeugen haben. Denn ich könnte hinterher, auf welche Art und Weise auch immer, erpreßbar sein. Aber wenn ich mir das jetzt überlege, hat es damit zu tun, daß ich auf einen Partner sehr, sehr intensiv eingehe. Ich bin in einer Beziehung immer aktiv. Vom Denken und dem Sich-in-den-anderen-Hineinversetzen her. Und ich kann mich nicht auf zwei Menschen zugleich konzentrieren. Wenn ich intim mit jemandem zusammen bin, dann will ich mit ihm verschmelzen. Man könnte einen Dreier nach längerer Bekanntschaft zur Auflockerung machen. Aber ich habe das noch nicht gebraucht.
Kroll:	Ist dein Hund ein Rüde?
Marlen:	Ja, aber das hat mit unserem Thema nun wirklich nichts zu tun.
Kroll:	Paßt du deine Identität einem Mann oder einer Frau an? Damit meine ich beispielsweise: Fühlst du dich bei einem Mann weiblicher?
Marlen:	Nein. Ich fühle mich bei einer Frau weiblicher. Aber darüber habe ich noch nie nachgedacht. Generell paßt sich der jeweilige Wechsel meiner ganzen Lebenssituation an. Ich hasse nichts mehr als Lange-

weile. Oder das Sich-Bewegen in einem festgefahrenen Rahmen. Die Monotonie, die sich an Vorgegebenem orientiert. Es ist für mich sehr schwierig, meine Verhaltensweisen in bezug auf Mann und Frau zu differenzieren. Ich habe mich ganz bewußt mit der Tatsache, daß ich sowohl Männer als auch Frauen intensiv lieben kann, noch nie so richtig beschäftigt. Vor fünf, sechs Jahren hat mich ein Mann, den ich sehr ernst genommen habe, gefragt: Wie wirst du mit dieser Veranlagung fertig? Bis dahin war das für mich die normalste Sache von der Welt, daß ich mich dem, für den ich Liebe oder eine Art von Liebe empfinde, auch hingebe, mag er nun männlich oder weiblich sein. Ich habe auch noch nie die Erfahrung machen müssen, daß ich auf öffentliche Ablehnung gestoßen wäre, weil ich mit einer Frau zusammen war. Im Gegenteil. Natürlich bin ich mit einer gleichgeschlechtlichen Affäre nicht hausieren gegangen. Aber meine Freunde tolerieren das.

Kroll: Weshalb kommen lesbische Frauen als Partnerinnen für dich nicht in Frage?

Marlen: Die echten Lesben sind in meinem Verständnis krank. Ich habe mich mit einigen unterhalten, als ich mal in einem ihrer Lokale war. Diese Frauen haben entweder politische Gründe, die im militanten Feminismus wurzeln. Dann sind sie entsprechend fanatisch. Und Fanatismus lehne ich sowieso ab. Oder sie sind ganz arme Kreaturen, die in ihrer Kindheit von Männern vergewaltigt oder mißhandelt wurden und aufgrund dessen eine gewisse Aversion gegen Männer entwickelt haben. Wie sie auch immer dazu wurden – sie geben und produzieren sich so, daß es in der Öffentlichkeit auffällt. Damit erwecken sie bei den Menschen, die um sie herum sind, bewußt Aggressionen. Das muß nicht sein. Das stößt mich genauso ab wie Otto Normalverbraucher. Ich weiß nicht, weshalb das sein muß, daß man so extreme Positionen bezieht. Diese Kreaturen sind für mich keine Frauen. Sie haben gar nichts von einer Frau an sich, was mich anziehen könnte, keinen Charme, keine echte Schönheit, keine weibliche Ausstrahlung. Das Frauliche negieren die Lesben total, oder sie wollen es zum Verschwinden bringen. Meine Freundinnen und ich haben dieses Zerrbild gleichgeschlechtlicher Liebe nie dargestellt. Wir haben uns auch nicht die feministische These zu eigen gemacht, daß allen Männern der Schwanz abgehackt werden muß und so weiter und so fort.

Kroll: Also waren alle Frauen, mit denen du eine Liebe, eine Affäre, einen One-night stand hattest, wie du, nämlich offen für beide Geschlechter?

Marlen: Richtig, ja.

Kroll: Nach meiner Erfahrung hatten die meisten erotisch anziehenden Frauen gleichgeschlechtliche Affären.

Marlen: Stimmt, ja.

Kroll: Wie stehst du zum Feminismus?

Marlen: Ich halte nichts davon. Für Feministinnen ist es eine phantastische Möglichkeit, sich in Szene zu setzen und ihre Bücher zu verkaufen. Wir Frauen brauchen allmählich keine Vorkämpfer mehr für irgendwas. Wenn ich etwas erreichen will, dann erreiche ich es mit meinen Mitteln, mit meiner Art, auf die jeweiligen Kontrahenten zuzugehen. Und dann bekomme ich, was ich will, ob das nun ein Job oder die sogenannte Gleichberechtigung ist.

Kroll: Wenn du von deinen Mitteln sprichst – was meinst du damit?

Marlen: Ich meine alle meine Talente.

Kroll: Du schließt auch die weibliche Lockung als Waffe im Kampf um den beruflichen Erfolg nicht aus?

Marlen: Die schließe ich überhaupt nicht aus.
Kroll: Mit wem hattest du deine intensivste Beziehung?
Marlen: Die größte Liebe hatte ich mit einer Frau. Ich hatte zwei große Lieben, die eine mit einem Mann und die andere mit einer Frau. Und wenn ich jetzt sage, die größere Intensität hatte die Beziehung mit der Frau, dann ist das wie beim alpinen Abfahrtslauf, wo einer mit zwei Hundertstel Sekunden Vorsprung gewinnt.
Kroll: Wie viele Beziehungen hattest du insgesamt mit Frauen?
Marlen: Ohne one-night stands – an die fünfzehn.
Kroll: Und wie viele mit Männern?
Marlen: Mit einer gewissen Dauer – eine gewisse Dauer sind für mich schon ein paar Wochen – um die dreißig.
Kroll: Waren deine Frauenbeziehungen dauerhafter?
Marlen: Nein.
Marlen: Hast du mit einigen zusammengelebt?
Marlen: Mit einer Frau und mit einem Mann. Es hat mit beiden jeweils vier Jahre gedauert.
Kroll: Welche Unterschiede, die man auf das Geschlecht beziehen kann, gibt es in der Art des Zusammenlebens?
Marlen: Männer sind eher bereit, die Autonomie ihrer Partnerin zu respektieren.
Kroll: Wirklich?
Marlen: Ja. Eine Frau – das kann ich pauschal sagen, obwohl ich noch nicht mit so vielen zusammengelebt habe – krallt viel schneller und stärker als ein Mann. Das ist meine Erfahrung.
Kroll: Hast du nie gekrallt?
Marlen: Wenn, dann haben es meine Partner nicht gemerkt. Gekrallt habe ich bei drei Männern, die ich haben wollte. Und bei zwei Frauen.
Kroll: Das ist eine präzise Auskunft. Sage mir bitte, was die Qualität deiner beiden langjährigen Beziehungen

	ausmachte, jener vierjährigen mit einer Frau und der ebenso dauerhaften mit einem Mann.
Marlen:	Ich glaube ... Ich sage bewußt immer, ich glaube, weil ich mir über mich noch nie so intensiv Gedanken gemacht habe. Ich weiß, wie ich reagiere und welche Vorlieben ich habe, aber das Warum zielt ja auf eine Wertung meiner Person. Noch einmal also: Ich glaube, daß ich bei dieser Frau, mit der ich vier Jahre zusammengelebt habe, zum erstenmal etwas über meinen Schatten gesprungen bin, weil ich mich nämlich habe verletzbar machen lassen. Denn ich habe sehr viel von mir preisgegeben, was ich diesem Mann gegenüber, mit dem ich vorher zusammenlebte, nicht getan habe. Diese Bereitschaft, mich verletzlich zu machen, ist von der Frau wachgerufen worden. Das hat mit der besonderen Intensität einer Frauenbeziehung zu tun.
Kroll:	Hat sie deine Verletzlichkeit benutzt?
Marlen:	Während der Beziehung nicht. Aber nach der Trennung sehr.
Kroll:	Welches war das wesentliche Merkmal deiner Beziehung mit dem Mann?
Marlen:	Daß ich mich bei ihm sicher gefühlt habe, sowohl von den äußeren Gegebenheiten her als auch von seiner Art des Auftretens. Das hing damit zusammen – wir sprachen schon darüber –, daß er immer den Stärkeren gespielt hat. Ich sage bewußt »gespielt« hat, weil er mich ja insgeheim für die Stärkere hielt. Dennoch: Das, was an ihm stark schien, fand ich faszinierend. Im übrigen hat in beiden Fällen das Sexuelle eine sehr große Rolle gespielt.
Kroll:	Wo war das größere Glück?
Marlen:	Ich möchte auch da keine Wertung vornehmen. Ich kann dazu nur sagen: Meine Beziehung mit dem Mann ereignete sich vor jener anderen mit der Frau.

Und man wird mit jeder neuen Liebe etwas reifer, auch empfänglicher. Man wertet anders. Ich würde dem Mann, glaube ich, sehr unrecht tun, wenn ich sagte, das größere Glück war mit der Frau.

Kroll: Welches Verhältnis hast du heute zu ihnen?

Marlen: Ein freundschaftliches. Zu beiden.

Kroll: Welche Bedeutung hat es für dich, bewundert zu werden? Was bedeuten dir Komplimente?

Marlen: Komplimente bedeuten mir viel, wenn sie glaubhaft sind und Substanz haben.

Kroll: Ich erkenne bisweilen in einer neuen Geliebten etwas wieder, was ich bei einer anderen schon mal gefunden hatte. Hast du diese Erfahrung auch gemacht? Wenn ja, hast du in einem Mann Wesenszüge einer Frau gefunden und umgekehrt?

Marlen: Das hat ganz generell mit meinen Auswahlkriterien zu tun. Es fällt mir sehr schwer, immer zwischen Mann und Frau zu unterscheiden. Weil ich meine Partner lieber als Menschen sehe. Wenn ich jemanden liebe oder mit jemandem ins Bett gehe, dann ist er für mich ein Mensch. Was sich im Bett abspielt, ist eine Spielart unserer Menschlichkeit. Du kannst mit jedem alles machen. Die Menschen, die ich mir für eine so extreme Nähe aussuche, entsprechen gewissen Auswahlkriterien, und es wird sich deshalb bei mir immer in vergleichbarer Form abspielen. Und wenn ich mit einem Menschen eine neue Erfahrung mache, dann erweitert das meinen Erfahrungsspielraum und mein Wissen über den Menschen.

Kroll: Also sind Frauen und Männer für dich keine unterschiedlichen Rassen?

Marlen: Nein. Ich liebe etwas an einem Menschen, laß es seine Gedanken oder seine Hände sein.

Kroll: Hattest du je eine Beziehung, von der du dir gewünscht hättest, daß sie bis zum Tode währt?

Marlen: Nein.
Kroll: Legst du Wert auf Treue?
Marlen: Wenn ich mit jemandem sehr eng zusammen bin, ja. Ich möchte fast so weit gehen, zu sagen, daß der Mensch, den ich liebe, mir gehört. Diesen Menschen teile ich sehr ungern. Ich muß allerdings hinzufügen, daß ich es ihn nicht merken lasse. Ich tue meinen Besitzanspruch nicht kund. Ich lasse ihn nicht offensichtlich werden. Ich bin eher ganz cool und lasse den anderen kommen. Das hängt natürlich stark mit Eigenliebe und Stolz zusammen.
Kroll: Bist du derselben Treue fähig, die du erwartest?
Marlen: Wenn ich mit jemandem sehr gut zusammenlebe oder wenn ich jemanden liebe, dann bin ich gar nicht dazu imstande, mich einem anderen Menschen zuzuwenden. Wenn die Affäre abflaut, wenn der andere uninteressant wird, dann orientiere ich mich allerdings um.
Kroll: Was bringt deine Gefühle zum Erlöschen?
Marlen: Wenn etwas »eingefahren« ist, ich wiederhole diesen Begriff. Wenn die Routine den Alltag bestimmt. Also wenn die Langeweile aufkommt. Dann geht es zu Ende. Wenn von der anderen Seite – oder aber auch von mir – keine neuen Impulse, keine neuen Anreize mehr ausgehen, ist Schluß. Das hat weniger mit Sex und mehr mit dem Stil des Zusammenlebens zu tun. Wobei das eine natürlich auf das andere einwirkt und umgekehrt.
Kroll: Kannst du dir eine endgültige Beziehung überhaupt vorstellen?
Marlen: Ich halte sie für möglich, sicher. Ich kann mir das vorstellen.
Kroll: Warst du gelegentlich untreu?
Marlen: Ja.
Kroll: Mit schlechtem Gewissen?

Marlen: Ja.
Kroll: Welche Bedeutung hat in einer Beziehung für dich die Perspektive? Was bedeutet es dir, daß sie Zukunft verheißt? Daß sich immer noch etwas entwickelt?
Marlen: Das spielt eine große Rolle für mich.
Kroll: Obwohl du dir nie eine lebenslange Beziehung gewünscht hast.
Marlen: Für mich muß eine Perspektive schon für drei Monate da sein. Man kann die Verantwortung für Weiterentwicklung nicht immer auf den Partner abwälzen. Die trage ich auch. Aber es gab Fälle, da begann nach einer Woche die Stagnation. Da ist dann kein Reiz mehr für mich da; dann ist es vorbei.
Kroll: Mußtest du jemals das Gefühl haben, daß du es warst, von der nicht mehr genug Reiz ausging?
Marlen: Ich überlege absichtlich etwas länger ... Nein. Jedenfalls bin ich noch nie verlassen worden.
Kroll: Wie wichtig ist dir die geistige Übereinstimmung mit einer Partnerin oder einem Partner?
Marlen: Sie ist nicht zwingend notwendig. Total konträre Tendenzen lehne ich allerdings ab. Ein Faschist kann bei mir nicht landen. Das gilt für jede Art von Fanatismus. Ich halte mich selbst für einen sehr toleranten Menschen.
Kroll: Meinst du, wie die meisten Menschen, daß in einer Beziehung Rollen verteilt werden müssen?
Marlen: Nein. Es müssen keine Rollen verteilt werden. Das macht die Beziehung doch erst spannend. In jener langjährigen mit dem Mann, von der ich erzählte, habe ich garantiert nicht die klassische Frauenrolle übernommen. Im Gegenteil. In beiden langjährigen Beziehungen, auch in jener mit der Frau, herrschte eine absolute Gleichberechtigung. Die ganz banalen Geschichten wie Haushalt und so warfen bei beiden

keine Probleme auf, weil Leute da waren, die das für uns gemacht haben. Wenn es aber mal sein mußte – zum Beispiel Frühstück ans Bett –, dann hat das jeder mal gemacht. Der Mann war recht einflußreich. Man müßte nun eigentlich davon ausgehen, daß er auch in seiner Beziehung eine Führungsrolle angestrebt hat. Das tat er aber nicht. Dann wäre ich auch nicht mit ihm zusammengezogen. Ich habe diese klassische Frauenrolle, also die untergebene Frau, dann gespielt, wenn Leute zu Besuch kamen, die für ihn wichtig waren. Wenn ich merkte, daß es erwartet wurde. Hinterher haben wir uns darüber kaputtgelacht. So etwas macht mir sogar Spaß. Aber wenn wir allein waren, dann gab es keine Hierarchie, überhaupt nicht. Dann gab es oben und unten nur im Bett.

Kroll: Lag diese Ausgewogenheit in euer beider Wesen? Oder mußtet ihr ständig daran arbeiten?

Marlen: Das Thema kam überhaupt nie auf. Ab und zu passiert es mir tatsächlich, daß ich bei einem Mann, den ich mag oder den ich gut finde, die klassische Frauenrolle übernehme. Einmal, als ich mit einem Mann zusammen war, habe ich tatsächlich angefangen, Hemden zu bügeln. Das hatte ich vorher noch nie getan, und es ging natürlich schief.

Kroll: Mit anderen Worten: Du kannst keine Hemden bügeln.

Marlen: Ich will keine Hemden bügeln.

Kroll: Was machst du außer Sex am liebsten mit einer Frau?

Marlen: Spazierengehen und reden.

Kroll: Und mit einem Mann?

Marlen: Dasselbe.

Kroll: Gibt es Unterschiede in der Art der Gesprächsführung?

Marlen: Keine geschlechtsspezifischen.

Kroll: Reden Frauen, die eine Liebesbeziehung miteinander haben, über Männer?
Marlen: Wenn man es zuläßt, sicher. Aber es ist nichts anderes als das, worüber Frauen beim Kaffeekränzchen reden. Und sich darüber auszutauschen, wie Sex mit einem Mann ist, das ist uninteressant. Das ist kein Thema.
Kroll: Streiten Frauen anders als Männer?
Marlen: Du wirst dich jetzt fürchterlich wundern: Ich habe mich noch nie gestritten. In beiden langjährigen Verhältnissen nicht. Außer in der Trennungsphase, aber da habe ich mich der Situation entzogen. Ich verstehe unter Streit, wenn man sich unkontrolliert äußert und schreit. Dazu gab es bei mir bislang keinen Grund.
Kroll: Welche Bedeutung hat für dich in der Liebe der Versorgungsgedanke?
Marlen: Natürlich sehne ich mich, wie jede Frau, nach jemandem, an den ich mich anlehnen kann, der Stärke vermittelt und mir weiterhilft.
Kroll: Also doch heiraten? Irgendwann?
Marlen: Ich erinnere mich mit sehr großem Vergnügen an ein Erlebnis mit meiner Großmutter. Wir schälten gerade Äpfel. Sie sagte: Wenn du den Apfel in einem Stück schälen kannst, dann bekommst du auch einen Mann zum Heiraten. Ich habe es nicht geschafft. Aber ich habe in meinem Leben mehr bekommen als einen Mann zum Heiraten. Mehr, viel mehr, als mein liebes Großmütterchen sich für mich erträumt hatte.

7. Kapitel

Die Schönen und die Häßlichen
Exkurs über den Einfluß der Mode auf die Liebe

Die folgenden Sätze schrieb eine Amerikanerin, als sie Mitte Dreißig war, aus Mexiko an ihre beste Freundin in New York:

»Gestern nacht mußte ich zusehen, wie, sage und schreibe, drei Männer, einer nach dem anderen, das Weite suchten, der letzte war ein achtzehnjähriger Mexikaner – ich habe jeden Realitätssinn verloren –, der auch noch in einer zweiten Disco eng mit mir zusammentanzte. Dachte, er würde auf mich genauso abfahren wie ich auf ihn. Ich schmolz dahin. Aber gegen 3.30 Uhr morgens wurde er plötzlich aus unerfindlichen Gründen sauer und sagte, er wolle gehen. Ich sagte, ›dann geh‹, und weg war er. Die Illusion war so süß – als wir anfingen zu tanzen, war er ganz steif und zitterte ... Wir (Felipe und ich) waren innig genug verschmolzen, um mit diesem diskreten, kaum merklichen Rotieren des Beckens anzufangen. Sein Körper war ebenfalls stahlhart. Ich nehme an, er war verärgert, daß weder Dollars noch Pussy in Aussicht standen. Mir reichte dieses Gefühl des Verlangens, das er jedoch nicht empfand, das nie jemand empfunden hatte, wie mir allmählich klar wurde. Ich hätte es wissen können – examinierte mich bei klinischem Neonlicht in dem bis zum Boden reichenden Badezimmerspiegel eines eleganten Hotels. Mein Fleisch hing wie zerfließendes gelbes Wachs von meinem Körper, überall waren Falten, Wülste und Vertiefungen. Meine Haut saß einfach nicht, und eine Krampfader rannte wie ein endloser Wasserlauf mein rechtes Bein hinunter. Vielleicht weil ich es am häufigsten sehe und es mir deshalb am vertrautesten ist, sah mein Gesicht (dieser Horror!) noch am besten aus. Kurz, mein Alter ist voll sichtbar. Dieser schreckliche Anblick veranlaßte mich, einen totalen Bodylift in Erwägung zu ziehen. Verdammt, ich habe nur ein Leben, warum sollte ich auf Schönheit verzichten müssen. Ich möchte es noch einmal mit der Liebe versuchen.«

Diese Frau hieß Maryse Holder, 1941 in Frankreich geboren, als Kind von den Nazis gesucht, als Dreijährige nach Amerika gebracht, mit einundzwanzig eingebürgert. Ihre Mutter hatte der Résistance angehört und war 1943 von Deutschen erschossen worden. Bevor die New Yorker Feministin Maryse nach Mexiko ging, um junge Männer aufzureißen und von ihnen benutzt zu werden, hatte sie am Brooklyn College Literatur studiert und an einer anderen Universität Literatur unterrichtet. Und sie hatte für feministische Blätter geschrieben. Sie war eine Frau, deren Sexualität, bei aller Oberflächlichkeit ihrer Abenteuer, von Gefühlen und auch von Nachdenklichkeit bestimmt war. Sie liebte, wenn sie Sex hatte. Und sie hatte ein Alter ego, eine Freundin, der sie vertraute und der sie in mehr als 1000 Briefen mitteilte, was sie innerlich zerriß. Sie teilte ihr schonungslos mit, wie sie den Männern, denen sie mit ihrem leidenschaftlichen Herzen zumindest ein wenig Liebe abringen, mit denen sie sich schmücken wollte und die sie manchmal sogar bezahlte, immer wieder unterlag. In der Art, in der sie sich in Acapulco oder Zihuatanejo mit den schönen, bronzefarbenen Männern des mexikanischen Völkergemischs einließ, versuchte sie so unbekümmert zu leben wie jene. Aber diese meist erheblich jüngeren Kerle, Taugenichtse, Tagediebe, Strandgigolos, spielten ihr Spiel nicht mit. Sie ließen sich mit der milden Herablassung des mexikanischen Machos von der »Gringa« vernaschen und warfen sie dann weg, zumeist schon nach der ersten Nacht.

Doch der Sex, den Maryse fand, und die Liebe, die sie eben

doch suchte, waren nicht ihre einzigen Obsessionen. Die Schriftstellerin, der auch die literarische Anerkennung versagt blieb, war in die Schönheit vernarrt (»... man hat ein solches Bedürfnis, Schönheit zu assimilieren, die Möglichkeiten der Landschaft, ihr romantisches Versprechen einzulösen«). Sich selbst aber hielt sie für häßlich. Sie war eine dunkelhaarige Jüdin und hatte dunkle, aufmerksame, kluge Augen. Ihr Foto zeigt einen vollen verletzlichen Mund in einem grüblerischen Gesicht. Ihre linke Gesichtshälfte war von einer zu spät behandelten Mastoiditis, einer Entzündung des Gehörs, entstellt. Maryse war von breiter, gedrungener Gestalt und hatte große Füße, über die sie viel zu kleine Pumps würgte. Sie haßte ihr Gesicht. Stolz war sie nur auf ihren Hintern, und wenn sie einen jungen Mann anzumachen versuchte, dann hoffte sie, er würde darauf abfahren.

Im Urteil der amerikanischen Schriftstellerin und Feministin Kate Millett war Maryse Holder »so kühn wie ein früher Henry Miller, so selbstzerstörerisch wie Janis Joplin, die Stimme Genets in einer Frau«. Maryse Holder war 36, als sie im Herbst 1977 ihren letzten Mexikaner traf. Man fand sie tot am Straßenrand. Der Mann hatte sie aus irgendeinem Grund mit einem stumpfen Gegenstand erschlagen. Ihre Freunde glaubten, die lebenshungrige Frau hätte den Tod gesucht.

Ihre amerikanischen Freunde edierten posthum ihre briefliche Hinterlassenschaft. In Deutschland erschien das Buch bei Rowohlt unter dem Titel »Ich atme mit dem Herzen«.

Maryse Holder war eine Frau, die Männer offen begehrte: »Wie verhalte ich mich in einer Bar: betrunken, vergnügt, fordere die Männer zum Tanzen auf, tanze schamlos mit ihnen, mache sie auf der Tanzfläche an, flattere von einem zum anderen: sexuell.« Oder: »Mit mexikanischen Männern zu bumsen, bedeutet für mich, mein Bedürfnis nach Schönheit zu befriedigen.« Sie selbst war im modischen Sinne nicht schön: »Keiner der Männer, die ich attraktiv finde, wird mich je attraktiv finden.« Oder: ». . . überall Schönheit, Schönheit, und ich verdurste.«

Beides, das hitzige Begehren einer Frau, die entschlossen ist, kein abwartendes stromlinienförmiges Leben zu führen, und Liebe als Urgewalt ersehnt, und das Mißvergnügen an der eigenen Gestalt, sind selten so authentisch beschrieben worden wie in diesen Briefen. Die Niederlagen der Autorin legen die Vermutung nahe, daß Häßlichkeit und Liebe zwei Elemente des Lebens sind, die einander so naturgesetzlich ausschließen wie der Schatten das Licht. Als wäre Liebe allein der Schönheit Lohn. Doch die Abenteuer der Maryse Holder sind keineswegs ohne Glanz; sie lassen auch die Hoffnung zu, daß es der Häßlichkeit gegeben ist, ihre Gefängnismauern zu durchbrechen und über sich selbst zu triumphieren. Als wäre Schönheit nichts anderes als der entschlossene Wille, schön zu sein.

Dies gilt es zu untersuchen:

Schönheit ist eine der wenigen Eigenschaften, die im verborgenen nicht blühen können. Ein Mensch kann von der Welt isoliert und dennoch tapfer, treu, ehrlich oder großherzig sein, denn er behauptet sich bereits in seinen Tugenden, wenn er all dies sich selbst gegenüber ist. Doch er kann nicht schön sein ohne die Nähe eines Betrachters. Über die Schönheit des Einsiedlers, auch über die des Narziß, der sich selbst genügt, fächelt der Wind teilnahmslos hinweg. Erst im Gesichtsfeld eines anderen erlangt Schönheit ihre Macht. Im Augenschein ihrer Bewunderer tritt sie ihre Herrschaft an.

Doch was ist Schönheit? Der Begriff beansprucht Adel; er zielt auf den Diamanten ohne Einschluß, auf seltene Vollendung. Die Schönheit eines Juwels ist faßbar, berechenbar, die eines Menschen nicht. Die Schönheit eines Menschen erfüllt sich im Auge des Betrachters und ist dessen Urteil unterworfen. Es gibt wahrscheinlich auf der ganzen Welt keinen Menschen, von dem die übrige Menschheit ausnahmslos und unwidersprochen sagen würde, er sei schön. Marlene Dietrich, Marilyn Monroe, Cathérine Deneuve – sie hatten oder haben alle ihre Zweifler. Schönheit ist nicht absolut. Sie war es nie. »Die Definition der Schönheit schlüpft einem durch die Finger und läßt sich nicht fangen«, sagte Platon. Albrecht Dürer, der deutsche Meister der Renaissance, sagte es schlichter: »Was aber die Schönheit ist, das weiß ich nit.« Dennoch haben wir alle eine mehr oder weniger genau umrissene Vorstellung davon, was Schönheit ist. Aber wenn sie objektiv nicht zu charakterisieren und absolut nicht gegeben ist, dann ist sie ein Gegenstand subjektiver Beurteilung und gesellschaftlicher Übereinkunft – die Chance der Häßlichen.

Die Häßlichkeit erleidet in unserer Welt die einzige Diskriminierung, die keinen Menschen anrührt. Sie ist die einzige Benachteiligung, die keinen Beistand findet, keinen Widerstand provoziert, selten in der Kunst, nie in den Ideologien, nicht einmal in den Familien, auch nicht auf der Kanzel. Menschen gingen auf die Straße, um gegen die Diskriminierung von Schwarzen, von Behinderten, von Frauen, von Fremden zu demonstrieren. Aber gegen die Diskriminierung der menschlichen Häßlichkeit stand nie ein Rebell. Kein Dichter trat ihr entgegen. Keine tröstliche Ode wurde der Häßlichkeit gesungen. Die Schönheit ist nach Goethe als »zweite Natur« autonom, die Häßlichkeit verfemt. An ihrer Schmähung nimmt in der Tiefe seines Herzens jeder teil, sogar der Häßliche selbst.

Doch gäbe es keine Schönheit ohne sie. Das ist das Unbilligste, was über die Häßlichkeit gesagt werden muß: Sie ist wie die Ebene, ohne die der Berg nicht sichtbar wäre. Aber so hoch er sich über die Ebene erhebt, so nichtssagend dünkt den Berg die Flachheit, der er sich verdankt.

Weiß denn niemand, der nicht von ihr betroffen ist, wie diese weltweite, weltenalte Herabsetzung schmerzt? Ich suche den Schmerz im Schattenantlitz einer jungen Frau mit Hakennase und Vorbiß, die mir in der Straßenbahn gegenübersitzt. Ihr Schmerz ist schon zu alt, zu alltäglich, um sich direkt und bewegt mitzuteilen. Er ist ihr aus einem trostlosen Herzen als abweisende Starre ins Gesicht gewachsen. Sie fürchtet nicht die Blicke, die sich von ihr abwenden, sondern jene, die ihr gelten. Sie fürchtet die Illustrierte, die sie liest, und das Reklamelächeln an der Wand. Sie fürchtet, was sie sich am meisten ersehnt – die Freundschaft einer Frau wie die Liebe eines Mannes. Niemand teilt ihren Schmerz. Sie selbst verleugnet ihn vor der eigenen Einsicht und verletzt sich gleichzeitig selbst. Nur wenn gezielter Spott oder ein gedankenloses Wort sie erreichen, lösen sich ihre Tränen. Niemand, der nicht wie sie ist, kann ermessen, wieviel Mut diese Frau im Leben braucht.

Seltsamerweise bedarf die Häßlichkeit, um erkannt zu werden, nicht der gesellschaftlichen Übereinkunft und keiner öffentlich gemachten Muster. Es genügt, daß sie einen Kontrast zur Schönheit darstellt. Den meisten Menschen fällt das Kritisieren leichter als das Bewundern, auch deshalb wird die Häßlichkeit kollektiv erkannt, ohne definiert zu sein. Sie wird als Abweichung von der Schönheit identifiziert. An der Häßlichkeit des Quasimodo, des verwachsenen Glöckners von Notre-Dame, wurde nie gezweifelt. Aber wenn das so ist, wenn die Menschen sich über die Symptome des Häßlichen nicht verständigen mußten, um es zu erkennen, wenn es neben dem Gegenbild der Schönheit keinen Maßstab gibt, an dem es gemessen wird, dann muß es für den Häßlichen irgendwo in den Erlebniswelten der sinnlichen Wahrnehmung auch Hoffnung geben. Dann hat der Häßliche die Chance, schön zu sein, und damit den Anspruch, den ihm die Welt versagt: eine Anwartschaft auf Liebe.

Unter dem Regime des bürgerlich-romantischen Liebesideals genoß/genießt die Schönheit sakrale Verehrung. Sie war/ist ein hochrangiges Kriterium, an dem Partnerschaft sich findet. Nur: Das Kriterium ist weder eindeutig definiert noch konstant. Schönheit ist eine Hervorbringung der Mode und die Mode ein Reagens der Kultur. Mit dem Wandel künstlerischer Geschmacksregeln und pluralistischer Denkweisen veränderten sich auch stets die Standards, nach denen menschliche Schönheit beurteilt wurde. Es gibt eine Mode, deren Objekt nicht Kleidung und Ambiente sind, ihr Objekt ist der Mensch selbst. Die paläolithische »Venus von Willendorf« hat hängende Brüste und einen fetten Hintern, die frühklassische griechische »Venus mit Cupido und dem Delphin« kräftige Schenkel und eine prägnante Nase, die berühmte »Venus von Milo« (150 v. Chr.) muskulöse Glieder und breite Schultern. Die Menschenmode ist launisch: Fast alles, was den Häßlichen häßlich macht, könnte irgendwann, irgendwo auch schön gewesen sein.

Eine gefeierte Beauté des neunzehnten Jahrhunderts – etwa die »bayerische Pompadour« Lola Montez, damals die Geliebte König Ludwigs I. von Bayern – hätte bei einem Schönheitswettbewerb des zwanzigsten Jahrhunderts keine Krone, keinen geringeren Preis, ja nicht einmal ein Teilnahmeticket errungen. Sie wäre den Juroren zu weich, zu rund, zu kurz, zu fraulich. Den schönheitssinnigen Wittelsbacher aber hätte eine moderne Beauty Queen mit ihren organischen Anomalien erschreckt: mit ihrer winzigen Nase, ihrer ausgezehrten Wangenhöhlung, ihrer großmäuligen Lippenschwellung, ihrer nahezu konkaven Bauchpartie, ihrer Taillenenge und der storchbeinigen Spanne ihrer Schenkel. Wegen Lola Montez, die Ludwig I. zum Schaden des Volkes betörte, haben die Münchner ihren König 1848 vom Thron gestoßen. Wegen einer Brigitte Nielsen hätten sie das nicht tun müssen. Aber heute verkörpern die physischen Eigentümlichkeiten der platinblonden Dänin – chirurgisch überformt – eines der Extreme des Zeitgeschmacks. Sie repräsentieren das millionenfach von den Medien bebilderte Klischee, an dem Schönheit gemessen wird – zum Nachteil vieler Frauen, die Männern anderer Epochen gefallen hätten.

In den zwanziger Jahren des zwanzigsten Jahrhunderts wurde die weibliche Schönheit nach ihrer Knabenähnlichkeit bewertet; damals trugen die Frauen kurz geschnittene, glatte Bubiköpfe, sie schminkten sich die Münder klein und schnürten sich die Brüste flach. Keine dreißig Jahre später hatten ondulierte Haare, üppige Oberweiten und schwellende Lippen Konjunktur. Die Schönheit ist ein Idol von befristeter Gültigkeit, kreiert von der Mode, proklamiert von den Medien und dennoch subtil bezweifelt. Die konjunkturelle Vergänglichkeit der Schönheitsnorm verleiht der Abweichung ästhetische Legitimation und ermutigt die von ihr Betroffenen, wenn sie selbstgewiß, vital und respektlos sind, zur Konkurrenz um die Liebe. Gar nicht so selten findet ein modisch überreiztes Männerauge in den warmen Rundungen und dem üppigen Lächeln einer modernen Tochter des Leukippos, wie Rubens sie vor dreieinhalb Jahrhunderten malte, Labsal, Frieden und eine Qualität der Lust.

Um wessen Schönheit geht es in diesem Exkurs? Keineswegs um die weibliche allein. Es geht um die Bedeutung der Schönheit für die Liebeschancen beider Geschlechter. Es geht auch um das Erscheinungsbild des Mannes.

Unter der Ägide des bürgerlich-romantischen Liebesideals kam die Überzeugung auf, das Äußere eines Mannes sei für die Anziehungskraft, die er ausstrahlt, mithin für das Gleichgewicht des ehelichen Empfindens, für die Gefühle und das erotische Entzücken der Partnerin zumindest nicht von so entscheidender Bedeutung wie die Gestalt der Frau für das taxierende Auge des Mannes. In diesem Gedanken haust die Absicht, das überirdische Ideal auf der bewohnten Erde anzusiedeln: Da die Verheißungen des Ideals so schwer einzulösen sind, mußte die Leiter zum romantischen Erleben um einige Sprossen gekürzt werden. Natürlich ist es der schöne Mann, der in der romantischen Phantasie wohnt. Aber er kommt ziemlich selten vor und ist noch seltener ausgestattet mit Reichtum und Macht. Unseren Großmüttern, die ökonomisch von ihm abhängig waren, gingen Wohlstand und gesellschaftliches Ansehen des Mannes über sein Ebenmaß. Es genügte, wenn er »stattlich« war, und stattlich war er, wenn er keinen Buckel hatte.

Die männliche Schönheit ließ sich zum Nutzen der weiblichen Machtteilhabe (Feministinnen würden sagen: im Interesse des männlichen Machterhalts) im Wertesystem der Erotik unter den Scheffel stellen und als Anreiz kompromittieren: mit dem beifälligen Einverständnis der Frauen. Der schöne Prinz, der strahlende Ritter, in allen Märchen, in allen mythologischen Liebeshändeln einst der Sieger, galt nun auf den Heiratsmärkten des Bürgertums leicht als unmännlich. Der unschöne Mann hingegen (einst der Gnom, der Wicht, der Beelzebub) und die erotische Faszination, die ihm ungeachtet feister Fettwülste, krummer Beine oder grober Gesichtszüge von nun an zugeschrieben wurde, genossen eine so volkstümliche Reputation, daß man sie im Gassenhauer besang: »Ein Mann muß nicht immer schön sein! Darauf kommt es gar nicht an!« Es überrascht, daß der Feminismus, der zwar ermüdet, aber nicht verstummt ist, die unappetitliche Legende in den neunziger Jahren unseres Jahrhunderts erneut kolportiert: Das Schönheitsdiktat der Mode peinige die Frauen, was sicherlich richtig ist, nicht jedoch die Männer, was sicherlich falsch ist. Die Überlebenden des Frauenkampfes haben auf dem Markt der Eitelkeiten eines ihrer letzten Schlachtfelder eröffnet:

»Wir befinden uns mitten in einer heftigen reaktionären Rückschlagbewegung gegen den Feminismus«, schreibt die Feministin Naomi Wolf, »und die politischen Waffen, deren sie sich bedient, um das gesellschaftliche Vordringen der Frauen aufzuhalten, sind ebendiese Normen: der Schönheitsmythos.« In der Einschätzung von Frau Wolf hat der »Schönheitsmythos« eine »Funktion als Instrument sozialer Kontrolle«. Dies habe er signifikant aber erst seit kurzem: »›Schönheit‹ ist ein Währungssystem wie die Goldwährung. Wie jedes ökonomische System ist auch dieses politisch bestimmt, und in den modernen westlichen Gesellschaften ist es der letzte ideologische Komplex, der noch dafür sorgt, daß die männliche Vorherrschaft unangetastet bleibt.«

Daß Schönheit ein Mythos genannt werden kann, sei unbestritten. Der Gedanke jedoch, daß die Männer sich seiner bedienten, um die Emanzipation der Frau zu vereiteln, ist bestenfalls amüsant, zumal es die Redakteurinnen der Frauenzeitschriften und -magazine sind, die diesen Mythos verbreiten. »Der Schönheitsmythos erzählt uns«, erklärt die Literaturwissenschaftlerin Naomi Wolf, »daß es eine Qualität namens ›Schönheit‹ gibt, die objektiv und universell ist. Frauen müssen danach streben, sie zu besitzen. Männer müssen danach streben, Frauen zu besitzen, die sie besitzen.« Freilich: Dieses Machtdispositiv, das nach Einschätzung der Frau Wolf die Lage bestimmt, ist, wie sie hinzufügt, ein »Imperativ, der nur für die Frau gilt, nicht aber für den Mann«.

Ihr Buch erschien 1990 in England und unter dem Titel »Der Mythos Schönheit« 1991 in Deutschland. Wenige Jahre zuvor war – 1986 in den USA und 1989 in der Schweiz – zum selben Thema ein Buch der amerikanischen Psychotherapeutin Rita Freedman erschienen, einer Feministin des gemäßigten Flügels. Es trug den Titel »Die Opfer der Venus – Vom Zwang, schön zu sein«. Frau Freedman schreibt:

»Bei jungen Frauen korreliert Schönheit im positiven Sinn mit Zufriedenheit und Selbstwertgefühl, im negativen Sinn mit neurotischem Verhalten. Bei Männern findet sich jedoch keine Verbindung zwischen Persönlichkeitsmerkmalen und äußerer Erscheinung, was darauf hinweist, daß Attraktivität weniger Einfluß auf die seelische Stabilität von Männern hat.«

Das mag auf gereifte, im Beruf erfolgreiche, mit ihrem Liebesleben zufriedene Männer zutreffen. Aber jeder Hautarzt weiß, wie verzweifelt junge Männer beispielsweise über eine Akne sein können. Die Autorinnen, die ausgangs des eitlen zwanzigsten Jahrhunderts über die menschliche Schönheit schreiben und den versteckten Gram, die verschämten Selbstzweifel, den Selbsthaß eines entstellten oder nur unansehnlichen Mannes mißdeuten, haben polemisch zugespitzte Erklärungen gesucht oder den Narzißmus einer Gesellschaft verkannt, die der Schönheit unaufhörlich Bilder widmet, die unaufhörlich nach Bildern dürstet. Sie legt uns die Gesundheit des Körpers, die Fitneß, das gute Aussehen, das Charisma, die Ausstrahlung, die Schönheit als Lebensstil ans Herz – uns: den Frauen und den Männern.

Sicher: Die Selbstgerechtigkeit hinsichtlich des eigenen Aussehens ist unter Männern weiter verbreitet als unter Frauen. Der Umkehrschluß, dem zufolge Männer unter körperlichen Defiziten nicht zu leiden hätten, aber ist fatal. Sicher: Männer konnten und können sich mit der wohlwollenden Parabel vom »guten Aussehen« trösten, mit der sich auch herbere männliche Schnittmuster in den schillernden Schönheitsbegriff integrieren lassen. Schließlich haben sie, wenn sie reich, mächtig oder beruflich erfolgreich sind, prächtige Spielräume, in denen sie ihren Schönheitsmangel kompensieren können. Doch diese Spielräume werden enger. Der schwarze Ritter ist aus der Tradition genommen. Das Phantom der Oper hat die Bühne betreten. Wir leben wieder im Reich der Sinne. Die Mütter salben ihre Söhne wieder, wie Thetis einst den schönen Apoll, mit Ambrosia. Sie wollen ihre Söhne schön. Und die Ungesalbten leiden wieder: Männer leiden, wenn sie häßlich sind.

Ein junger Mann richtet die Frage nach der Qualität seines Innern zuerst an das Spiegelbild seines Äußeren: mit Bängnis. Er fragt sich, ob die Teilstücke seiner Erscheinung für Kühnheit oder Klugheit sprechen. Aber er fragt sich auch, ob sie der abschätzigen Neugier seiner Erlebniswelten standhalten, den Mädchenblicken in der Disco, dem sinnlich wägenden Urteil. Er fragt sich, was köstlich oder funkelnd an ihm ist, und er findet, was ihn entstellt. Kaum anders als ein junges Mädchen sucht er das tröstliche Vorbild: Er blättert in den Bildern seiner Welt und vergleicht sich mit Fotomodellen, Filmstars, antiken Skulpturen oder dem Jungen von nebenan. Der weiche Amorbogen seiner Oberlippe mag ihn mit Hoffnung erfüllen, eine fleischige Nase oder ein fliehendes Kinn aber schlägt ihn mit Verzweiflung. Die Resultate seiner Selbstbetrachtung bleiben eingesponnen in die Verschwiegenheiten seiner Scham, denn er ist ein Mann, er darf nach dem Männlichkeitsprinzip, in dem er noch immer gefangen ist, das sein Streben noch immer lenkt, nicht eitel, nicht selbstgefällig sein – und ist es doch. So indiskret er den Sexappeal der Nachbartöchter erörtert, so beharrlich meidet er das Gespräch über die eigene körperliche Wirkung. Auf eine verborgene Art, beinahe listig versteckt, sehnt er sich danach, attraktiv zu sein. Sein Vorbild ist der gesunde, sportlich gestählte Körper: Das führt ihn auf den Sportplatz oder in den Fitneßclub. Männliche Schönheit hat einen Stellenwert in seinem Werteverständnis. Seine Empfindungen sind von Rivalität gestört, wenn er dem Beau seiner Schule begegnet. Der junge Mann fühlt sich von dem schönen Kameraden angezogen und neidet ihm trotzdem die Anziehungskraft. Auch darin ist er den Mädchen ähnlich.

Seit dem griechischen Altertum ist Schönheit eine Eigenschaft, die mit Tugenden wie Charakterstärke, Heldenmut und edler Gesinnung verbunden werden. Die Schönheit des griechischen Gottes Adonis steht unter einer ähnlich ehrwürdigen künstlerischen Patenschaft wie der Liebreiz der Göttin Aphrodite, seiner Gefährtin. Die Anmut des göttlichen Jünglings hat Maler wie Tizian, Tintoretto, Paolo Veronese, Peter Paul Rubens und die Bildhauer Antonio Canova, Bertel Thorwaldsen und Auguste Rodin inspiriert. Die Schönheit des Mannes ist ein Thema der modernen Fotografie wie der fotografierten Mode. Die Künstler haben ihre Werke nicht für die Frauen gemacht, sondern um sich selber zu erkennen. Die Fotografen vergewissern sich in ihren männlichen Modellen. Und die Bilder wirken auf das Auge eines jungen Mannes. Sie bilden ein Richtmaß für die Entwicklung seines Selbstgefühls.

Man muß die jungen Männer an den besonnten Durchgangsorten der zeitgenössischen sexuellen Libertinage beobachtet haben: auf Ibiza, in Marbella, in Saint Tropez, auf den griechischen Inseln, am Strand von Santa Monica oder während der Ferien in Miami Beach. Wenn in Ibiza die Nachmittagswinde über dem Creus still werden und das Meer glatt und leise wird, dann glüht die Schönheit der Männer im Abendlicht der Sonne. Und dann sieht man, wie bewußt sie sich ihrer Schönheit sind. Sie sind nackt; sie stehen zu Dutzenden in lässiger Haltung auf der langen sandigen Sichel der Playa de Trincha, schweigend, in den Augen ein abwesendes Lächeln, als wüßten sie nicht, daß ihnen die Mädchen zusehen. Das Licht fließt in ihre abendwachen Gesichter, über ihre entspannten Körper und malt ein hundertköpfiges, hundertgliedriges Panorama viriler Vollkommenheit in Bronze.

Zu dieser Stunde ist die Schönheit der jungen Männer auf gänzlich unverstellte Art ihr erkennbarster Genuß. Auch wenn sie unbeholfen erscheinen, als wüßten sie nicht, was sie mit dem eigenen Ebenmaß anfangen sollen, spüren sie sich selbst wie eine Zärtlichkeit. Sie fühlen, wie ihre vom Meerwasser gestraffte, von der Sonne pigmentierte Haut über ihren Wangenknochen spannt und ihren Gesichtern Kontur gibt. Sie empfinden sich, als hätten sie sich selbst erschaffen. Einige haben die Farben ihrer Regenbogenhaut mit giftigen Augentropfen gewaschen und spiegeln darin den Himmel. Eine nervöse narzißtische Wollust zittert in ihnen. Sie sind sich ihrer flachen Bäuche, ihrer schmalen Hüften, ihrer breiten Schultern und ihrer langen, schlanken Beine beinahe lasterhaft inne. Ihre Muskeln geben ihren Körpern eine unaufdringliche Athletenkontur und ihren Armen Wölbung – und sie wissen und empfinden es. Aus jedem Tritt heraus spannen sich, wenn sie ein paar säumige Schritte gehen, harte Muskelbögen auf den Flanken ihrer Schenkel – und sie wissen und empfinden es. Sie spüren das schrittgetriebene Muskelspiel ihrer Ärsche. Sie haben ihre Körper eingeölt und mit Meerwasser benetzt. Jetzt funkeln die blassen Tränen des Meeres auf ihrer Haut und schmücken sie. Und sie wissen auch das.

Ihre Eitelkeit ist eingestanden. Mehr: An den Ferienstränden unter der Sonne und in den Discos der mediterranen Nacht ist sie in höchstem Maße »in«. Sie ist ein Imperativ, der weit über den Narzißmus dieser Ferienorte hinausgreift: in die Klassenzimmer der Gymnasien, in die Hörsäle der Hochschulen, in die Lehrwerkstätten der Fabriken. Die jungen Männer tragen Eitelkeit, wie man Kleidung trägt. Kaum einer von ihnen kennt heute noch einen Grund, sich seiner Gefallsucht zu schämen. Heute? Ihr eitles Selbstgefühl ähnelt der Hoffart eines Leutnants der Husaren, der vor hundert Jahren durch die Gasse ritt, die das gaffende Volk ihm ließ. Kein junger Mann, der sich in der Parfümerie das Eau de toilette und im Jeansladen die Bomberjacke kauft, würde auch nur versuchen, den Einflüsterungen seiner Putzsucht zu widerstehen und sie vor dem eigenen Gewissen zu verleugnen. Er trägt sie über die Boulevards der Städte und die Dorfplätze der Provinz. Aus den Augenwinkeln nimmt er sein weibliches Publikum wahr, das ihn aus den Augenwinkeln wahrnimmt. Und manchmal treffen sich zwei offene, lachende, leuchtende, wissend gefräßige Blicke. Jeder ist sich der allfälligen Musterung gewiß. Diese jungen Männer baden das Blühen ihrer Existenz in ihr. Vielleicht haben sie einander nicht viel zu sagen, und das wenige mag meist gesagt sein. Aber sie haben einander zu spiegeln. Und dabei lächeln sie wie Knaben, die von der Welt noch wenig wissen.

Jene aber, die der eigenen Schönheit ungewiß sind und sich abseits halten, leiden.

Doch geht es hier nicht allein um die Schönheit des Mannes im Bewußtsein seiner selbst. Es geht vielmehr um den Stellenwert, den sie in der Gesellschaft und auf dem Markt der Lüste hat. Dazu noch einmal die Feministin Naomi Wolf:

»Ehe die Frauen in großer Zahl auf den Arbeitsmarkt drängten, gab es eine genau umrissene Gruppe, die für ihre Schönheit bezahlt wurde. Das waren die Frauen, die in sogenannten Display-Berufen arbeiteten – Berufen, deren Wesen darin bestand, sich zur Schau zu stellen: Schauspielerinnen, Mannequins, Tänzerinnen und höherbezahlte Sex-Arbeiterinnen wie etwa Hostessen ... Heute haben wir die Situation, daß alle Berufe, in denen Frauen sich neues Terrain erobern, rasch ebenfalls als Display-Berufe qualifiziert werden – wenn auch nur für die in ihnen tätigen Frauen. ›Schönheit‹ wird in immer mehr Berufsbereichen unter die Eignungskriterien aufgenommen ... Da dieses Berufseignungskriterium Schönheit ... fast nur auf Frauen angewandt wird, nicht aber auf Männer, stellt es im Grunde eine Form der Diskriminierung dar.«

Daß attraktive Frauen im beruflichen Wettbewerb ein Privileg genießen, sei außer Frage (auch in der Konkurrenz mit einem Mann begünstigt sie mitunter ihre Schönheit). Aber den Schönheitsbonus haben auch die attraktiven Männer. Wir leben in einer Welt, in der ein Filmstar Präsident wurde (der Amerikaner Ronald Reagan) und Manager, Politiker, auch Regierende sich liften ließen. Es wird zwar behauptet, daß schöne Männer benachteiligt würden, weil man sie für dumm hält, doch in der Stellenplanung übergangen werden nur die, die es tatsächlich sind. Wenn er ebensoviel leistet wie sein farbloser Kollege, dann genießt ein »gutaussehender« Mann meist einen Karrierevorteil.

Weniger vielleicht in der Politik, wo die ästhetische Auslese begrenzt ist, weniger in der öffentlichen Verwaltung, wo nach dem Dienstalter befördert wird, aber überall dort, wo die Leitenden ernannt werden, also in der Industrie, in der Versicherungswirtschaft, in den Geldinstituten, im Verlagswesen, in den Medien, sind die Topmanager mindestens von angenehmer Erscheinung. Und einige sind schön: Man denke in Deutschland an die ehemaligen Chefredakteure Henri Nannen und Peter Boenisch, an den Krupp-Manager Berthold Beitz und den früheren Vorstandssprecher der Deutschen Bank Friedrich Wilhelm Christians. Als Repräsentant seines

Unternehmens in der Öffentlichkeit übt auch der Topmanager einen »Display-Beruf« aus. Jedenfalls ist Attraktivität ein Karrierebonus, Häßlichkeit ein Karrierehindernis – bei beiden Geschlechtern. »Beauty is one skin deep«, heißt es in einem amerikanischen Song. Aber eine häßliche Haut wird selten mit Lorbeer gekränzt. Es ist nicht zu leugnen, daß unserem Urteil über das Antlitz des Menschen ein lautloser Rassismus innewohnt.

Daß der Mann, wie es der Schlager einst von den Dächern pfiff, »nicht immer schön sein muß«, ist in unserer schönheitstrunkenen Welt der eigentliche Mythos. Schönheit ist der Einsatz im Karrierepoker wie im Liebesspiel, bei Frauen wie bei Männern. Die Gnade der vollkommenen Proportion hat sich als Gebot durchgesetzt. Die Schlagerweisheit war den Bräuten der Bourgeoisie von Nutzen, sofern sie ihre Ehemänner selbst nicht wählen durften. Sie galt für die Mätressen des Geldes, die ihren Geschmack dem Kalkül unterwarfen. Für diese hat sie auch heute Geltung. Aber sie gilt immer weniger für die junge Generation in Gänze. Und da sich die reiferen Generationen in ihrem späten Balzverhalten an der Jugend orientieren, gilt sie auch nur bedingt für diese. Seit sich die Frau ökonomisch vom Mann emanzipiert hat, sind auch die Kriterien ihrer Partnerwahl einiger pragmatischer Bedenken ledig, wenn auch keineswegs aller. Eine selbstverdienende, selbstverantwortliche, selbstbewußte junge Frau, die aus dem Sortiment des öffentlichen Angebots einen Liebhaber ausmustert, wendet sich dem zu, der ihrer spontanen sinnlichen Wahrnehmung wohltut. Andere männliche Tugenden, Güte, Offenheit, Weltläufigkeit, Toleranz, bestechen sie, wenn sie sich in der Haltung oder im Antlitz des Mannes als ästhetisches Moment mitteilen. Hinsichtlich der männlichen Attraktivität machen junge Frauen, deren Sinne vom Kalkül noch nicht verbildet oder geschärft sind, nur den Kompromiß, der aus einer Ungewißheit über den eigenen Appeal herrührt. Aber jede Frau will den Mann, der sie mit seinem Lächeln blendet und mit seinem Lächeln schmückt. Nicht nur die Frauen müssen, wie die Feministin schreibt, »danach streben«, Schönheit zu »besitzen«. Das müssen längst auch die Männer. Nicht nur »Männer müssen danach streben, Frauen zu besitzen, die sie besitzen«. Das ist längst auch umgekehrt.

Das Entzücken, das der Anblick eines schönen Mannes im Herzen einer Frau entfacht, lesen wir aus vielen Briefen der Maryse Holder, die selbst nicht schön war. Ein Beispiel nur: »Ich stehe wirklich auf Indios. Mujer, wer würde auch nicht. Dunkle, unbehaarte Haut, schwarzes, dichtes Haar, die reinste Wonne.« Aber sie formuliert auch ihren Abscheu gegen die Häßlichen. Sie erzählt, wie sie sich mit einer Freundin über Männer mokiert: »... wir lachen über sie und ihre körperlichen Fehler; ein vulgärer Kerl mit einem Schandmaul voller Silberzähne kriegt es mit, obwohl er kein Französisch versteht.« Oder: »Sah heute abend im Bus ein paar bullige Amerikaner. So feo! ... Pferdeschwänze, Bärte, schlottrige, zerrissene Jeans und Unterhemden. Es ist unmöglich für mich. Verstehst du das?«

Jeder versteht es, jeder, der ein Ästhet ist. Dennoch – ein zweites Mal – was ist Schönheit? Ist menschliche Schönheit nur die modische Perfektion körperlicher Merkmale? Nehmen wir Schönheit nur mit den Augen wahr? Könnte es nicht sein, daß wir über einen sechsten, einen unbenannten Sinn verfügen, dem Schönheit sich mitteilt? Oder: Ist Schönheit die Summe all dessen, was im menschlichen Organismus zum Drama der Lüste beiträgt, was die Vielfalt der Empfindungen erregt, die unsere Seele mit dem Sex vermählen? Gibt es eine Schönheit, die alle Moden überdauert? Und vor allem: Welche Bedeutung hat die Schönheit des Menschen für die Liebe, die ihm zuteil wird, und die, die ihn erfüllt?

Wer nach dem Willen der aktuellen Menschenmode schön sein will, muß *gleich* sein. Um der Mode gemäß als schön zu gelten, muß eine moderne Sirene in der Ausformung ihrer physischen Teilstücke anderen schönen Frauen gleichen. Zumindest für die Frauen verfügt die Menschenmode einen rigorosen Isomorphismus der Organe und Glieder: dichtes Haar, große Augen, kleine Nase, volle Lippen, ovales Gesicht, schlanker Wuchs, feste Brüste, glatte Haut, flacher Bauch, lange Beine. Die Wahl zur »Miß Universum«, alljährlich in der amerikanischen Spielerstadt Atlantic City zelebriert, ist eine Parade der Analogien: Die Kandidatinnen ähneln einander wie die Blätter eines Blütenstocks; sie unterscheiden sich allenfalls durch ihre Haarfarbe, Größe oder Rasse. Ihr Gleichsein macht ihre Schönheit banal. Das Stereotype begründet den Mangel an Spannung, die sie vermissen lassen, die mimische Blässe, die Abziehbildern gleichenden Fotografien, auf denen sich ihre Schönheit präsentiert. Würde sich die Menschheit in ihrem individuellen, subjektiven Verständnis der Schönheit wirklich an dieser Auslese orientieren, dann wäre Schönheit eine eindimensionale, somit leblose Qualität. Menschliche Schönheit aber ist nur vielfältig und lebendig denkbar. Die von der Menschenmode (oder den Juroren der Mißwahl) legitimierte Schönheit ist in den Regeln, denen sie genügt, erstarrt. Aber Hegel sagte: »Das Schöne ist wesentlich das Geistige, das sich sinnlich äußert.«

Fernab aller Laufstege zieht eine andere Gestalt die Blicke auf sich: das beseelte, lebendige, tatendurstige, impulsive, temperamentvolle, pralle Weib. Die burleske Juno, die Schönheit mit den Schönheitsmängeln. Dem Erscheinungsbild einer modisch legitimierten Schönheit mangelt die Abweichung von der Schönheit, der Widerspruch zu ihr, ein kontrapunktischer Makel, der uns etwas über sie erzählt, durch den sie irdisch wird. Die von der Menschenmode genormte Schönheit ist ohne Poesie. Denn Poesie ist verschlüsselt. Die modische Makellosigkeit der Beauty Queen ist von flachem, flüchtigem Reiz, weil sie des »Schönheitspflasters« ermangelt, das heißt des aufstörenden, anziehenden Schönheitsfehlers, der die Schönheit mit der Fehlbarkeit des Lebendigen verbindet. Die Beauty Queen ist Schmuck, aber leblos im Reich der

Sinne. Es ließe sich sagen, der Schönheitskönigin fehle jener kleine Mangel, der ihrer Schönheit Leben verleiht. Hier finden wir einen der Gründe, die den Erfolg des Hollywoodstars Bette Midler erklären, deren außerordentliche Anziehungskraft aus einem Ensemble von physischen Unstimmigkeiten besteht.

Hier soll keineswegs der Schönheitsbegriff im Interesse der Häßlichen inflationiert werden. Es geht nicht um Trost. Es geht auch nicht darum, die Häßlichkeit dialektisch zu leugnen: Das Schicksal verteilt – so ist es nun mal – den Bonus der Schönheit und den Malus der Häßlichkeit; es existieren ästhetisch Begünstigte und Benachteiligte. Hier geht es allein um die Frage, wer in unserer Zivilisation als schön empfunden wird. Dazu gehören sicherlich die Auserwählten, die über den Laufsteg von Atlantic City paradieren, und jene, die ihnen gleichen. Aber sie sind es keineswegs allein. Die impulsiv beachtete, elementar begehrte Schönheit, die Liebe auf sich lenkt statt Beifall oder den narzißtischen Reflex, ist eine andere.

Wir glauben allzu leicht, Schönheit sei ein von der Menschenmode manipulierter Majoritätsbeschluß, als stände dem Anspruch einer Miß Universum auf beifällige Resonanz die Bereitwilligkeit der Publikumsmehrheit gegenüber, ihm uneingeschränkt zu huldigen. Nein. Die Menschen haben nicht nur das von der Mode diktierte Bild der Schönheit im Kopf, sie haben auch ihren eigenen Schönheitsbegriff. Er entwickelt sich individuell unterschiedlich und wird immer dann ergänzt, wenn wir einem Menschen begegnen, der unseren offenen, ahnungsvollen Schönheitssinn mit ganz persönlichen Eigenschaften bestätigt und verfeinert. Dieser andere Schönheitssinn des Individuums, von mannigfaltigen Einflüssen und Erwartungen geprägt, gebietet der Macht der Menschenmode Einhalt. Allzu viele fühlen sich von individuellen Reizen des menschlichen Körpers angezogen, die von den Normen der Menschenmode abweicht. Da siegt das erotisch ausdrucksvolle Handgelenk allemal über den im Kraftstudio gestylten Körper, der vielen Frauen ohnehin zu »künstlich« ist, viele Frauen mögen eine prägnante Nase oder finden einen leichten (und festen!) Bauchansatz attraktiv. Sogar Glatzen können anziehend sein, wie wir von »Kojak« wissen, dem die meisten Frauen viel Sex-Appeal zugestehen. Sie haben einen »Typ«. Schönheit bedeutet jenseits aller kollektiven Tyrannei eine subjektive Erwartung, ein subjektives Erlebnis. Nicht nur Kunst, auch Schönheit entsteht im Auge des Betrachters.

Nicht die perfekte Beauty lockt den Mann in seiner Seele, sondern das Teufelsweib, dessen funkelnde Augen von Asymmetrien des Gesichts ablenken, die Dralle mit dem offenen Lachen und dem knackigen Hintern über kurzen, stämmigen Beinen, die Lady mit dem kurzen Hals und dem anrüchigen Ruf, die einen Striptease hinlegt, wenn sie nur ihre Handschuhe auszieht, die Asphaltpflanze mit der dreisten Sinnlichkeit und dem trockenen Witz, kurz: der lebendige Widerspruch, die irdische, leibhaftige Frau.

Kleopatra hatte eine lange, gebogene Nase und für den Geschmack ihrer Zeit einen zu großen Mund, aber sie bezauberte ihre prominenten Liebhaber mit ihrem leidenschaftlichen Temperament und der Grazie ihrer Bewegungen. Auch Messalinas Mund ließ zu wünschen übrig; er war zu klein, die Lippen waren zu schmal, ihr Kopf war zu flach, die Gesichtshaut rot, dennoch ging ein unwiderstehlicher erotischer Magnetismus von ihr aus. Die göttliche Sarah Bernhardt (1844 bis 1923), Tochter einer Pariser Kurtisane, war ein tuberkulöses Kind und blieb ihr Leben lang mager. Die legendäre Eleonora Duse (1859–1924), Kind armer Wanderschauspieler, war winzig. Die schöne Otero (1868–1965), Tochter einer spanischen Dorfhure, maß stattliche 1,87, in ihren Jugendzeiten ein geradezu unerotisches Gardemaß für Frauen und auch heute nicht einmal bei Mannequins erwünscht. Dennoch wurde sie hingebungsvoll von den vielen kleineren Männern geliebt, die ihren aufwendigen Lebensstil bestritten. Diese Männer – unter ihnen der russische Zar, der Schah von Persien, der französische Premier Aristide Briand und der amerikanische Tycoon William K. Vanderbilt – brachten die zwanzig Millionen Dollar auf, die »La Belle Otero« in ihrem langen Leben am Roulettetisch verspielte. Als sie am 4. November 1898 ihren dreißigsten Geburtstag feierte, waren König Leopold II. von Belgien, Prinz Nikola von Montenegro, Prinz Albert von Monaco, der russische Großfürst Nikolai und der Prince of Wales (später Edward VII., König von England) ihre Gäste.

Alle diese Frauen waren schön (schön für das männliche Begehren, für den unbenannten sechsten Sinn), aber alles andere als vollkommen.

Ich sagte eingangs, daß auch jene, die gegen jede Art von Diskriminierung Benachteiligter aufstehen, für die Häßlichen keine Lobby sind. Doch es gibt diese Lobby: Seit geraumer Zeit schon, etwa seit den sechziger Jahren, seit die Hippies die Reglements der Kleidermode, der Kosmetik und der Etikette durchbrachen, legen wir die Meßlatte der Ästhetik im Umgang mit unseresgleichen weniger streng an. Zwanglosere Mode, originellerer, nämlich individueller Geschmack und eine gelockerte Etikette im Umgang mit anderen setzten sich durch. Vorher schon hatten die Expressionisten, Fauvisten und Kubisten begonnen, im Bildnis des Menschen den Ausdruck der Seele zu akzentuieren. Nun, ein halbes Jahrhundert später, begannen die Menschen, Träger dieser Seele, die Bilder auch zu verstehen. Nur wenn Neid, Eifersucht oder Rivalität im Spiel sind, lokalisieren wir physische Schönheit noch so eng, so schroff, wie die Menschenmode uns vorschreibt.

Picassos »Große Badende«, die er – gegenständlich noch – in den zwanziger Jahren des zwanzigsten Jahrhunderts malte, ist faszinierend schön, bestrickend sinnlich, obwohl ihre Brüste klein, ihre Füße grob und ihre Glieder unförmig sind. Nicht daß Picasso sie malte, ist für diese Überlegung das Ereignis, sondern daß sie heute bewundert wird. Der Formenwandel in der bildenden Kunst hat uns die Ästhetik des Häßlichen erschlossen. Er hat unser Urteil befreit. Die »Punks« betraten die Bühne: fünfte Kolonne gegen den blasierten Schönheitswahn. Eine befreiende Lust an der Abweichung kam auf und schulte unseren Blick für die Bilder, die hinter den Bildern leuchten. Dort suchen die Menschen, die Gebildeten und Gesitteten jedenfalls, die Wahrheit, dort – und in den Tiefen ihrer selbst.

Der Bedeutungswandel des Wortes »schön« blieb nicht auf das Erlebnis der Kunstbetrachtung beschränkt, sondern durchdrang allmählich unser Leben. Lebendige, leibhaftige Frauen, die mit einem Lächeln der Selbstgewißheit die Straße überqueren, gelten dem zufälligen Zeugen als »schön«. Die Liberalisierung, die Abmilderung des Urteils über die Schönheit gibt sich semantisch zu erkennen: Wer früher »hübsch« war, ist heute »schön«. Immer mehr Frauen fühlen sich peinlich berührt, wenn sie mit den Prädikaten »hübsch«, »nett«, »herzig«, »niedlich«, »adrett«, »gutaussehend« hofiert werden. Immer häufiger sträubt sich Männern die Zunge, wenn sie solche Komplimente wagen. Die Diminutive des Wortes »schön« haben an Marktwert eingebüßt: unfreundliche Schmeicheleien. Sie werten das Selbstgefühl der Frauen ab, das sich auf die Autonomie ihres Seins und nicht mehr allein auf ihr Äußeres gründet. Frauen wollen schön sein oder nicht begutachtet werden. Die Stunde des weiblichen Charismas ist angebrochen. Wer Charisma hat, wer auf viele anziehend wirkt, ist schön: Anna Magnani, Jeanne Moreau, Bette Davis, Bette Midler, Barbra Streisand, Liza Minelli, Merryl Streep, Rita Tushingham, Hanna Schygulla. Schönheitsköniginnen haben kein Charisma.

Immer häufiger, immer bewußter spricht man von der Schönheit in Begriffen einer weiter gespannten Wertschätzung. Die innere Souveränität, die Heiterkeit, der Lebensmut, die Ausstrahlung eines Menschen werden dem Schönheitsbegriff zugeordnet. Man ist heute eher geneigt, den Menschen als Ganzheit zu sehen, statt ihn unter Teilaspekten zu bewerten. So wirkt man seit geraumer Zeit auch der Diffamierung der Häßlichen entgegen, keinesfalls indem man sie verteidigt, nicht indem man sie mitleidig belügt, sondern indem man ihnen einen Anteil an der Schönheit zubilligt – das Quentchen Köstlichkeit, das jedem Menschen auf den Leib geschrieben ist. Oder sichtbar ins Herz.

»Er war ... abscheulich häßlich«, schreibt die schöne Otero in ihrer Autobiographie über den französischen Ministerpräsidenten Aristide Briand. »Er war fett. Er zog sich schlampig an – häufig konnte man die Reste eines Omeletts auf seiner Weste finden, seine Fingernägel waren schwarz, aber er besaß eine Ausstrahlung, die ich bei keinem anderen erlebt habe ... In einer Nacht ... liebte er mich achtmal. Und er war damals fünfzig Jahre alt.«

Der spätere Friedensnobelpreisträger war sich der Schönheit sicherlich gewiß, die seine Häßlichkeit durchdrang. Auch deshalb war er zur Liebe fähig, auch deshalb so vital, auch deshalb so potent. Maryse Holder: »Impotenz ist das geheime Wissen des Körpers, daß er nicht begehrenswert ist.« Oder: »Man wird nur feucht, wenn man an seine Anziehungskraft glaubt.«

Häßlichkeit ist kein unabweisbares und in bezug auf die Liebe kein zwingend hinderliches Schicksal, nicht einmal die Häßlichkeit des biologischen Abstiegs, die meuchlings mit dem Alter kommt. Die amerikanische Malerin Georgia O'Keeffe (1887–1988) ging im Alter von neunzig Jahren eine intime Beziehung mit dem Maler Juan Hamilton ein, der knappe sechzig Jahre jünger war. Damals hatte Georgia O'Keeffe ein tief gefurchtes, scharf geschnittenes, fast indianisches Gesicht mit klaren Augen und einer freien, gedankenvoll gerunzelten Stirn. Zu dieser Zeit malte sie nicht mehr. Aber der junge Mann ermutigte sie dazu, es erneut zu versuchen, und sie begann wieder mit der Ausübung ihrer Kunst. »Ihre Beziehung hatte viele Aspekte«, erzählt ein Freund, »Mann und Frau, Mutter und Kind, Künstlerin und Künstler – und alle diese Rollen beruhten auf ehrlichem gegenseitigem Respekt und aufrichtiger Zuneigung.« Als Georgia O'Keeffe hundertjährig starb, wurde sie von ihrem trauernden Freund begraben. Sie war so »häßlich«, wie das Alter macht. Aber sie war so schön, wie ein Mensch in der Gewißheit seiner Identität durch Originalität und Würde werden kann. Rita Freedman schreibt in ihrem Buch »Opfer der Venus«:

»Georgia O'Keeffe schuf faszinierende und weltberühmte Gemälde; ihre eigene Schönheit bedurfte keiner formalen Komposition. In ihr finden wir eine Frau, die offenbar von der Angst um die Attraktivität ihr Leben lang völlig frei war. Wie gelang es ihr, ihr Leben mit soviel Kraft und Würde zu leben und so unbeeinträchtigt als Persönlichkeit zu reifen? Liegt es daran, daß sie sich aus ihrer eigenen Perspektive heraus sah, daß sie dem gesellschaftlichen Druck widerstand, eine ihrer Persönlichkeit unangemessene Fassade zu entwickeln? Liegt es daran, daß sie sich das Recht nahm, alt auszusehen, lange bevor sie alt wurde? Natürlich können nicht alle Frauen geniale Künstlerinnen sein wie Georgia O'Keeffe. Unsere Biographien werden in der Regel nicht so einmalig sein wie die ihre. Aber vielleicht können wir von ihr und von ähnlichen Frauen lernen, mehr Mut aufzubringen, unsere eigenen Konzeptionen von Attraktivität zu verwirklichen und uns selbst und anderen ehrlicher gegenüberzutreten.«

Schön sein durch Mut, schön sein durch Willensfreiheit und die Autonomie der Existenz, schön sein durch die Lebendigkeit der Gedanken und das Tätigsein des Geistes, schön sein durch den Glauben an die eigene Zukunft, schön sein durch Originalität und innere Unabhängigkeit – das sind die Konzepte, die Georgia O'Keeffe uns lehrte, ohne daß sie je belehren wollte. Wer mit einiger Lebenserfahrung genau hinsieht, wer in Gesichtern zu lesen versteht, der wird feststellen, daß sich Angst, Engherzigkeit, Geiz, Intoleranz, Prüderie, Spießertum und Mangel an Selbstgefühl als entstellende Momente in das schönste Gesicht schleichen – Schatten eines vorweggenommenen Todes. Der anatomisch Häßliche, dem die leuchtende Gewißheit des eigenen Wertes und der Glaube an die Schönheit seiner Individualität in Fleisch und Blut übergegangen sind, erscheint uns nicht als häßlich. Er ist aus der Nacht erlöst. Er deutet auf sich, unabsichtlich, doch zwingend, und unsere Blicke berühren ihn mit Sympathie. In dieser Sekunde verliert die Menschenmode ihre unmenschliche Macht über uns.

Wer sich indessen gegen das Leben abschirmt und sich keine Ziele mehr setzt, wer die Anteilnahme am Leben anderer verliert, wer nicht mehr neugierig ist oder es nie war, wer zeit seines Lebens auf Sparflamme lebt, statt sich feiernd, liebend und arbeitend zu verausgaben, wer ängstlich oder altjüngferlich an der Liebe zweifelt, wer sich dem Vorurteil ergibt, statt zu denken, wer dem Haß, der Bigotterie, der Intoleranz oder dem Neid das Herz öffnet – der wird häßlich, mag er auch schön geboren sein. Faschisten sind nicht häßlich geboren, sie haben sich im mündigen Alter von der Enge und den dumpfen Ressentiments ihrer Innenwelt in Häßlichkeit erschaffen.

Schönheit ist Leistung. Gewiß, nicht jeder kann ein Künstler sein. Aber Gedanken machen die Augen beredt. Zuversicht macht sie lächeln. Resultate straffen die Stirn. Hoffnung hebt die Mundwinkel. Freundschaft färbt die Wangen. Liebe zeichnet sich ins Gesicht. Tapferkeit und Siegeswille geben ihm Kontur. Selbstvertrauen, Selbstachtung und die »eigenen Konzeptionen von Attraktivität« verleihen ihm Glanz. »Von einem gewissen Alter an kann jeder Mensch für sein Gesicht«, sagte Jean Cocteau. Weitherzigkeit und kluge Gedanken verleihen Ebenmaß und Ausdruck. Gewiß: Der Korb hängt hoch, aber jeder hat die Chance, danach zu springen.

Im übrigen könnte man meinen, die zivilisierte Menschheit wende sich in der säumigen, zögernden, widerstrebenden, von Rückschlägen gedrosselten Manier, in der sie gegenüber den Unterprivilegierten, den Fremden und den Rassen Toleranz entwickelt, auch gegen den Rassismus, der dem Schönheitsbegriff innewohnt. Wenigstens gehen die Menschen der Menschenmode in ihren privaten Beziehungen nicht mehr blind auf den Leim. Einzelne haben den Begriff, den sie sich von der Schönheit des Menschen machen, modifiziert. Sie benutzen ihn weitläufiger, erfassen ihn demokratischer, prägen ihn milder; der modifizierte Begriff deutet über die menschliche Anatomie hinaus. Sie lassen sich bereitwilliger von der Abweichung bezaubern. Kein Zweifel: Die Normen der Menschenmode beginnen die Menschen selbst zu langweilen. Charakter ist gefragt. Und Charakter macht sich durch Abweichung bemerkbar. Unsere Kinder werden über die Stupsgesichter lächeln, die heute als schön gelten. Oder lächeln heute schon wir? Ein Wandel des Geschmacks kündigt sich an. Die Menschenmode beginnt, gewisse Abweichungen zu idealisieren: das spröde, trotzige, willkürliche Gesicht. Die Fotomodelle auf den Modeseiten der Frauenpresse wurden Ende der achtziger, Anfang der neunziger Jahre fleischiger, ihre Oberweiten üppiger, ihre Gesichter eigenwilliger.

Der Wandel entsteht aus den geistigen und sozialen Verwerfungen der Gesellschaft. Aber auch die Kosmetik-Industrie hat – im Bunde mit den Schönheitschirurgen und den Erfindern von Diätstrategien – einen gewissen, gleichwohl umstrittenen Anteil an ihm. Zumindest der postfeministische Feminismus, der sich durch die Autorinnen Rita Freedman und Naomi Wolf des Themas annahm, bekämpft mit großer Vehemenz die Übersteigerungen, Perversionen und Verirrungen der Branche. Und die Branche liefert dafür erschütternde Vorwände: Sie vergreift sich am Körper der Frauen, sie inszeniert den Schlankheitswahn der Menschenmode, der die Frauen physisch und psychisch krank macht. In den USA leidet, Naomi Wolf zufolge, jede fünfte Frau an Anorexia nervosa und jede dritte, wenn nicht jede zweite an Bulimie. Die einen dämmern apathisch vor sich hin, die anderen (Naomi Wolf) »kotzen sich die Seele aus dem Leib«. Und manch eine hungert sich zu Tode: 150 000 junge Amerikanerinnen sterben, wie die »American Anorexia und Bulimia Society« laut Naomi Wolf registrierte, jährlich an diesen Krankheiten. 116 000 Amerikaner unter achtzehn ließen sich 1988 von einem Schönheitschirurgen die Nase operieren. Fast jede vierte Patientin der kosmetischen Chirurgie war ein Teenager: Opfer des »Schönheitskults« (Freedman), des »Schönheitsmythos« (Wolf), letztlich der »Menschenmode«.

Andererseits ist nicht von der Hand zu weisen, daß Diätapostel und Schönheitschirurgen manches ungezählte Leben gerettet haben, weil sie ihren »Opfern« dazu verhalfen, der Menschenmode gemäß in Einverständnis mit sich selbst zu leben. Und das Marktgeschrei der Kosmetikbranche, demzufolge jede Frau schön sein kann, wenn sie sich gesund ernährt und richtig schminkt, hat Millionen belebende Hoffnungen erblühen lassen und Energien in Millionen Entmutigten mobilisiert. Sicherlich: Die Kosmetikbranche ist an den Gehorsam gebunden, den die Menschenmode ihr aufnötigt. Aber mit Hilfe der Kosmetik wird Schönheit als Praktik verstanden und als Leistung gewertet. Die Kosmetikindustrie hat die kleinlichen Trennungslinien zwischen schön und häßlich durchbrochen, indem sie das Spektrum der Deutungen um die Zwischentöne individueller Selbstgestaltung erweiterte. Es ist ihr gelungen, die Debatte über das Echte oder Unechte, Wahre oder Falsche eines Gesichts wohlwollend zu entschärfen; es ist heute ziemlich gleichgültig, ob eine Frau ihr Aussehen dem Schicksal, dem Schminktopf oder einem Schönheitschirurgen verdankt. Die Kosmetik ist ein Riegel gegen die Resignation: Quelle der Vitalität für viele. Zsa Zsa Gabor soll gesagt haben: »Es gibt keine häßlichen Frauen, es gibt nur welche, die zu faul sind.«

Den Kampf gegen die Kosmetikbranche kämpfen die feministischen Autorinnen in ehrenwerter Absicht, doch sie führen ihn unabsichtlich gegen die Frauen. Die meisten Frauen wollen keineswegs nur für Männer schön sein, sondern für sich selbst. Ein Verschönerungs-Akt mit kosmetischen Mitteln ist ein narzißtischer Akt. Narzißmus aber, sofern er nicht krankhaft ist, kann zur Liebe führen. Denn nur wer sich selbst liebt, ist zur Liebe fähig. Nur wer sich selbst als begehrenswert empfindet, wird von anderen begehrt. Nur wer an sich selbst Freude hat, kann Freude wecken. Doch wer sich der eigenen Ausstrahlung nicht gewiß ist, der glaubt nicht, daß er geliebt wird, und meidet die Liebe.

Wie man es auch dreht und wendet: Ohne Schönheit ist die Liebe verloren. Irgend etwas muß schön sein, irgendwo muß etwas funkeln – in beiden Partnern. Und wenn es etwas ist, dessen sich der Liebende ganz allein vergewissert, etwas, das kein anderer sieht. Dazu noch einmal Maryse Holder:

»Als ich ihn beleidigte, erwähnte ich seine abstehenden Ohren, die reinsten Elefantenohren, was er auch lachend zugab. Die Falten in der weichen Haut am Hals, seine gelben, entzündeten Augen, die venenartige, hervortretende Äderchen durchzogen, eine total unebene Oberfläche, wie ich später bemerkte. Säuferaugen, sagte ich. Hier sind es Marihuana-Augen, meinte er. Seine Haut war ebenfalls gelb, seine Zähne etwas. Seine Beine waren teilweise behaart. An einer Stelle, wo sie eigentlich gerade sein sollte, hatte seine Nase einen leichten Schwung nach oben. Er war irgendwie zu formlos schlank, bauklötzchenartig. Seine Haare waren zu kurz, seine Strandbekleidung sah billig aus (ein häßliches, grobes Safarihemd, Strandschuhe).«

Er: Das ist Arturo, ein junger Mexikaner. An einer anderen Stelle desselben Briefes an ihre Freundin Edith schreibt Maryse Holder über ihn:

»Mochte seinen Körper. Absolut glatt an den unbehaarten Stellen, behaart waren nur die Außenflächen der Schenkel, winziger, fester Hintern, kräftige Beine, perplexes Aztekengesicht im Bett, dann diese Haare, sein dunkelroter Mund, nicht so voll wie meiner oder wie ich ihn gern hätte, aber trotzdem noch voll genug. Große, braune Augen, umgeben von schmutzigem Weiß.« Und – an wiederum anderer Stelle: »Ich bin hoffnungslos in Arturo verliebt.« Und – in der ersten Nacht: »›Tu eres guapo‹, flüsterte ich ihm zu.«

Du bist schön.

Unter allen spontanen Liebesschwüren der unwirklichste und dennoch glaubhafteste ist überall und zu allen Zeiten:

Ich liebe dich, weil du so schön bist!

8. Kapitel
Die Liebe der Mätressen
Reportage

Mätressen: Das Wort ist kein Anachronismus. Wie sonst soll man Frauen nennen, die sich von wohlhabenden Männern aushalten lassen und beim bezahlten Sex weder Angst noch Schuldgefühle kennen. Das Wort gibt sich so unzeitgemäß wie die Art ihrer Existenz. Während andere Frauen tapfer ihre dornenvollen Wege gehen, sind Mätressen von der Bürde des Lebens kaum beschwert. Außer in den Dingen der Liebe haben sie so gut wie keine Kompetenz. Ihre Bildung ist bestenfalls durchschnittlich, allein in Kleidungs- und Einrichtungsfragen verfügen sie über Kennerschaft und Geschmack. Und manche sind gute Köchinnen. Sie leben mitten unter uns, ihre Nachbarn wissen nicht, wovon, doch die heimlichen Mätressen schließen umständlich die Wohnungstür ab, wenn sie das Haus verlassen, sie sehen im Briefkasten nach Post und grüßen den einsamen, alten Herrn vom dritten Stock so freundlich, daß er glaubt, er stünde im warmen Licht des Südens.

Anders als die großen Kurtisanen der Geschichte sind die modernen Mätressen einsam, denn sie sehen ihre vielbeschäftigten, verheirateten Liebhaber selten. Kontakte mit anderen Männern, auch harmlose, sind ihnen untersagt. Sie fügen sich in ihr Schicksal, weil sie nie wieder arm sein wollen. Die Mätressen von heute sind kaum anders als die von gestern. Sie sind genauso instinktbegabt, genauso sinnlich und genußsüchtig wie die Pompadour oder La Belle Otero. Nicht die Mätressen haben sich geändert – ihre Liebhaber sind andere. Die historischen Nutznießer der Mätressenliebe waren in der Mehrzahl von leichtem Sinn, weitherzig und nobel. Doch die Männer, die sich in unserer Gesellschaft eine Mätresse halten, sind Überlebende des Patriarchats: Sie fordern widerspruchslose Unterwerfung. Wenn sie ihre Mätressen besuchen, leben sie für Stunden in einer versunkenen Welt. Nirgends ein Zweifel an ihrer Geltung. Nirgends ein Schatten, in dem sich ihr Glanz verliert. Sie lassen sich die Schuhe putzen und die Zigarre anzünden. Es ist nicht die Frau, die sie bezahlen, sondern das Lebensgefühl, das sie vermittelt.

Ich kannte viele Mätressen. Während meiner letzten Ehe besaß ich gemeinsam mit meiner Frau in Hamburg eine Bar, die von der lokalen Schickeria besucht wurde. Und da die weiblichen Gäste meiner Frau vertrauten und mit ihr die Liebe besprachen, lernte auch ich ihre Lebensumstände kennen. Viele dieser Frauen kamen ohne Begleitung, sie hatten damit keine Probleme; es war, als besuchten sie Freunde. Nach Mitternacht tanzten sie einsam und ganz für sich auf der kleinen Tanzfläche. Dabei betrachteten sie sich lächelnd in den kupferfarben verspiegelten Wänden. Darunter waren Fotomodelle, einige Schauspielerinnen und Frauen, die vorgaben, das eine oder andere zu sein. Ungefähr jede vierte wurde von einem Mann ausgehalten. Wir erfuhren es von anderen Gästen oder von ihnen selber. Sobald die Frauen Vertrauen zu uns gefaßt hatten, begannen sie ganz von allein, über ihr Leben und ihre Liebhaber zu reden. Und eine von ihnen sprach nur mit mir: Charlotte.

Mit Charlotte hatte ich jahrelang ein heimliches, gelegentlich von Schwermutsanwandlungen getrübtes Verhältnis ohne Verpflichtungen. Solange ich sie kannte, war sie die Mätresse eines anderen Mannes. Als ich sie kennenlernte, war es noch ein eifersüchtiger ägyptischer Nabob, der ihr in einem Hamburger Villenvorort eine Luxuswohnung gekauft hatte. Er kam nicht oft zu ihr, aber er überwachte sie. Charlotte traf ihn meist an fernen Orten: in Bombay, in Dubai oder New York. Später hatte sie einen deutschen Zahnarzt. Aber der war ihr zu bürgerlich; außerdem sollte sie ihm in der Praxis helfen, das gefiel ihr nicht. Und als ich sie das letzte Mal sah, war es ein Levantiner von ungewisser Staatsbürgerschaft. Meine sporadische Freundschaft mit ihr überdauerte meine Ehe. Ich sah sie selten und war dennoch ihr Vertrauter, eine Art verfügbarer Zweitmann, zuständig für Lebensdeutung und Romantik. Unsere Verbindung war von loyaler Zeitweiligkeit, ohne große Besessenheit und ohne Zukunft. Eines Tages Anfang Oktober – wir hatten uns länger als ein halbes Jahr nicht gesehen – rief sie mich an. Im Hörer rauschte es.

»Wo bist du?« fragte ich.

»In Marbella«, antwortete Charlotte. »Ich habe Hamburg für immer verlassen.«

»Wohnst du im Hotel?«

»Ich habe eine Wohnung.«

»Ist es noch warm in Marbella?«

»Es ist heiß.«

»Und du willst nie wieder nach Hamburg zurück?«

»Nie mehr. Sag mal, hättest du Zeit, mich zu besuchen?«

»Bist du allein?«

»Na ja, das nicht gerade. Aber meistens doch. Jetzt zum Beispiel.«

»Du weißt, ich muß Geld verdienen«, sagte ich, obgleich ich spürte, daß ich morgen schon nach Marbella reisen würde.

»Ich bezahle dir das Ticket.«

»Das meine ich nicht. Ich meine . . .«

»Ja, ja, ich weiß, du mußt irgendeinen wichtigen Artikel schreiben. Deine Wichtigkeiten. Dann verschiebst du ihn eben ein, zwei Wochen.«

»So lange bist du alleine?«

»Ja, voraussichtlich. Trotzdem kann ich dich nicht bei mir wohnen lassen. Ich werde dir ein Hotelzimmer reservieren.«

»Weshalb?«

»Das erzähle ich dir, wenn du hier bist.«

Ich war aufgestanden und mit dem Hörer zum Fenster gegangen. Die Blätter fielen spröde und brüchig knisternd von den Bäumen. Ich lebte schon eine ganze Weile allein.

»Okay«, sagte ich, »ich komme.«

Charlotte hatte den Beruf der Cutterin erlernt. Aber die Fertigkeiten dieses Gewerbes hatte sie über der Ehe mit einem Mann vergessen, der sie nicht arbeiten ließ. Er muß sehr gut ausgesehen haben, Charlotte hatte ihren »Typ« geheiratet. Es war ein Reinfall. Der Mann gab mehr Geld aus, als er verdiente, er machte Schulden und verheimlichte sie vor seiner Frau, bis eines Tages alles über ihnen zusammenbrach. Darüber hinaus verdächtigte sie ihn, ihr nicht treu zu sein. Nach drei Jahren lief ihm Charlotte weg. Sie wollte wieder in einem Fernsehstudio arbeiten, aber sie traute sich den Job nicht mehr zu; die Technik der Schneidetische war inzwischen zu weit fortgeschritten. Statt dessen arbeitete sie als Mädchen für alles in einer Public-Relations-Agentur. Und da sie sehr attraktiv war, nahm der Chef sie mit, wenn er mit Geschäftsfreunden essen ging. So lernte sie den Ägypter kennen. Damals – sechs Jahre vor unserer letzten Begegnung – war sie 29 Jahre alt.

»Er hat mich ungeheuer beeindruckt«, gestand sie mir, als sie ihn nicht mehr vor mir verheimlichen konnte. »Du mußt das verstehen. Er ist ein gutaussehender Mann, etwas zu alt und etwas zu klein für mich, aber er hat fabelhafte Manieren. Er ist kein Orientale, weißt du, er ist westlich erzogen, ein Gentleman. Außerdem ist er Christ. Er besitzt Fabriken, Handelsfirmen, eine Bank und viel, viel Land. Aber deshalb habe ich mich nicht mit ihm eingelassen. Ich habe mich richtiggehend in ihn verliebt. Glaubst du mir das?«

»Und er?« fragte ich. »Liebt er dich?«

»Ja, auf eine geradezu besessene Art. Ich weiß nicht, ob das Liebe ist. Am Anfang war er sehr rücksichtsvoll. Ich ahnte ja noch nicht, was auf mich zukommen würde.«

Das erste Mal hatte Charlotte sich mit ihm in Frankfurt getroffen. Sie war noch nicht geschieden, lebte aber allein. Der Ägypter hatte ihr ein Erster-Klasse-Ticket bezahlt und im Frankfurter Hof – was sie angenehm überraschte – zwei voneinander getrennte Zimmer gebucht. Er ging fürstlich mit ihr essen, und anschließend schenkte er ihr drei 120-Milliliter-Flakons eines sehr teuren Parfums. Ob sie glücklich verheiratet sei, fragte er Charlotte. Und als sie verneinte, sagte er mit einem leisen Unterton von Larmoyanz:
»Ich auch nicht. Es gibt eben kein vollkommenes Glück im Leben.«
Das eine der beiden Zimmer blieb in dieser Nacht unbewohnt, weil Charlotte es wollte. Zwei Wochen später trafen sie sich im selben Hotel erneut.
»Schließ die Augen«, sagte der Ägypter und lächelte sanft. Charlotte senkte die Lider und spürte, daß er ihr einen Ring auf den Finger steckte. Es war ein Smaragdring mit Brillanten. Doch das war nicht alles. Auf dem Tisch hatte er einen orientalischen Schatz ausgebreitet: zwei goldene, mit Brillanten besetzte Armreifen, einen Rubinring mit Brillanten und ein Brillantenkollier. »Ich will, daß du schön bist«, sagte er pathetisch. Charlotte aber dachte: die sind nicht echt. Doch der Juwelier, von dem sie die Schmuckstücke in Hamburg schätzen ließ, bot ihr 150 000 Mark dafür.
»Du hast sie schätzen lassen?«
»Klar«, sagte Charlotte. »Ich mußte doch wissen, woran ich mit ihm war. Es schien alles ein Traum zu sein. Aber dann waren wir in New York. Wir hatten eine Suite im Palace und wollten zwei Wochen bleiben. Wir waren bei irgendwelchen reichen Amerikanern auf einer Party. Und einer von diesen Männern steckte mir beim Tanzen seine Visitenkarte in den Ausschnitt. Ich konnte gar nichts dafür. Aber da hättest du meinen ägyptischen Kavalier sehen sollen. Der hatte das mitgekriegt und flippte völlig aus. Wir verließen die Party und am selben Abend New York. Wir blieben noch ein paar Tage

in London. Aber ich durfte nicht mal allein auf die Straße gehen. Er schenkte mir die Wohnung in Blankenese, aber seitdem ruft er mich zu den unmöglichsten Zeiten aus der ganzen Welt an, um zu kontrollieren, ob ich zu Hause bin. Manchmal habe ich sogar das Gefühl, daß mich ein Detektiv beobachtet. Ich darf überhaupt nichts. Das einzige, was ich mir hin und wieder herausnahm, war, daß ich dich in deiner Bar besuchte, als du sie noch hattest.«

»Na ja, das einzige war es ja nicht.«

»Ach so, du meinst mit dir? Das begann doch viel später. Vorher traf ich ihn in Kairo. Er war bei seiner Frau und ich im Hotel. Er hatte mir eine Suite und einen Diener bezahlt, außerdem eine Limousine mit Fahrer. Als ich in die Hotelhalle kam, stand das Personal zu beiden Seiten Spalier. Mein Schlafzimmer war voller Blumen. Doch die Nacht mit ihm war die Hölle. Er wollte wissen, ob ich mich in Hamburg mit meinem Mann treffe, dabei weiß ich nicht mal, wo der jetzt wohnt. Oder mit einem anderen. Du, der hat mich die ganze Nacht verhört. Immer wieder dieselben Fragen. Ich beteuerte ihm meine Liebe. Ich weinte. Aber er hörte nicht auf. Morgens um vier platzte mir die Geduld. Ich wurde so wütend, daß ich den Glastisch zertrümmerte, an dem wir saßen.«

Ich habe Charlotte nie gefragt, weshalb sie das Verhältnis zu dem Ägypter nicht früher abgebrochen hat. Sie blieb zwei Jahre seine Geliebte. Ich fragte sie nicht, weil ich nicht von ihr hören wollte, daß sie sich an das enge Leben einer Mätresse gewöhnt hatte. Der Ägypter war mir gleichgültig. Er war weit weg, und er hatte Charlottes anfängliche Zuneigung, die sie nicht nur beteuerte, mit seinem Argwohn zerstört. Manchmal hatte ich Mitleid mit ihm: Wenn ich bei ihr war und seine Kontrollanrufe kamen, wenn Charlotte das Telefon nahm und mit der langen Schnur in den Flur eilte, um ungehört seine bohrenden Fragen zu beantworten. Ich hörte dennoch, wie ihre Stimme fremd und flach wurde. Nein, ich habe sie nicht gefragt. Ich kannte die Antwort.

Aber jetzt, in Marbella, schien alles anders zu sein. Charlotte war jetzt 35. Sie war reif für eine Ehe und überreif für das Kind, das sie sich wünschte. Jetzt lebte sie in der Gnade eines Mannes, der so tief in sie eingedrungen war, daß er mir in den Ausscheidungen ihres Gemüts entgegentrat. Ich habe auch diesen Mann leibhaftig nie gesehen. Doch jedes Wort, das Charlotte zu mir sprach, ließ mich wissen, daß es ihn gab. Er färbte ihr Gelächter, wenn ich sie belustigte. Und wenn sie ihn mit mir betrog, dann schwitzte sie ihn aus jeder Pore. Er war verheiratet, natürlich. Aber Charlotte hoffte – wie alle Mätressen hoffen.

Dennoch hatte sie mich sehen wollen. Ihre Wohnung befand sich in Nueva Andalucia, ein paar Kilometer westlich von Marbella. Ich fragte mich, was es bedeutet, wenn Charlotte etwas begehrt. Es war ihr Wille, der ihre entzündlichen Gefühle aufflammen ließ. Dort entschied sie sich für den Kauf einer chinesischen Vase oder für eine Oktoberwoche mit mir. Als ich zu ihr kam, legte sie eine Langspielplatte auf: Beethovens Violinkonzert in D-dur.

Die Pauken des ersten Satzes pochten ein dumpfes Echo von den gekalkten Wänden. Charlotte trug ein kurzes Kleid aus weißem Organza, das ihr wie Quellwasser von den Brüsten bis zu den kräftigen Schenkeln floß. Es war heiß, die Stunde der Seufzer. Charlotte freute sich über meinen Besuch; sie lachte wie ein beschenktes Kind. Sie lief barfuß vor mir her und riß die Türen auf, ihre schwerer gewordenen Hüften schaukelten. Sie war eine Frau, die jeder gern beschenkte. Sie hatte mich mit ihrer naiven Heiterkeit schon oft gerührt. Aber ich hatte noch nie Beethoven bei ihr gehört.

»Komm!« sagte sie. »Wir haben leider nicht viel Zeit. Ich besuche dich später im Hotel. Ich habe Latif nach Málaga geschickt. Er braucht hin und zurück zwei Stunden, und er wird wie der Teufel fahren.«

»Latif?« fragte ich. »Aber du hast mir doch erzählt, daß er Claude heißt.«

»Nein, doch nicht der! Latif ist mein pakistanischer Diener. Claude bezahlt ihn, verstehst du? Claude ist verreist. Der ist irgendwo in Texas. Er handelt mit Öl. Außerdem hat er in Houston einen Orangenimport. In Belgien hat er ein Spielcasino und in Abu Dhabi eine Ladenkette. Ich weiß gar nicht, was er alles macht.«

»Mit Waffen handelt er nicht?«

»Weiß ich nicht. O Gott, ich würde es nicht mögen. Aber er ist ein Gentleman. Es gab mir einen Kick, als ich ihn zum erstenmal sah. Einen richtigen Kick. Weiß du? Er ist so, so... so weltläufig.«

»Der Ägypter war auch ein Gentleman. Auch mit Kick.«

»Ach der. Claude ist ganz anders.«

»Ist er nicht eifersüchtig?«

»Doch, das schon. Aber es macht mir nichts aus.«

In Charlottes Stimme war das betörende Timbre, das ich schon so lange kannte. Ein stickiges Locken, das auch in den häufigen Momenten ihrer Traurigkeit noch durch ihre Rede schnurrte und sicherlich von keinem Mann vergessen wurde, der ihr je zur Seite lag.

Als ich mich in ihrer Wohnung umsah, trat sie einen Schritt zurück, um meinem Blick nicht im Wege zu sein. Sie folgte ihm. Ihr Gesicht leuchtete vor innerer Erwartung. Schon als Cutterin hatte sie ein Leben geführt wie die meisten anderen Frauen auch, ein Leben ohne greifbare Resultate. Sie hatte mir nie etwas zeigen können, was sie aus eigener Kraft vollbracht hatte. Aber jetzt war ich ihr Publikum. Sie hatte die Wohnung im achten der zehn Stockwerke des »Edificio Jardines Tropicales« nicht einfach eingerichtet, sie hatte den Farben und Stoffen, den Möbeln und Vasen, den Bildern, ja selbst den Büchern Bedeutung verliehen. Alles befand sich in einem sorgfältig erwogenen Verhältnis zueinander, allem und jedem war sein Platz zugeordnet, und dennoch war die Wohnung voller Leben. Charlotte wartete mit hochgezogenen Brauen und Augen voller Spannung, während ich die teuren Mahagonimöbel und die silbernen Leuchter gebührend bewunderte (»Sheffield plated!«). Naturfarbene Seidengardinen. Schwarzer Marmorfußboden, goldfarben geädert. (»Portoro, weißt du? Aus der Gegend von Genua!«). Ein wuchtiger Schrank mit Säulchen und Löwenklauenfüßen (»Empire, 1820!«). Pöseldorf unter der Sonne Andalusiens. In einem Regal aus braunem Holz leuchteten die goldgeprägten Buchrücken der Encyclopaedia Britannica. Charlotte trat hinter mich und legte mir leicht die Hand auf die Schulter. So standen wir stumm. Wir betrachteten ein Lebenswerk.

Ich deutete auf eine schwarze Holztür, die einzige, die Charlotte nicht geöffnet hatte.

»Was ist dahinter?«

»Da? Ach, das ist nur Latifs Kammer«, zischte sie. Der Abscheu, den sie dabei empfand, verzerrte ihren Mund.

Sie nahm mich an die Hand und zerrte mich energisch von der Pforte ihres Mißvergnügens weg ins Schlafzimmer. Ihr Bett war breit, mit honigfarbener gerüschter Seide und seidenen Kissen bedeckt und von pausbäckigen Zelluloidbabys bewohnt. An den Wänden hingen silbergerahmte Spiegel in unterschiedlichen Größen, einige davon waren sehr alt. Durch das offene Fenster drangen klagende Huptöne und das Röhren der Lastwagen, die auf der Landstraße Málaga–Cádiz in die Kurve nach San Pedro einbogen. Charlotte schloß das Fenster.

»Komm«, sagte sie. Dabei formten ihren Lippen den Vokal wie einen Rauchring. »Laß dich anfassen. Du bist schmal geworden. Geht es dir nicht gut? Hast du Sorgen? Aber es steht dir. Manchmal fehlst du mir sehr. So wie mit dir kann ich mit keinem reden. Hast du in Hamburg eine Freundin?«

»Nein.«

»Küß mich.«

»Es geht mir gut. Ich arbeite nur zuviel.«

Ihr Kuß lenkte meine Aufmerksamkeit auf das Ziel meiner Reise. Er war so vertraut wie eine Heimkehr.

»Du mußt jetzt gehen. Ich besuche dich heute abend im Hotel. Wir werden in deinem Zimmer essen. Du mußt verstehen – ich kann mich nicht mit dir sehen lassen. Die Leute hier, weißt du – die jedenfalls, die auch im Winter hier wohnen, kennen Claude. Und mich kennen sie nur mit ihm.«

»Und seine Frau?«

»Die lebt in Houston. Manchmal ist sie für ein paar Tage mit den Kindern hier, aber selten. Doch jetzt geh! Du mußt fort sein, bevor Latif zurück ist.«

»Charlotte!« rief ich aufgebracht. »Mein Gott, Charlotte! Hast du etwa Angst vor deinem Diener? Weshalb?«

»Ich muß Rücksicht auf ihn nehmen. Er ist ein Moslem.«

»Na und?«

»Ich bin eine Frau. Weißt du nicht, wie streng der Islam eine treulose Frau bestraft?«

»Du bist nicht *seine* Frau. Muß ich seinetwegen im Hotel wohnen?«

»Ja. Ich wollte es dir am Telefon nicht sagen, du wärst am Ende nicht gekommen. Ja, es ist seinetwegen.« Sie senkte den Kopf und lehnte ihn gegen meine Brust. »Latif ist mein Diener, das stimmt. Aber er ist auch, nun ja, mein Aufpasser. Also, reg dich bitte nicht auf. Ich sagte doch: Claude bezahlt ihn.«

»Diese Wohnung ist nicht sehr groß«, sagte ich, als Charlotte wieder zu mir aufsah. »Und du bist die wandelnde Sünde. Wie kann Claude es zulassen, daß du mit einem anderen Mann in dieser kleinen Wohnung lebst? Ist dein Diener ein Eunuch?«

»Wenn er es nicht in der Hose ist, dann im Kopf«, antwortete Charlotte und lachte verlegen. Dann versuchte sie, mich vom Thema abzulenken. Aber ich reagierte nicht auf ihre Berührung, und sie spürte meinen Blick, obwohl sie jetzt zur Seite sah. Dann sagte sie jäh entschlossen: »Latif ist Claudes Kreatur! Er ist sein Speichellecker. Dieses pakistanische Mistvieh ist ihm hündisch ergeben.«

»Charlotte«, sagte ich, »du hast deine Freiheit verkauft. Für wieviel?«

»Er gibt mir monatlich um die 5000 Mark. Mal in Dollars, mal in Pfund, mal in Peseten. Es ist Geld.«

»Aber nicht viel.«

»Aber steuerfrei.«

»Dennoch«, beharrte ich, »das könntest du auch mit Arbeit verdienen.«

»Nein!« sagte sie empört. »Seit wann bist du so ein Spießer? Willst du mich vielleicht erziehen? Weißt du, was eine Cutterin netto verdient?« Sie ergriff meine Hand und deutete durch die offene Schlafzimmertür in die Diele, wo die Sonne akkurate Muster auf den Marmor warf. »Da! Du siehst doch meine Wohnung! Gefällt sie dir? Die könnte ich mir als Cutterin nicht leisten. Claude hat auch die ganze Einrichtung bezahlt, aber ich durfte sie mir aussuchen. Ha! Und dann der Jaguar! Du, er hat mir einen silbergrauen Jaguar geschenkt! Du weißt doch, wie sehr ich mir immer einen Jaguar gewünscht habe. Eines Morgens stand er unten vor der Haustür. Eingebunden in eine lila Schleife. Second hand, aber prima in Schuß. Den siehst du heute abend.«

»Ach, der ist doch nur Leihgabe«, schnaubte ich. »Im Kraftfahrzeugbrief steht bestimmt der Name Claude.«

»O nein!«

Charlotte lief ins Wohnzimmer und kam mit einem deutschen Kraftfahrzeugbrief zurück. Sie hielt ihn mir dicht unter die Augen. »Fahrzeughersteller: BL Cars (GB)«, las ich. Und in der dritten Besitzerzeile: »Charlotte W . . ., geb. am 14.12.54.« Während ich mit aufkeimendem Widerwillen auf die Eintragungen starrte, legte Charlotte ihren weichen duftenden Arm um meinen Hals und zog mich an sich. Ich roch ihr Parfum, das in der Mittagshitze viel zu schwer war, und einen salzigen Hauch von Schweiß.

»Ist das nicht lächerlich, was wir hier machen?« schnurrte sie. »Das ist doch kindisch. Du kennst mich doch. Du hast mich doch immer verstanden. Glaubst du, ich könnte mich noch ändern?«

»Du hast recht«, sagte ich, »ich bin ein Spießer.«

»Nein«, sagte sie, »das bist du nicht. Ich sage dir, was du bist: Du bist eifersüchtig.«

»Ich habe dich immer verstanden«, sagte ich.

»Gib zu, daß du eifersüchtig bist.«

»Ich weiß nicht, ob man es so nennen kann.«

»Denk drüber nach.«

Was ist eine Mätresse? dachte ich, während ich in meinem Leihwagen auf der vierspurigen Autostraße Richtung Hotel fuhr, durch eine Ebene, die gerade aufs scheußlichste bebaut wurde. Eine Mätresse, dachte ich ungerecht, ist eine Hure, die ihren Freier auf den Mund küßt. Ich fühlte mich gar nicht gut. Ich mochte nicht zugeben, daß ich eifersüchtig war. Aber es gelang mir nicht, gegenüber Claude ein Triumphgefühl zu entwickeln oder gar Mitleid, wie ich es für den Ägypter empfunden hatte. Es waren nicht nur die Wohnung und das Auto, die mir Charlottes Verhalten erklärten. Es war eben auch dieser Mann ohne Gesicht, der sich in seinen Finanzierungen abbildete. Ich spürte, daß er stärker war als ich, vor allem bei Charlotte, die mit mir schlafen und an ihn denken würde. Ich empfand die finanzielle Potenz und das kaufmännische Genie des reichen Levantiners wie eine Bedrohung meiner Männlichkeit. Dennoch: Wir teilten uns Charlotte, und zwar auf eine infame Art. Er begehrte die Leibeigene, ich benutzte die Verlorene. Mit einem Male erschien sie mir liebenswerter als je zuvor.

Charlotte hatte eine Vorliebe für orientalische Männer, wahrscheinlich, weil sie wußte, daß sie deren Typ war. In Jeans sah sie verkleidet aus, aber nackt auf ihrer Ottomane oder in schwarzer, dekolletierter Seide war sie einzigartig. Für die Pretiosen ihrer Mätressenkarriere hatte sie die empfänglichste, nämlich eine gemmenhafte Haut. Mit ihrer Neigung zu Übergewicht, ihren immer etwas feuchten braunen Augen und ihrer unbesiegbar engen Taille verkörperte sie das Weiblichkeitsideal des Orients. Sie gefiel sich in ihrem Körper. Sie war wie eine Sanduhr aus Fleisch und Blut – der Traum aller Muslime, ein Kalifentraum in Blond. Sie war älter geworden, sogenannte »Krähenfüße« liefen auf ihre Augen zu (welch ein Name für die Dekoration der Reife). Ihr so lange unvergänglicher Mädchenschmelz war jetzt gezeichnet wie gesprungenes Porzellan.

Charlotte, ein Traum – auch der Latifs.

An einem kühleren Vormittag traf ich Charlotte mit ihrem pakistanischen Diener in den Markthallen von Marbella. Sie sah mich nicht, und ich mischte mich unter die Menschen vor einer Tapas-Bar. In der Menge versteckt beobachtete ich die beiden. Charlotte trug ein Etui-Kleid von Chanel. Sie stökkelte auf gänzlich unpassenden Pumps mit wiegendem Hintern vor ihrem Diener her. Er trug ihr die geflochtenen Einkaufskörbe, ein hageres Männchen, knochig mit ledriger Haut, etwa 40 Jahre alt. Sein Gang schien geräuschlos zu sein, obwohl ihm die Schritte schlagbolzenartig aus den Hüftgelenken fuhren. Sein Gesicht war dunkel und scharf geschnitten, es war ein intelligentes Gesicht. Der Mann wäre mir sympathisch gewesen, hätte er nicht diese kleinen, gewitzten, glühenden Augen gehabt. Er folgte seiner Herrin wie ein Schatten, der einer Sonne nicht bedarf, um Finsternis in die Welt zu bringen. Er hielt seine Rattenaugen unter dem strähnigen Haar fest auf Charlottes Rückansicht geheftet. Und wenn sie mit gestrecktem Standbein, geknicktem Spielbein und gewölbtem Hintern vor einem Obststand stehenblieb, um eine Frucht zu betasten, dann stand er einen Schritt hinter ihr. Von weitem sah es wie Respekt aus. Aber es war nicht der Respekt des Domestiken, der Latif dazu bewog, Abstand zu wahren. Es war auch nicht sein Wachhundinstinkt. Seine ohnmächtig erstarrten Blicke verrieten ihn: Es war die Gefangenschaft des Voyeurs. Ich begriff, daß Charlotte nicht nur seine Geisel war. Mehr noch war sie seine Versuchung.

Und sie wußte es. Charlotte wußte vielleicht wenig über sich, aber alles über ihre Wirkung auf das andere Geschlecht. Sie wußte, wie sie auf ihren Diener wirkte. Sie haßte ihn und genoß dennoch seine Bewunderung. Sie wußte, wie sehr sie einem Mann gefiel, wenn sie beim Liebesakt unter einer steilen Stirnfalte die Augen schloß und schmatzend die Lippen schürzte. Sie wußte, daß ihre unverfälschte Sinnenfreude Männer entzückte. Charlotte war eine begabte Schwelgerin, beim Wein, bei Tisch, im Bett. Sie versenkte sich in die Genüsse, welcher Art sie auch waren. Sie liebte opulentes Essen in eleganten Restaurants. Sie kochte selbst vorzüglich. Und wenn ihr dabei etwas mißlang, bezauberte sie ihren Gast mit dem bekümmerten Eingeständnis ihres Mangels an Vollendung. Sie aß wie eine Verhungernde, in den Augen ein bacchantisches Glück und auf den Lippen ein tonloses »Aaah«. Dennoch war ihre Hüftenschwere fest und glatt.

Natürlich war sie unter der Regie ihres einfältigen Herzens auch eine Schauspielerin. Ihre seidenmatten Augen konnten jäh bewegende Melancholie ausdrücken. Manchmal war sie echt. Dann dachte sie vielleicht an ihren amerikanischen Vater, der ihr nie einer war, oder daran, daß es ihr zwar gelungen war, sich mit bürgerlichem Ambiente zu umgeben, daß sie aber nicht den bürgerlichen Konventionen entsprechend leben durfte. Manchmal, etwa um die Gefühle ihres Partners zu prüfen, preßte sie eine einzelne Träne aus weit offenen Augen. Ich habe es gesehen. Ich habe gesehen, wie diese Träne in einer tragischen Schlangenlinie von ihrem linken Jochbogen über die Wange zum Kinn rollte und in ihren Ausschnitt tropfte, ohne in ihrem Make-up eine Fährte zu hinterlassen. So zu weinen vermag nur eine Mätresse.

Eine Mätresse unterscheidet sich von einer Hure durch ihre Talente. Eine Mätresse kann sich beschenken lassen. Sie kann sich freuen. Einer Mätresse ist es gegeben, die besonderen Umstände ihrer Existenz gleichzeitig zu erleiden und zu genießen. Ich hätte nicht einmal behaupten können, daß Charlotte den Levantiner abkochte. Denn sie war warm wie ein Ofen und spendete ihm Gefühl. Eine Hure wird für den körperlichen Akt bezahlt, eine Mätresse für ihre seelische Nähe. Eine Mätresse ist eine Frau, die ihre Sehnsucht nach Romantik mit der Trägheit ihres Herzens und ihrem Verlangen nach Beute harmonisch ins Lot zu bringen weiß. Sie findet Identität in ihrer Art zu leben; sie ist ganz und gar authentisch. Sie ist eine Männersüchtige, vom Feminismus unbeschädigt und so nachgebig wie ein frisch gefülltes Daunenkissen. Eine Mätresse kann zuhören. Sie ist nie rechthaberisch, aber voller Humor. Natürlich ist sie käuflich, doch anders als eine Hure. Lebensfreude läßt sie sich nicht abkaufen. In der Liebe ist es nur selten ihr Geschmack, der sich korrumpieren läßt. Allein ihre Moral ist bestechlich. Aber das heißt nicht, daß sie unmoralisch wäre. Eine Mätresse ist, wie gesagt, keine Hure. Denn eine Mätresse liebt erst – und kassiert dann. Das ist ihre Moral.

Einiges spricht dafür, daß es in den reichen Ländern dieser Welt mehr ausgehaltene Frauen gibt als andernorts. Mehr sicherlich als im armen Mexiko, wo das Haus einer Mätresse, die *casa chica*, von weiblicher Bewunderung umlagert ist: von der Ehrfurcht vor einer höheren Daseinsform. Die *casa chica* ist ein integrierter Bestandteil der mexikanischen Gesellschaft. Bei uns ist das Mätressendasein eine Randexistenz. Es ist die Polarität zwischen den Geschlechtern, die im Konkubinat überlebt. Denn eine Mätresse ist gegen etwaige Karriereversuchungen resistent und von den Gleichheitsgesängen der liberalen Intelligenzija unbeirrt. Der Ehrgeiz einer Mätresse kennt kein edleres Ziel als die Karriere in den Herzen der Männer. Deshalb bestimmt der Mann unter dem Dach des Konkubinats den Spielraum seiner Männlichkeit und die Weite seines Willens. Deshalb liebt er Mätressen. Der zunehmende Bedarf erklärt die Häufigkeit ihrer Existenz.

Anders als in der Dritten Welt geht es den Mätressen hierzulande selten ums Überleben, sondern meist um eine

Teilhabe am Luxus. Dennoch (oder deshalb) werden sie immer zahlreicher. In den reichen Ländern gibt es mehr Mätressen, weil es dort mehr reiche Männer gibt. Im Schoß einer Mätresse, die sich dafür bezahlen läßt, daß sie im bekömmlichsten altmodischen Sinn ein Weib ist, finden diese Männer zu dem Bild zurück, das sie von der gottgewollten Ordnung der Schöpfung haben.

»Ich muß dem Kerl nicht erklären, weshalb ich weg war«, sagte Charlotte ärgerlich. Schon der beiläufige Gedanke an ihren Diener erzürnte sie: »Aber wenn ich nach Hause komme, dann hat er eine Art, mich anzustarren, daß mir ganz mulmig wird. Ich kaufe meist etwas ein oder gehe zum Friseur, damit er sich selbst erklären kann, weshalb ich weg war.«

Sie zog den Saum meines Bademantels zusammen, den sie angezogen hatte, als der Zimmerkellner kam. Das breite Fenster über meinem Hotelzimmerbalkon ging auf das zinnfarbene Meer hinaus; Pool und Park waren leer, die Liegestühle unbenutzt, Marbella litt unter der Nachsaison. Ich hatte die Gardinen bis auf einen kleinen Spalt vor die offene Balkontür gezogen. Über dem Tisch schwebten die Fettgerüche eines zu schweren Mittagessens. Es war noch nicht abgetragen; noch stocherten wir in den Resten einer Paella und tranken Rioja. Charlotte hatte das Bett für die Augen des Zimmerkellners diskret geglättet; unser Lunch war stets der letzte Akt meines Zusammenseins mit ihr. Und dieses war am Ende einer Woche dösigen Wartens und kurzer Erfüllungen unser letztes. Ich wohnte im Meliá Don Pepe, einer Luxusbleibe für Touristen, die sich ohne Teilhabe oder Wahrnehmung am Mythos Marbellas berauschen. Der Jet-set, dem Marbella seinen schillernden Leumund verdankt, ließ sich hier nicht blicken.

»Wie ist Marbella zu dir?« fragte ich. »Wie ist die Society zu einer Mätresse? Sehr arrogant?«

»Äußerst liebenswürdig«, antwortete Charlotte. »Eine Mätresse ist in Marbella nichts Unanständiges. Übrigens mag ich das Wort nicht, es ist so billig. Man ist hier sehr tolerant. Don

Jaime küßt mir die Hand. Er ist ein Freund von Claude. Im Grunde ist in Marbella jede Frau eine Mätresse, auch wenn sie mit dem Mann, der sie aushält, verheiratet ist. Auch eine Ehefrau lebt schließlich von seinem Geld. Du weißt doch, wer Don Jaime ist? Don Jaime de Mora y Aragón – der Bruder der Königin von Belgien.«

Sie zeigte mir ein Foto von Claude.

»Wer ist es?« fragte ich aufgestört. »Der in der Mitte? Aha. So sieht er also aus.«

Ich hatte mir einen anderen Mann vorgestellt, einen ölhaarigen Libanesen, gönnerhaft und gespreizt. Aber der Mann auf dem Foto hatte ein fein geschnittenes, aristokratisches Gesicht und silbergraues Haar, er wirkte überaus seriös. Dieser Eindruck wurde von der Tatsache unterstrichen, daß ihm soeben das Bundesverdienstkreuz verliehen worden war. Er war von zwei lächelnden Herren eingerahmt und trug den Orden mit steifem Ernst unter seinem weißen Ziertaschentuch.

»Das Foto wurde in der deutschen Botschaft in Madrid aufgenommen«, sagte Charlotte.

»Wofür bekam er den Orden?«

»Ich weiß es nicht. Er hat irgendwie mit dem Roten Kreuz zu tun. Außerdem macht er Geschäfte mit deutschen Firmen.«

»Was geschähe eigentlich, wenn Latif dir auf die Schliche käme?« fragte ich. »Es könnte doch sein, daß er dir heimlich folgt und herausbekommt, wohin du gehst.«

»O Gott, ich weiß nicht, was Claude mit mir täte. Er würde mich eiskalt vor die Tür setzen, glaube ich.«

»Dann müßtest du dir einen neuen Gönner suchen.«

»Das auch.«

»Was noch?«

»Warten, bis der Schmerz aufhört.«

»Welcher Schmerz?«

»Mein Gott, ich liebe Claude!« rief sie.

»Verzeih. Aber erlaube mir eine Frage: Wie findet eigentlich eine Frau einen wohlhabenden, dabei großzügigen und nicht zu häßlichen Liebhaber?«

»Ach, das ist doch kein Problem. Ich kenne hier eine, die hat sich an der Costa Smeralda auf Sardinien morgens gegen neun vor dem Zeitungskiosk von Porto Cervo rumgedrückt. Dann kommen die Jachtbesitzer dorthin und holen sich die Morgenzeitung. Schon der dritte blieb an ihr hängen. Sagt sie. Ein ziemlich vulgärer Deutscher. Der sagt immer, und er sagt es in ihrer Gegenwart: Eine Mätresse muß schön sein und die Schnauze halten. Zu dieser Frau paßt das Wort Mätresse: Sie ist schön wie ein Engel und stumm wie ein Fisch. Weißt du, sie steht nachmittags auf. Dann luncht sie mit dem Typen im Marbella-Club. Dann fahren sie zum Einkaufen nach Puerto Banús. Und wenn er ihr nur eine Bluse von Scherrer oder Givenchy kauft, dann hatte sie einen schlechten Tag.«

»In München gibt es eine Partnerschaftsagentur, die ledige Frauen an verheiratete Männer vermittelt«, sagte ich.

»Ach ja?«

»Ja, wirklich. Eine Mätressenvermittlung. Wie ich sehe, füllt die Agentin, die das macht, eine echte Marktlücke.«

»Also, ich weiß nicht. Das ist doch geschmacklos.«

Mitunter fürchtete Charlotte die Zukunft, wie alle Mätressen. Von anderen Ängsten war sie kaum beschwert. In dem gefährlichen Dreieck zwischen dem Mann, der sie aushielt, dem Geliebten, der sie amüsierte, und dem Diener, der nach ihr dürstete, fürchtete sie bei aller Vorsicht erstaunlich wenig. Sie hatte die Freiheitsappelle des Feminismus ihrer Natur angeglichen, indem sie auf eine möglichst profitable und genußreiche Art rebellisch war. Sie war die uneheliche Tochter eines amerikanischen Feldwebels und einer Berliner Hutmacherin. Ihr Vater war als Besatzungssoldat in Berlin gewesen, die bekannte Geschichte. Einmal hat Charlotte ihn besucht, in einem öden Nest des amerikanischen Weizengürtels. Er muß sehr niedergeschlagen, aber auch sehr lieb gewesen sein, ein bedürftiger, gebrechlicher Mann an der Seite einer unzufriedenen, kalten Frau. Seither hatte Charlotte sentimentale Erinnerungen an ihn. Sie weinte in sich hinein, wenn Dolly Parton vom Plattenteller sang: »O Daddy, come and get me and take me home with you!«

»Wie ist Claude eigentlich im Bett?« fragte ich.

»Himmlisch«, antwortete Charlotte, ohne zu zögern. »Mitunter etwas egoistisch, aber beileibe nicht so, daß ich nicht auf meine Kosten käme.«

Ich sah wieder nach draußen. Die Sonne schien ohne Glanz. Es war, als trauere die Natur.

»Sag mal, Charlotte«, fragte ich, »weshalb sollte ich zu dir nach Marbella kommen?«

»Weil du – wie soll ich sagen –, weil du ein Teil von mir bist. Eine Art menschliches Zuhause. Verstehst du das?«

»Aber deshalb müßtest du doch nicht mit mir schlafen.«

»Ach geh! Du wärst doch gar nicht gekommen, wenn ich am Telefon gesagt hätte, daß wir nur Händchen halten. Und außerdem: Was sollten wir denn sonst tun, wenn ich dich in diesem langweiligen Hotel besuche?«

An diesem Abend wurde es später als bisher. Wir hielten es in meinem Zimmer nicht aus und setzten uns aus purem Übermut an die Bar des Hotels. Charlotte hatte die Haare hochgesteckt und in den Ohrläppchen zwei funkelnde platingefaßte Rubine. Sie schätzte die Gefahr, daß sie an diesem Ort einen ihrer noblen Bekannten treffen würde, äußerst gering ein. Tatsächlich hockten nur einige deutsche und amerikanische Touristen an der Bar. Sie unterbrachen ihre Gespräche, als wir kamen; sie starrten Charlotte an, und sie genoß es.

»Schreckliche Typen«, sagte sie.

»Na ja«, sagte ich. »Zum Abschied Champagner?«

Ich bestellte zwei Gläser.

»Schade eigentlich, daß du so arm bist«, bemerkte Charlotte.

»Also, richtig arm bin ich ja nun auch nicht«, antwortete ich empört.

»Das kommt auf den Standpunkt an«, sagte sie sachlich. »In Kalkutta wärst du reich. In Marbella bist du so arm wie eine Kirchenmaus.«

»Ah, ich verstehe schon. Du willst sagen, daß ich, so wie ich bin, für dich nicht in Frage käme. Nicht für eine Verbindung von Dauer.«

»Nein!« sagte Charlotte und legte mir mitleidig ihre Linke auf den Unterarm, dorthin, wo reiche Männer Goldketten tragen. »Ich meine, ja. Aber nicht nur, weil du arm bist. Weißt du, welches dein größter Fehler ist?«

»Ich bin gespannt.«

»Daß du nicht verheiratet bist. Für eine Frau wie mich kommt eigentlich nur ein verheirateter Mann in Frage. Aus vielen Gründen. Zum Beispiel betrügt mich ein verheirateter Mann nur mit einer einzigen Frau: mit seiner eigenen. Das kann ich gerade noch ertragen.«

»Ist das nicht ein feiger Standpunkt?«

»Nein«, sagte sie. Auf ihrer Miene lag ein tiefer, beinahe feierlicher Ernst. »Es ist ein mutiger Standpunkt. Sieh mal, Claude hat mir gegenüber keinerlei Verpflichtung. Er kann morgen zu mir kommen und sagen: Es ist aus! Ich hätte keine Ansprüche gegen ihn, kein Recht auf Abfindung. Ich genieße nicht mal den Kündigungsschutz, den ich als Cutterin hatte. Claude brauchte mir keinen Cent zu geben, während seine Frau ein paar Millionen abgreifen würde. Da kannst du nicht sagen, ich sei feige.«

»Nun sage nicht, du würdest ihn nicht heiraten, wenn er es wollte und dazu imstande wäre.«

Charlotte ließ ihren Blick abwesend über die anderen Bargäste schweifen und schwieg eine Weile. Dann sagte sie:

»Um ehrlich zu sein: Ich würde ihn heiraten.«

»Demnach bist du doch nur eine verhinderte Ehefrau.«

»Ich bin 35. Was meinst du wohl, wie lange er mich noch will? In meinem Alter bekommen die Dinge eine andere Bedeutung. Am Ende meiner Ehe habe ich mir gesagt, ich will keinem Mann mehr die Socken waschen. Und im Theater will ich nie wieder in der letzten Reihe sitzen. Damals begann ich mich für verheiratete Männer zu interessieren. Die haben zum Socken waschen nämlich ihre Frau. Außerdem sind sie zärtlicher, großzügiger und rücksichtsvoller als Singles, jedenfalls im Umgang mit einer Geliebten.«

»Jedenfalls die reichen Männer.«

»Ich spreche von ihnen.«

»Claro!«

»Seltsam«, sagte Charlotte und lachte amüsiert. »Weißt du, wie ich mit dir rede? Ich rede mit dir, als wärst du meine Freundin.«

Diesmal bat sie mich, sie zum Auto zu begleiten.

»Dann kann ich mich bei dir einhängen. Weißt du, die Straße ist so schlecht.«

Ich führte sie behutsam über den gesprungenen Asphalt. Wir gingen durch eine abweisende Landschaft aus unfertigen Betonbauten und rostenden Stahlkonstruktionen zu ihrem silbergrauen Jaguar. Er sah wirklich prima aus. Als sie den Wagenschlag öffnete, roch ich das Leder der Sitze. Wir waren in Marbella, aber in dieser leeren Straße zwischen der Hauptstraße und dem Meer verriet sich der mediterrane Süden nur durch die Nachmittagswärme und einen herben Geruch von Thymian. Charlotte stand in der offenen Wagentür und sah mich mit ihren immerfeuchten Augen an. Sie lächelte.

»Es war schön, daß du da warst«, sagte sie leise.

Ich nickte.

»Take care«, sagte sie.

»Was machst du morgen?« fragte ich.

»Übermorgen kommt Claude. Ich muß mich auf ihn vorbereiten.«

Ich fragte sie nicht, welcher Art diese Vorbereitungen sein würden. Wir küßten uns. Sie saß schon hinter dem Steuer, als sie noch etwas sagte:

»Du, diese Partnervermittlung in München, gibt es die tatsächlich?«

»Ja, gewiß doch.«

»Woher kennst du sie?«

»Ich habe mal eine Reportage über sie gemacht. Für die ›Münchner Abendzeitung‹.«

»Und du hast die Frauen kennengelernt, die sie vermittelt?«

»Ja, vier oder fünf.«

»Und hast sie interviewt?«

»Ja, natürlich.«

»Wie sind diese Frauen?«

»Was meinst du mit wie?«

»Na ja, ich meine, haben sie Klasse?«

»Weshalb fragst du mich nicht, ob die Männer Klasse haben?«

»Über die erfahre ich alles, wenn du mir sagst, wie die Frauen sind.«

»Ja, also, die meisten, glaube ich, sind sehr schön, ziemlich romantisch und sehr egoistisch.«

»Okay«, sagte sie. »Dann weiß ich alles. Sieh mal zu Hause nach, ob du die Telefonnummer noch hast. Ich ruf dich an.«

Charlotte gab Gas, und der silbergraue Jaguar hüllte sich in eine Staubwolke. Sie hatte ihn so weit weg geparkt, damit ein zufällig vorbeikommender Latif ihn nicht vor dem Hotel sah. Wahrscheinlich ist alles gutgegangen. Die Nummer der Mätressenvermittlung lag in Hamburg lange neben meinem Telefon. Charlotte rief nicht an. Sie rief nie wieder an.

Epilog

Damenwahl

Die Ungeliebten, die Liebeleeren unter den Menschen sehnen sich nach Liebe, auch diejenigen, die nicht an sie glauben, verzehren sich nach ihr. Wenn sie den Schicksalen fiktiver Liebender im Kino, im Theater, bei der Lektüre eines Buches oder vor dem Fernsehapparat beiwohnen, werden sie sich ihrer Entbehrung bewußt. In solchen Momenten sind sie unter schwelgerischen Tränen mit ihrer Sehnsucht eins. Dann spüren sie, daß ihr Hunger nach Liebe mehr ist als eine Spielart ihrer Konsumentenbegehrlichkeit. Dann erinnern sich viele an Augenblicke eines früher vielleicht unerkannten Glücks, an Momente einer geringgeschätzten Seligkeit. Denn die meisten Menschen nehmen die Wirklichkeit der Liebe nur im verklärenden Licht ihrer Erinnerung wahr, während ihre Sehnsucht ins Unwirkliche strebt. Voraussetzung dafür, daß die Sehnsucht im Leben des einzelnen Erfüllung findet, ist jedoch, daß sie ins Wirkliche zielt.

Unwirklich ist das bürgerlich-romantische Liebesideal. Unwirklich also ist die »Ewigkeit« der Liebe bis zum Tod. Unwirklich ist die Liebe mit Garantie. Unwirklich ist die Ausschließlichkeit der Liebe, ihre »Treue«. Unwirklich ist eine Liebe ohne Kalkül. Unwirklich ist eine Liebe, die nicht aus dem sexuellen Begehren kommt. Unwirklich ist eine Liebe ohne Gegensätzlichkeit der Partner, sofern sie die Polarität der Geschlechter verleugnet. Unwirklich ist eine Liebe ohne

Rätsel und Mysterien. Unwirklich ist eine Liebe ohne Ungemach. Und dennoch lebt die Liebe. Wir begegnen ihr am ehesten dort, wo wir sie am wenigsten suchen: in ihren diskriminierten Erscheinungsformen.

Die Liebe lebt in unserer von Machtgelüsten und Profitinteressen durchwirkten, ganz und gar kapitalistischen Welt. Für den Dichter Ernst Jünger ist sie – neben dem Tod – »der einzige Wohltäter auf dieser Welt«. Viele, die den Schmerz erlitten haben, weil ihre Erwartungen an die Liebe verstiegen oder irreal waren und enttäuscht wurden, werden ihm widersprechen. Doch erfahren kann die Wohltaten der Liebe nur, wer auch den Schmerz akzeptiert. Er ist der Liebe (wie der Lust) verschwistert. Erfahren kann die Liebe nur, wer sie in dieser mitunter kalten Welt sucht. Sie lebt in keiner anderen, sie lebt in unserer Wirklichkeit. Aber sie selbst ist eine Gegenwart, ein Refugium, ein Arkadien der Seele und der Sinne. Die Liebe ist eine der wenigen Chancen des Menschen, sich mit seiner unvollkommenen Welt zu versöhnen.

Nur der gewinnt die Liebe, der ihre unvermeidliche Realität bejaht. Der Mann, der seine Frau abgöttisch liebt und dennoch, während er sie küßt, an seine Arbeit, seine Karriere oder die Börsenkurse denkt, gehört zu dieser Realität. Die Frau, die eine empfundene Liebe mit ihrem Geschäftssinn vermählt, gehört zu dieser Wirklichkeit. Beider Seelen sind vom beruflichen Wettbewerb befleckt; es fällt ihnen schwer, sich zu verschenken, weil sie so oft genötigt sind, sich zu »verkaufen«. Und dennoch nehmen sie nicht nur, wenn sie lieben. Das entflammte Auge, das nimmt, kann gar nicht anders als seinerseits zu geben. Sogar die Frau, die ihren Mann und zur selben Zeit einen anderen liebt, gehört zur Wirklichkeit der Liebe. Auch der Mann, der seine Frau liebt und ihr dies aber nicht sagen kann, gehört dazu. Die beispielhaft, in der modernen Öffentlichkeit gewissermaßen wegweisend Liebenden sind nicht mehr der Ritter und die Prinzessin oder der Belami und die Diva, sondern der Tatmensch und die

Karrierefrau, der Mächtige und die Mätresse oder der Yuppie und die Belle de jour.

Manch einer, der die Liebe sucht, findet, wie gesagt, den Schmerz. Aber wenn er zuversichtlich bleibt, wenn er beharrlich ist und sich nicht aufgibt, wenn er tapfer ist und unverzagt, wird sein Leiden Erlösung finden. Lieben kann, wer verzeihen kann, auch sich selbst. Er darf sich in seinem Glauben an die Liebe nicht beirren lassen. Er muß die Liebe lieben. Sie beglückt und beseligt ihn, aber sie bringt ihn auch in Gefahr, sie korrumpiert oder verwundet ihn. Und dennoch ist sie in dieser Welt das größte Wunder.

Wir haben die Revolutionen hinter uns, die sexuelle und die feministische wohl auch. Beide Revolutionen haben die Liebe unglaubhaft gemacht, sie haben sie um ihre Poesie gebracht und diskriminiert. Plötzlich schien sie keine Sache des privaten Menschen mehr zu sein, sondern eine Medienlüge, ein historischer Irrtum und (in feministischer Sicht) ein Machtmittel des Patriarchats. Die Revolutionen waren radikal, sie waren auch schäbig, aber sie waren nicht nur destruktiv. Die sexuelle Befreiung führte zu einer Blockade der Erotik, aber gleichzeitig ermutigte sie die Frau zur Initiative in der Sexualität. Die Befreiung der Frau führte zur Befangenheit des Mannes, aber gleichzeitig lehrte sie ihn, in der Sexualität auch Objekt zu sein. Die Wiederannäherung der Geschlechter wird von gewandelten Spielregeln begünstigt: Jeder ist Subjekt. Jeder ist Objekt. Die Wiederannäherung hat begonnen.

In ihrem Buch »Von der Herrschaft zur Partnerschaft«, erschienen 1989, verkündet die amerikanische Futurologin Riane Eisler, Dozentin an der Princeton University und stellvertretende Direktorin des Instituts für Zukunftsprognosen, eine Zukunft der partnerschaftlichen Ausgewogenheit. Sie benennt ihre Vision einer sexuellen Balance zwischen den Geschlechtern mit einem Wort, in dem sich ihre Hoffnung semasiologisch abbildet: »gylanisch«.

»Gy« kommt vom griechischen »gyne« (Frau), »an« von »aner« (Mann), und das »l« steht gleichermaßen für das englische »linking« (Bindung) wie für das griechische »lyein« (lösen). Frau Eisler ist eine humanistische Feministin, zuversichtlich und versöhnlich. In der gylanischen Welt, die sie erstrebt, sind die Geschlechter partnerschaftlich verbunden, aber machtpolitisch voneinander unabhängig: Ein feministisches Programm, das den Beziehungen zwischen den Geschlechtern und nicht den Hierarchien gilt.

Am Ende aller Kämpfe hat eine entschiedene Frau ihren Entwurf für die Heimkehr ins Paradies auf den versöhnlichen Begriff gebracht: »In der gylanischen Welt werden unser Streben nach Gerechtigkeit, Gleichberechtigung und Frieden, unser Wissensdurst, unser Wunsch nach spiritueller Erleuchtung und unsere Sehnsucht nach Liebe und Schönheit endlich befreit sein«, schreibt Riane Eisler am Ende ihres Buches. Ist die gylanische Morgendämmerung schon angebrochen? »Und träumen müssen wir davon«, schrieb Michel Foucault Mitte der siebziger Jahre, »daß man vielleicht eines Tages, in einer anderen Ökonomie der Körper und der Lüste, nicht mehr recht verstehen wird, wie es den Hinterhältigkeiten der Sexualität und der ihr Dispositiv stützenden Macht gelingen konnte, uns dieser kargen Alleinherrschaft des Sexes zu unterwerfen.« Hat dieser Tag schon begonnen?

Es gibt Anzeichen dafür, daß der gylanische Morgen über die Horizonte dämmert. Zumindest unter denen, die heute jung sind, hat der Sex an Kargheit verloren und die Liebe an Fulminanz gewonnen. Es sind nicht mehr alleine, auch nicht mehr vor allem der Sex und der heilige Argwohn, die über die Beziehungen zwischen den Geschlechtern bestimmen; es ist mehr die Erotik, eher die Liebe, es ist die Erwartung, beides zu erfahren. Nicht die singuläre Absonderung ist unter jungen Leuten der Kode für Individualität, sondern die impulsgelenkte, aktive, kreative Hinwendung an den anderen: Wie du liebst, so bist du! Die Veränderung läßt sich an den Ritualen ablesen: Junge Frauen warten nicht mehr auf den zündenden Blick, sie wagen ihn selbst. Auf mitreißende Art intensiv bestimmen sie das Ritual der erotischen Annäherung. Früher als die irritierten Männer sind die Frauen aus der Lethargie ausgebrochen, die dem Krieg der Geschlechter folgte. Sie fordern die Liebe für sich, sie entfachen sie begehrend und wecken sie im Mann. Das Wort »Lustobjekt«, mit dem der Feminismus einst das männliche Begehren denunzierte, hat mit variierter Zielrichtung Konjunktur: »Lustobjekt« ist nun auch der Mann, und zwar keineswegs so ungern und widerstrebend, wie einige Feministinnen behaupten.

Die Renaissance der Liebe hat begonnen. Sie begann unbemerkt von denen, die ihr entgegenstanden. Auch ehemals militante Feministinnen, von ihren Fans allein gelassen, von ihrer Claque verraten, propagieren nun die Wiederannäherung der Geschlechter – auf eine unbeholfen um Militanz bemühte, hastige Art: Sie fordern die »begehrende Frau«, während es gerade die – ganz unabhängig von aller Akklamation – seit langem gibt. Lebensfern oder fixiert auf die Theoriedebatte behauptet die Sozialwissenschaftlerin Barbara Sichtermann, daß Frauen »eigenes Begehren nicht entwickeln dürfen und deshalb abhängig bleiben von fremdem Begehren«. O nein, Frauen dürfen längst, und viele tun mit Vehemenz, was ihnen erlaubt ist. Sie durften auch früher, denn in der Substanz ist kein Unterschied auszumachen zwischen der wörtlichen Anmache und dem wortlos anzüglichen Blick, zwischen dem dreisten Griff an die Männerhose und dem diskreten Fallenlassen eines Taschentuches.

»Das weibliche Begehren ist ein gebrochener, zerstückelter, verbogener, entstellter Trieb«, schreibt Barbara Sichtermann in ihrem Buch »Weiblichkeit – Zur Politik des Privaten«, erschienen 1983. »Schon während er sein Objekt noch sucht, wird er gehemmt, umgeleitet, zum Schweigen, zur Flucht genötigt.« Weshalb? ». . . vornehmlich, weil die potentiellen Objekte dem Ergriffenwerden einen zähen Widerstand bieten.« Denn: ».. . die Männer wollen (oder können) sich nicht begehren lassen.«

Es wird wohl immer Männer geben, die »dem Ergriffenwerden einen zähen Widerstand« entgegensetzen. Sagt ihnen eine Frau jedoch zu, dann gibt es aller weltläufigen Erfahrung nach nur wenige Männer, die »sich nicht begehren lassen«. In allen feministischen Publikationen zum Thema der begehrenden Frau wird (geflissentlich oder ahnungslos) vernachlässigt, daß die Gleichberechtigung des Begehrens eine Gleichberechtigung des Verweigerns einschließt. Wie viele Männer hätten wohl nein gesagt, hätte Marilyn Monroe sie begehrt? Im deutschen Nachrichtenmagazin »Der Spiegel« schrieb die Journalistin Ariane Barth: »Bis sich allerdings im Vorspiel mit den Augen die Gleichberechtigung durchgesetzt haben wird, werden noch Heerscharen von Männern dem gewissen Blick von Frauenaugen zutiefst verwirrt ausweichen, im Lokal scheinbar gelangweilt aus dem Fenster stieren oder fluchtartig vom Tresen verschwinden.« Als gäbe es die Frauen nicht, die den Blick abwenden, weil der stierende Mann ihnen mißfällt. Als gäbe es die Männer nicht, die – und sei es aus narzißtischen Gründen – den »gewissen Blick« geradezu sammeln, oder jene anderen, die ihn – meinetwegen »zutiefst verwirrt« – dennoch fesseln wollen, weil er so bestrickend ist. In jeder Disco sieht man die jungen Männer, die, von ihrer Schüchternheit oder ihrer jungenhaften Arroganz gefangen, ausdauernd darauf warten, sehnsuchtsvoll darauf hoffen, daß ein Mädchen sie begehrt.

Für die Behauptung, der Mann wolle (oder könne) sich nicht begehren lassen, gibt es nicht einmal den ethologischen Beweis. Das Tierweibchen ist bei der Partnersuche keinesfalls nur passiv, also für die Empfängnis offen, sondern – wie die Verhaltensforschung erst in jüngster Zeit herausfand – auf subtile Weise aktiv. Bei vielen Tierarten herrscht (Charles Darwin) »female choice«: Damenwahl. Der deutsche Verhaltensforscher Karl Grammer fand experimentell heraus, daß es unter Menschen nicht anders ist. Er bat Abiturientengruppen ins Max-Planck-Institut für Humanethologie in Seewiesen und entwickelte an ihnen eine »Ethologie des Flirts«. Der Wissenschaftler ließ jeweils zwei Probanden, eine junge Frau und einen jungen Mann, längere Zeit in einem Raum allein und von einer versteckten Kamera beobachten. Es erwies sich, daß es die jungen Frauen waren, die den Flirt eröffneten: mit ihren Blicken, einem Lächeln oder der Sprache ihrer Körper. Karl Grammer: »Der Verlauf des Werbeverhaltens wird eindeutig durch die Frau kontrolliert.«

Es mag ja sein, daß das prüde viktorianische Zeitalter die Frauen um die erotische Initiative gebracht hat. Aber sie haben sich ihrer längst wieder bemächtigt. Viele Anzeichen deuten eindrucksvoll darauf hin: ihr gewachsener Mut zum partnerschaftlichen Wechsel. Ihr sexueller Appetit und die herausfordernde Offenheit, in der er sich äußert. Ihr verändertes Rivalitätsverhalten, also ihre solidarischen Freundschaften mit anderen Frauen. Aber auch ihre entfesselte Neigung zur ehelichen Untreue. Zwar hat sich das Männerbordell für den weiblichen Freier nicht durchsetzen können. Aber die Frauen haben wieder gelernt, den Liebhaber zu kultivieren. Der Mann lebt das Nebeneinander von Ehefrau und Mätresse, von Madonna und Hure, aus der Tradition heraus. Die Frau wurde von der sexuellen Revolution und der feministischen Agitation darauf gebracht, daß sie beides haben kann: den Lover, der ihr die Lust oder die Romantik, und den Gemahl, der ihr die Liebe oder die Sicherheit gibt. In der viktorianischen Zeit und noch einige Jahrzehnte danach stand die Ehefrau keusch, züchtig und ahnungslos auf dem Podest, auf das der Mann sie ehrfurchtsvoll stellte, während er zu seiner Geliebten ging. Heute gibt es solche Podeste auch für Männer, und manch einer steht dort in verblüffender Ahnungslosigkeit, respektiert und gehörnt.

Wenn der Feminismus den Frauen das Begehren zerredet, dann muß man fragen, wie solidarisch Feministinnen mit lustorientierten, männerliebenden, humorbegabten, vielleicht leichtlebigen, möglicherweise (für das feministische Verständnis) reaktionär denkenden Frauen sind. Es sind nicht mehr die Fanatikerinnen des Geschlechterkriegs, sondern die selbstbewußt hedonistischen Frauen, die dem Bild von der gewandelten Weiblichkeit überzeugende Kontur geben. Sie sind, was Feministinnen anfangs nicht sein wollten: in der Liebe Subjekt. Sie haben gelernt, im Mann das Objekt zu bilden, aber sie lernten es nicht vom Feminismus, sondern von Männern, die daran Gefallen haben.

Mag sein, daß die Frau mit den befreiten Instinkten die nicht ist, die mancher Durchschnittsmann sich wünscht. Diese Frau ist sich ihrer Triebe ebenso bewußt wie ihrer Gefügigkeit gegenüber dem Kalkül. Sie ist romantisch, ohne dem bürgerlich-romantischen Liebesideal ihre Seele hinzugeben. Sie kann von einem Mann besessen sein, aber besitzen wird er sie nie. Diese Frau ist für ihn gefährlicher als der Feminismus, sie beunruhigt nicht nur ihn, sondern die Welt. Dennoch ist sie die Frau, die ihn rettet.

Dieser Frau verdanken wir die Wiedergeburt der Liebe.

Literatur

Barth, Ariane: Schau mir in die Augen, Kleiner, in: Der Spiegel, Hamburg 2/1991

Barzini, Luigi: Memories of Mistresses – Reflections from a Life, New York 1986

Beauvoir, Simone de: Das andere Geschlecht – Sitte und Sexus der Frau, Hamburg 1951

Borgeest, Bernhard: Damenwahl, in: ZEITmagazin, Hamburg 12/1989

Branden, Nathaniel: Liebe für ein ganzes Leben – Psychologie der Zärtlichkeit, Reinbek 1985

Childs, J. Rives: Casanova, Reinbek 1960

Cowan, Connell und Kinder, Melwyn: Der falsche Prinz – Erfolgsfrauen und ihre Partner, Düsseldorf 1986

Eisler, Riane: Von der Herrschaft zur Partnerschaft – Weibliches und männliches Prinzip in der Geschichte, München 1989

Firestone, Shulamith: Frauenbefreiung und sexuelle Revolution, Frankfurt am Main 1975

Foucault, Michel: Sexualität und Wahrheit – Der Wille zum Wissen, Frankfurt am Main 1977

Freedman, Rita: Die Opfer der Venus – Vom Zwang, schön zu sein, Zürich 1989

French, Marilyn: Jenseits der Macht – Frauen, Männer und Moral, Reinbek 1985

Friday, Nancy: Men in Love – Men's Sexual Fantasies: The Triumph of Love over Rage, New York 1981

Fromm, Erich: Die Kunst des Liebens, Frankfurt am Main 1980

Funk, Rainer: Erich Fromm, Reinbek 1983

Gordon, Barbara: Jennifer Fieber, Reinbek 1989

Haddon, Celia: The Limits of Sex, London 1983

Holder, Maryse: Ich atme mit dem Herzen, Reinbek 1980

Hollstein, Walter: Nicht Herrscher, aber kräftig – Die Zukunft der Männer, Hamburg 1988

Holmsten, Georg: Jean-Jacques Rousseau, Reinbek 1972

Lauster, Peter: Die Liebe – Psychologie eines Phänomens, Düsseldorf 1980

Miller, Henry: Wendekreis des Krebses, Hamburg 1953

Miller, Henry: Lachen, Liebe, Nächte, Hamburg 1957

Norwood, Robin: Wenn Frauen zu sehr lieben – Die heimliche Sucht, gebraucht zu werden, Reinbek 1986

Ritter, Joachim, und Gründer, Karlfried: Historisches Wörterbuch der Philosophie, Darmstadt 1980

Schwarzer, Alice: Der kleine Unterschied und seine großen Folgen, Frankfurt am Main 1975

Sichtermann, Barbara: Weiblichkeit – Zur Politik des Privaten, Berlin 1983

Statistisches Bundesamt: Frauen in Familie, Beruf und Gesellschaft – Ausgabe 1987, Wiesbaden 1987

Statistisches Bundesamt: Statistik der Sozialhilfe, Wiesbaden 1987

Statistisches Bundesamt: Bevölkerung und Erwerbstätigkeit – Reihe 3, 1988, Haushalte und Familien (Ergebnisse des Mikrozensus), Wiesbaden 1990

Wallace, Irving; Wallace, Amy; Wallechinsky, David; Wallace, Sylvia: Rowohlts indiskrete Liste – von Kleopatra bis Elvis Presley, Reinbek 1985

Wolf, Naomi: Der Mythos Schönheit, Reinbek 1991

Zschocke, Fee: Er oder ich, Frankfurt am Main 1980